Hans Apel

Volkskirche ohne Volk

Der Niedergang der Landeskirchen

BRUNNEN

VERLAG GIESSEN · BASEL

© 2003 Brunnen Verlag Gießen
Lektorat: Ralf Tibusek
Umschlagfoto: privat
Umschlaggestaltung: Ralf Simon
Satz: DTP Brunnen
Druck und Bindung: GGP Media, Pößneck
ISBN 3-7655-1845-X

Inhalt

1. **Um was es geht** 7

Abwärts ohne Ende 7

Kirchenaustritt 9

Kirche in der pluralen Gesellschaft 14

Grundwerte in der pluralen Gesellschaft 18

Die Individualisierung 20

Das Christentum wächst 22

2. **Das Jahrhundert der Kirche** 26

Otto Dibelius irrt sich 26

Volkskirche heute 30

Das Evangelium rein lehren 35

Pluralismus und Individualismus 39

Meine Erfahrungen 45

Werbung statt Mission 50

Kampf um Marktanteile 55

3. **Kirchen und Staat** 60

Das säkulare Grundgesetz 60

Das Wächteramt der Kirchen 63

Der Zeitgeist und die Kirchen 69

4. **Was die Evangelischen glauben** 74

Das Evangelium rein lehren 74

Die geistliche Einheit zerfällt 77

3

Die Reformatoren vergessen   83
Wer entscheidet?   87
Die Macht der Synoden   89

5. **Evangelische Kirche heute**   95
Ihr Weg durch die Jahre   95
Was soll die Kirche tun?   100
Im Markt bleiben   103
Was die Menschen und ihre Seelsorger glauben   109

6. **Kirchensteuern**   119
Das Sorgenkind   119
Zahlen ohne Einfluss   124
Die Menschen verlassen die Kirchen   126
Finanzkrise?   129
Die Freikirchen   135
Ein neuer Weg?   139

7. **Pfarrer – Beruf oder Berufung?**   141
Bezahlung   141
Ihr berufliches Umfeld   144
Das Pfarrhaus   147
Die Erwartungen der Gemeinde   150
Sein Selbstverständnis   154
Der theologische Nachwuchs   156

8. **Feministische Theologie**   160

   Frauenordination   160

   Kampf gegen den Mann   163

   Konsequenzen für unseren Glauben   167

9. **Ehe und andere Partnerschaften**   170

   Die christliche Ehe   170

   Die Segnung gelichgeschlechtlicher Paare   174

   Ihre theologisch biblische Begründung   178

   Die Segnung der Ehescheidung   183

10. **Anmaßung Friedenspolitik**   186

   Der Streit um die Atomwaffen   186

   Christliche Panikmache   190

   Die Deutsche Einheit   194

   Nicht einmal mehr ein Verbalkompromiss   197

11. **Unsere Wirtschafts- und Gesellschaftsordnung**   200

   In „Weimar" rechts   200

   Nach 1945: Leitbild soziale Marktwirtschaft   201

   Gegenrede   210

   Rekatholisierung?   212

Epilog   215

Bibliografie   219

Register   222

1.

Um was es geht

Abwärts ohne Ende

Seit 1950 haben die evangelischen Landeskirchen in Deutschland 17 Millionen Mitglieder verloren – ein gutes Drittel. Natürlich sind davon vor allem die ostdeutschen Kirchen betroffen. Die atheistische, antikirchliche Politik der DDR führt zu massiven Kirchenaustritten. Doch diese Entwicklung wird durch die Wiedervereinigung nicht gestoppt. 1991 gehören im ehemals protestantischen Ostdeutschland 65 Prozent aller Bürger keiner Religionsgemeinschaft an. Im Jahre 2000 ist dieser Anteil auf 71 Prozent gewachsen. Im vereinten Deutschland gehören zwei Drittel der Bevölkerung einer Kirche an. Dabei hat die Katholische Kirche im Lande der Reformation die Evangelische Kirche mittlerweile überholt.

Der Verlust von Kirchenmitgliedern geht weiter. Im Jahre 1986, deutlich vor der Wende, haben die 24 Landeskirchen gut 30 Millionen Mitglieder. Im Jahre 2001 ist ihre Zahl auf 26,3 Millionen gefallen. Der Mitgliederschwund ist bei den einzelnen Landeskirchen sehr unterschiedlich. Dramatisch ist er in Ostdeutschland. Viele Beobachter erklären das mit der Einführung des westdeutschen Systems der Kirchensteuer. Doch diese Ursache kann nicht allein wirken, denn von 1999 auf 2001 nehmen die Zahlen der Kirchenmitglieder in Ostdeutschland noch einmal drastisch ab.

In Westdeutschland gibt es ein deutliches Nord-Süd-Gefälle. Die Kirchen der Pfalz, Badens, Württembergs und

Bayerns haben kaum Einbußen bei ihren Mitgliederzahlen. Das liegt natürlich auch daran, dass in diese boomenden Wirtschaftsregionen viele evangelische Menschen zugewandert sind. Vor allem aus Ostdeutschland. Bemerkenswert ist allerdings, dass sie im EKD-Vergleich auch einen höheren Gottesdienstbesuch zu verzeichnen haben. Am Zählsonntag des Jahres 2000 – Invokavit, 6. Sonntag vor Ostern – besuchen in Württemberg 6,2 Prozent der Kirchenmitglieder den Gottesdienst. In Nordelbien sind es am selben Tag 2,5 Prozent.

Von 1986 bis zum Jahr 2001 verliert die Nordelbische Kirche gut 17 Prozent ihrer Mitglieder. Bei der Hannoverschen Kirche sind es 8 Prozent. Die Westfälische Kirche verliert gut 6 Prozent, die Kirche von Hessen-Nassau über 8 Prozent ihrer Mitglieder. Die Evangelische Kirche in Deutschland (EKD) rechnet damit, dass sie mittelfristig etwa ein Prozent ihrer Mitglieder pro Jahr verliert.

Dieser Verlust an Mitgliedern wirkt sich aber nicht nur materiell aus. Er spiegelt auch den geistlichen Abstieg der Landeskirchen wider. Die Kirchenmitglieder zahlen noch. Ihre religiöse Bindung schwindet. Seit 1995 ist der Besuch der Gottesdienste um ein Drittel zurückgegangen. Rund 4 Prozent der Mitglieder der Evangelischen Landeskirchen gehen nun an einem „normalen" Sonntag zur Kirche. Bei den Evangelischen Freikirchen beläuft sich der Anteil der Gottesdienstbesucher an den Mitgliedern auf geschätzte 80 Prozent. 16,6 Prozent der Katholiken besuchen am Sonntag die Messe.

Natürlich können solche Durchschnittszahlen nur einen allgemeinen Trend aufzeigen. Überall gibt es neben der Vielzahl trostloser Gemeinden geistlich blühende Gemeinden, die den aktiven Christen im und neben dem Gottesdienst zur Seite stehen und sich eben nicht in einer hoffnungslosen Randlage befinden. Doch sie sind die Ausnahme, die Oasen in der Wüste. Auch sie sind in Gefahr, auszutrocknen und vom Zeitgeist zugeweht zu werden. Auch sie verlieren viele Menschen und damit theologische Kraftquellen und materielle Möglichkeiten für ihre Zukunft.

Volkskirche ohne Volk. Die Gründe für die Abkehr der Menschen von ihrer Kirche sind vielfältig. In jedem Falle handelt es sich bei jedem Kirchenaustritt um eine individuelle Entscheidung, die sich nicht statistisch kategorisieren lässt. In ihrer Summe sind sie aber ein anhaltendes Menetekel, das den Niedergang der Landeskirchen grell beleuchtet.

Kirchenaustritt

Warum sind beispielsweise meine Frau und ich aus der Nordelbischen Kirche ausgetreten? Solche schwerwiegenden Entschlüsse reifen langsam über die Jahre. Die Kirche verändert sich. Sie wird uns fremd. Ich nehme diese Entwicklung mit zunehmendem Alter bewusster zur Kenntnis. Sie macht mich betroffen. Ich suche das Gespräch und möchte korrigierend eingreifen. Doch das erweist sich als eine Illusion. Also bleibt nur der klare Schnitt. Meine auch mir selbstverständliche Eitelkeit hat daran keinen Anteil. Als Christ und Kirchgänger habe ich in der Hierarchie der Kirche keine Rolle gespielt. Aber treu zu ihr haben wir stets gestanden. Meine Freunde haben über diese Bindungen mit einigem Unverständnis mit ihren Achseln gezuckt und angemerkt: „Du bist doch sonst ein intelligenter und rational denkender Mensch. Warum hältst Du Dich mit denen überhaupt noch auf?"

Sie sind in ihrer Mehrheit längst ausgetreten. Die anderen wollen sich nicht ernsthaft und ohne Vorbehalte auf Jesus einlassen. Aber eine sehr lockere Verbindung halten, dazu sind sie bereit. Wer weiß, wozu das gut sein kann, sagen sie. Wir werden uns nicht einig. Warum soll die Kirche homosexuelle Paare nicht segnen, wenn die das gern möchten?, fragen sie mich. Warum nicht einen Service als Ehescheidungsritual anbieten? Und so geht es weiter. Wenn ich ihnen dagegen Gottes Gebote ebenso wie seine Gnade vorstelle und daran die Aufgaben, die Pflichten der Kirche festmache, stellen wir fest, was uns trennt. Sie akzeptieren eine anspruchslose Segnungskirche, die bereit steht und auf Anruf kommt, wenn es „brennt", so wie die Feuerwehr. Besser, man braucht sie nicht. Ich kann das nicht akzeptieren.

Bin ich aus der Kirche ausgetreten, weil ich zur Selbstgerechtigkeit neige? Das kann ich nicht ausschließen. Wenn mir mein damaliger Gemeindepastor vor etwa 30 Jahren vorwirft, ich ließe es als Abgeordneter zu, dass Milliarden über den Bundeshaushalt für die Kriegsvorbereitung bereitgestellt werden und nur wenig für die Dritte Welt, dann halte ich ihn für uninformiert, schlicht für dumm. Wenn man mir auf dem Kirchentag 1982 mein Christsein abspricht und diese Überzeugung mit fliegenden Blutbeuteln und Eiern unterstreicht, bin ich mit diesen Menschen durch und kann den Vorgaben der Bergpredigt nicht folgen. Ich zweifle auch, ob Jesus das von mir erwartet. Solchen Menschen und ihren Handlungen will ich widerstehen.

Es gibt insbesondere in der Evangelischen Kirche zunehmend das, was Helmut Thielicke „die Toleranz der Charakterlosigkeit und der Verschwommenheit" nennt. Mit christlicher Nächstenliebe hat das nichts zu tun. Dieses Verhalten ist vielmehr Ausdruck fehlender Klarheit und Zivilcourage bei Kirchenoberen und ihren Gefolgsleuten. In der Kirche wird die Botschaft unseres Herrn, unser Glaube, schrittweise aus dem Zentrum an den Rand gedrängt. Die politischen Botschaften – Friedenspolitik, Dritte-Welt-Fragen, die Ökologie, die Gleichberechtigung von Mann und Frau – rücken, biblisch garniert, in den Mittelpunkt. Die kirchlichen Gremien werden von den Frommen „befreit". Die auch in der Kirche nachrückende Generation der Achtundsechziger kann so etwas. Die Kirchenoberen passen sich an. In einer solchen Kirche friert meine Seele. Viermal lassen wir uns in Hamburg umgemeinden. Doch ich leide immer stärker an dieser Kirche.

Meine Freunde meinen, im Innersten meiner Seele sei ich naiv. Ich glaube, dass Jesus für mich gestorben ist. Gott hört mich an, wenn ich zu ihm spreche. Ich bin der „verlorene Sohn", auf den Gott wartet. Er ruft mich bei meinem Namen. Ich bin sein. Wenn ich sterbe, ist der Eine bei mir. Natürlich verletze ich immer wieder seine Gebote, seine Vorgaben. Doch er verzeiht mir.

Das halten die „Aufgeklärten", die „Nicht-Naiven" für Humbug. Irgendeine Religion, selbst gezimmert, haben sie natürlich auch. Als ich vor einiger Zeit bei meiner Autowerkstatt anrufe und frage, „ob unsere Karre fertig sei", antwortet man mir: „Reden Sie nicht so, auch Autos haben eine Seele!"

Für unser Auto wäre das schlecht. Denn bei der Verursachung von Blechschäden verfüge ich über eine gewisse Virtuosität.

Was ist das, was die Menschen glauben? Überzeugte Atheisten, die an gar nichts glauben, auch nicht an Amulette und Astrologie, sind die Minderheit. Die Vielen glauben mal dies und mal das. Die Fachleute bezeichnen das als „Patchwork-Religion", also eine Art in Heimarbeit hergestellter Flickenteppich, der im Laufe des Lebens auch neuen religiösen Herausforderungen angepasst werden kann. Eins aber darf diese Art von Religion nicht: die eigenen Lebensziele, den individuellen Spielraum einengen. Und damit sind diese religiösen Gefühle, die auch vorübergehend ad acta gelegt werden können, um dann später in vielleicht anderer Form wieder aufzutauchen, nicht geeignet, unserem Leben in ernsten Zeiten Halt und Orientierung zu geben.

Christus antwortet auf unsere Fragen. Doch seine Antworten sind so schrecklich unbequem. Umkehr, wer will das schon? Also die eigenen Antworten finden. Das mag reichen, solange alles gut läuft. Doch spätestens der Tod beendet diese „Selbst-Medikation". Deswegen wird dieses unabweisbare Schicksal aus den Gesprächen und den Gedanken der Menschen verdrängt. Nichts ist so peinlich und unwürdig wie eine Abschiedsfeier von einem Verstorbenen, bei der Jesus nicht anwesend ist. Hoffnungslose Trauer und Klamauk verbinden sich zu einer für mich ungenießbaren Melange.

In meiner Jugend drehten sich viele Gespräche um das Leben und den Tod von Menschen, die dazugehörten. Damit wurde der Tod gegenwärtig. Ihn heute gegenwärtig werden zu lassen, wirkt eher peinlich. Wenn ich eine Anlageempfehlung meiner Bank zurückweise, weil sie über meinen Tod hinausreicht und ich meine Erben nicht mit komplizierten Investitionsmodellen belasten will, herrscht auf der anderen Seite des Drahtes verwirrtes Schweigen. Wahrscheinlich fragen sie sich hinterher, was ist denn mit dem los?

Natürlich bemühen sich Tausende von evangelischen Kirchengemeinden redlich, ihren Mitgliedern das reine Evangelium nahe zu bringen. Doch die Trendsetter sitzen anderswo. In den Synoden und in den Kirchenleitungen. Sie wollen ihr Produkt „marktgängig" machen. Das sind die Harmlosen, meist nur Mitläufer, die nicht wissen, was sie tun. Doch es gibt auch die Zerstörer unseres Glaubens. Und eben nicht nur in der Nordelbischen und der Rheinischen Kirche.

Die Kirche kann niemanden an sich und an das Christentum binden, der das nicht will. Falsch und verderblich aber ist es, die Vorgaben Gottes nur deshalb zu lockern, damit die Menschen dabeibleiben. Ehebruch bleibt Ehebruch, auch wenn er zu einem gängigen Phänomen wird. Die Ehe ist gottgewollt, auch wenn die Ehescheidungen rapide zunehmen. Abtreibung bleibt Sünde, auch wenn der Staat seine Gesetze verändert. Die kirchliche Segnung gleichgeschlechtlicher Paare lässt Gottes Segen zu einer Sünde werden, auch wenn der Staat solche Partnerschaft legalisiert. Welche Rolle will eine solche Kirche Jesu Christ eigentlich spielen? Wo sind für sie die Grenzen unterwürfiger Anpassung an den Zeitgeist? So kann sie nicht nur unser gemeinsames christliches Erbe verspielen. Sie muss sich auch die Frage gefallen lassen, wozu sie in unserer Zeit noch gut ist.

Freiheit und Bindung sind die „Grenzsteine", die unseren Lebensraum markieren müssen. Freiheit allein als individueller Anspruch an eine uneingeschränkte Lebensführung muss das Menschsein zerstören. Die Menschen empfinden die Emanzipation von den überkommenen Verhaltensnormen als Gewinn von Freiheit, als Befreiung von unbegründeten Abhängigkeiten. Freiheit ist das uneingeschränkte Postulat unserer Zeit.

Dieses Postulat untergräbt auch das Mindestmaß an theologischer Einheit der Landeskirchen. Viele Theologen fordern es für sich ein. Damit überschreiten sie „die Grenze zwischen der notwendigen Freiheit persönlich geprägter lebendiger Verkündigung und der individuellen Willkür von Theologen, die aus dem bisherigen Grundkonsens kirchlich verantworteter Lehre ausbrechen und dies als ihr Freiheitsrecht beanspruchen", schrieb Alt-Bischof Ulrich Wilckens bereits 1983. Wilckens berichtet, wie damals im Notfall „durch rechtlich geordnete Verfahren" Klarheit geschaffen wurde und wie sehr das „von den Gemaßregelten selbst als flagranter Eingriff in die ihnen zustehende Freiheit empfunden und von einer sehr großen Zahl von Menschen, die sich mit ihnen solidarisieren, heftig abgelehnt" wird. Die Dämme sind geborsten. Heute ist alles möglich. „Die erhebliche Not in den evangelischen Kirchen (soll) nicht unerwähnt bleiben, im verwirrenden Pluralismus von individuellen Meinungen und gegeneinander strebenden

Positionen, die eine Wahrheit des Evangelismus kaum bzw. gar nicht mehr sichten zu können."

Kirche in der pluralen Gesellschaft

„Der Begriff des Pluralismus hat allgemein den Säkularisierungsbegriff als Deutungskategorie für die gegenwärtige Welt abgelöst", analysiert Ulrich Körner 2002 in einem Artikel. Auf Deutsch heißt das: Die Menschheit setzt nach einer langen Zeit ihrer Ablösung von Gott und dem unbedingten Vertrauen auf ihre humanen, konstruktiven Fähigkeiten zur Gestaltung ihres Lebens und ihrer Welt heute auf eine Vielzahl von Werten und Orientierungen. Im Gegensatz zum Vernunftbegriff der Aufklärung kann der Pluralismus „keine universal gültige Letztinstanz benennen, von welcher sich allgemein verbindliche Kriterien der Urteilsbildung ableiten ließen".

Die plurale Gesellschaft mit ihren pluralen Werten wird durch unsere Verfassung geschützt. Insofern zumindest ist die aktuelle „Wertedebatte" irreführend: In einer pluralen Gesellschaft kann es keine einheitlichen Werte und Moralvorstellungen geben. Ihre Vielfalt muss im Rahmen unseres Grundgesetzes in einem fragilen und stets zu sichernden Gleichgewicht gehalten werden. Das ist schwer genug, aber eine zentrale Voraussetzung dafür, dass unsere Demokratie lebt.

Immer wieder wird darauf hingewiesen, dass unsere plurale Gesellschaft von den Werten zehrt, die das Christentum und die Kirchen überliefert haben. Was soll werden, wenn die Gesellschaft diese Werte aufgezehrt hat? Wolfgang Huber, Bischof der Evangelischen Kirche in Berlin-Brandenburg („Gerechtigkeit und Recht", Gütersloh, 2. Auflage 1999, S. 454) weist den Kirchen die Aufgabe zu, für „Nachschub" zu sorgen. Es bleibt aber eine zentrale Frage offen: Kann unsere plurale Gesellschaft, unser die Pluralität sichernder Staat, falls er denn überhaupt auf diese geistliche Nahrung wartet, mit pluralen Signalen aus einer pluralen protestantischen Kirche abgespeist werden? Hilft das unserer Gesellschaft weiter?

Falls eine Kirche an ihrer religiösen Substanz festhält, ist ihr der Weg in ihre innere Pluralität verbaut. Das gilt natürlich nicht für äußerliche Formen ihres Auftretens, für die Wortwahl, für die Aufbereitung des Evangeliums, für alles, was den Kern des Glaubens nicht betrifft. Er aber kann nicht zur Disposition stehen. Ihn unbeirrt öffentlich und ohne Furcht zu vertreten, ist Aufgabe der Kirchen und ihrer Vertreter durch die Jahrtausende gewesen und auch heute unabdingbar. Es hilft den Kirchen nicht weiter, wenn sie ihre Überzeugungen relativieren. Im Gegenteil. Sie legen so selbst Hand an, um sich überflüssig zu machen. Und sie helfen auch nicht der pluralen Gesellschaft. Ihr nutzt es nichts, wenn die Kirchen keine klaren, auf das Evangelium begründeten Positionen vertreten. Nur das Kontrastprogramm wird wahrgenommen und kann Wirkungen auslösen.

Dabei weiß die Kirche, dass ihre christlichen Positionen, weder ihre ethischen Grundhaltungen noch ihre Handlungsempfehlungen, heute in unserer Gesellschaft einen Alleinvertretungsanspruch haben. Der moderne gesellschaftliche Pluralismus ist unaufhebbar. Jeder Versuch, das zu ändern, legt die Axt an unsere Demokratie. Gerade deshalb muss sich die Kirche zu dieser pluralen Demokratie bekennen, selbst aber ihr eindeutiges christliches Profil zeigen, selbst wenn sich viele darüber ärgern oder lustig machen. Die plurale Kirche nach dem Motto: bei uns ist alles möglich und kann kirchlich abgesegnet werden, verweigert der pluralen Demokratie ihre eindeutigen christlichen Wegweisungen. Und damit verweigert sie unserer Gesellschaft den von ihr geforderten Dienst.

Eine solche Kirche ist in der Gesellschaft „reibungsarm". Sie passt sich in unsere Gesellschaft ein und wird immer weniger wahrgenommen. Sie wird für die plurale Gesellschaft wertlos, weil sie nur wenig zum ethischen und moralischen Diskurs und damit zum Gleichgewicht der Kräfte und zur Weiterentwicklung beiträgt. Überflüssig wird sie nicht. Wer soll die christliche Fassade unserer Gesellschaft bei den großen Anlässen unseres Staates, den menschlichen Katastrophen, aufbauen und zelebrieren? Wer mit pompösen Sprüchen hineinreden in die großen Feiertage. Das machen bei uns die beiden Großkirchen. Andere haben wir für solche Anlässe nicht. Solche Rollenspiele können kurzfristig die geistliche Leere überdecken, Aufmerksamkeit produzieren. Mehr aber nicht.

Wird dabei aber nicht von mir unterschlagen, was die Landeskirchen für unsere Gesellschaft leisten? Von den Kindergärten, über die Telefonseelsorge, die Dritte-Welt-Projekte bis hin zur Behindertenarbeit und der Kirchenmusik.

Es stimmt, dass auch in diesen Bereichen die Freikirchen nicht einspringen können, schon weil sie zu klein sind. Es stimmt aber auch, dass sich die Volkskirche genauso wie die anderen karitativen Verbände vom Staat das durch Pflegesätze und andere Zuschüsse bezahlen lässt, was ihr zusteht. Schritt für Schritt werden die Zuschüsse aus Kirchensteuermitteln für die Kindergärten gekappt, werden Kindergärten von Kirchengemeinden aus finanziellen Gründen geschlossen nach dem Motto: Zahlen soll der Staat, nicht die Kirche.

Wird unsere Gesellschaft ärmer, wenn sich die Kirche aus finanziellen Gründen aus diesen vielfältigen Aktivitäten zurückziehen muss? Wenn das Geld nicht mehr reicht, muss sich jede Familie wie jede Institution und der Staat auf das Wesentliche konzentrieren. Das leistet die Kirche nicht. Wenn es keinen inneren Unterschied mehr gibt zwischen der Arbeiterwohlfahrt und den Aktivitäten der Kirche, bedeutet das nicht, dass diese gesellschaftlichen Funktionen der Kirche überflüssig werden. Sie verlieren aber ihren besonderen Charakter und liefern kaum noch Argumente, um aufgrund ihres sozialen Engagements in einer Kirche zu bleiben, die ihre christliche Kernsubstanz aufgibt.

Viele Menschen haben mir die Frage gestellt: „Warum sind Sie wegen der Segnung gleichgeschlechtlicher Paare aus der Nordelbischen Kirche ausgetreten, aber Mitglied der SPD geblieben, obwohl sie in der Regierungsverantwortung die staatlich sanktionierte ‚Homoehe' verwirklicht hat?"

Meine Antwort ist einfach: In einem pluralen Staat kann es Mehrheiten geben, die einen solchen Schritt durchsetzen. Demokraten müssen das hinnehmen. Ein zentraler Programmpunkt der SPD war und ist die Homoehe nicht. Deshalb muss ich nicht austreten. Welche Konsequenzen ich daraus bei meinen Wahlentscheidungen ziehe, ist im Übrigen eine andere Frage.

Unser Austritt aus der Nordelbischen Kirche und unser Übertritt in eine Freikirche hat sich seit längerem vorbereitet. Die beschlossene Segnung gleichgeschlechtlicher Paare war nur der letzte Auslöser. Wieder einmal gibt die Kirche Kernpositionen auf und passt sich dem pluralen Staat widerspruchslos an. Ihre christliche Identität ordnet sie staatlichem Wollen unter. Sie wird plural und damit belanglos für den pluralen Staat. Für uns verrät sie unser Evangelium. Damit wird ihre Finanzierung durch unsere Kirchensteuern zur Sünde.

Unsere Haltung ist für uns aus unserer Sicht konsequent. Doch das Dilemma, in dem sich die Evangelische Kirche in Deutschland befindet, wird dadurch nicht gelöst, eher noch verstärkt. Wenn wir gehen, fehlt eine Stimme für den rechten Glauben, auch wenn sich die „liberalen" Mehrheiten darum keinen Deut scheren.

Grundwerte in der pluralen Gesellschaft

Vor gut zwei Jahrzehnten hat es in unserer Gesellschaft eine intensive Debatte darüber gegeben, welche Grundwerte ein plurales Gemeinwesen haben muss, um nicht im Chaos zu versinken. Diese Debatte beginnt in den Siebzigerjahren und endet mit der deutschen Einheit. An ihr beteiligen sich die großen politischen Parteien – sie formulieren ihre Grundwerte, ebenso die Gewerkschaften, einzelne Wissenschaftler und die beiden großen Kirchen.

Natürlich sollen diese Debatten und ihre Ergebnisse auch nach innen wirken und den Verbandsmitgliedern deutlich machen, wofür man in einer unübersichtlich gewordenen Gesellschaft neben den tagespolitischen Herausforderungen grundsätzlich steht. Besonders herausgefordert fühlt sich in den Siebzigerjahren die SPD als die den Bund regierende Partei. Helmut Schmidt spielt eine besondere Rolle. Wohl auch deshalb, um den innerparteilich zweifelhaften Ruf eines bloßen Machers loszuwerden. Die SPD unterstreicht den obersten Verfassungswert: Die im Grundgesetz festgeschriebene Menschenwürde und ihre Ausprägungen im Grundrechtskatalog unserer Verfassung. Auf dieser Basis formuliert sie die drei Grundwerte des demokratischen Sozialismus: Freiheit, Gerechtigkeit und Solidarität. Von ihnen leiten sich die politischen Forderungen der SPD in unserer pluralen Demokratie ab (Grundwertekommission beim SPD-Parteivorstand „Grundwerte in einer gefährdeten Welt", 1977, „Grundwerte und Grundrechte", 1979).

Während sich die römisch-katholische Kirche in diese Debatte mit mehreren bedeutenden Stellungnahmen einschaltet (so „Gesellschaftliche Grundwerte und menschliches Glück" – 7. Mai 1976), halten sich die evangelischen Kirchen eher zurück. Lediglich die Evangelische Kirche im Rheinland und die Gemeinsame Erklärung des Rates der EKD und der Deutschen Bischofskonferenz „Grundwerte und Gebot Gottes" aus dem Jahre 1979 nehmen Stellung. Diese Erklärung atmet den Geist des Kompromisses. Für die katholische Kirche finden die Grundwerte ihre inhaltliche Begründung im Menschenbild der katholischen Soziallehre. Der Staat hat diese Grundwerte zu schützen und zu gewährleisten. So weit können und wollen die Evangelischen Kirchen nicht gehen.

In der „Gemeinsamen Erklärung" beziehen sich die beiden Kirchen auf die Zehn Gebote: „Die Zehn Gebote enthalten Maßstäbe einer menschenwürdigen Gesellschaft. In der zweiten Tafel der Zehn Gebote geht es um Einsichten und Erfahrungen, die für jedermann Geltung beanspruchen: Leben, Ehe und Familie, Freiheit, Menschenwürde, Gut und Ehre eines jeden Menschen sind unantastbar. Die Zehn Gebote haben also in Geschichte und Gegenwart ähnliche Aufgaben erfüllt, wie sie heute den Grundwerten zugesprochen werden. Wie die Grundwerte müssen die Gebote in immer neuen Situationen verwirklicht werden. Vor allem die Gebote der zweiten Tafel haben auch eine humane Plausibilität für sich und können als Grundwerte verstanden werden", so Gottlieb Brunner in seinem Buch „Grundwerte als Fundament der pluralistischen Gesellschaft" (Freiburg 1989, S. 44). In der Gemeinsamen Erklärung werde klargemacht, „dass vor allem für evangelische Christen die Bibel Grundlage aller ethischen Aussagen ist" (Brunner, aaO, S. 150).

Diese Festlegung wird bereits damals von evangelischen Theologen abgelehnt. Die Bibel gebe auf eine Reihe zentraler Fragen unserer Zeit keine Antwort. Grundwerte ließen sich nicht aus Glaubensinhalten ableiten. Die Grundwertedebatte endet für die Kirche, ehe sie richtig begonnen hat. Dabei hätte es die Evangelische Kirche in Deutschland bitter nötig, die sie bestimmenden Grundwerte zu entdecken und sie in ihrer Arbeit sichtbar werden zu lassen.

Die Individualisierung

Pluralisierung und Individualisierung werden gemeinhin als sich entsprechende Phänomene unserer Zeit verstanden. Das ist so nicht richtig. Es ist keineswegs ausgeschlossen, dass sich eine große Mehrheit der Bürger im Zeitalter des Individualismus großen Massenbewegungen anschließt oder einer anmaßenden elitären Minderheit bedingungslos folgt. Dann stirbt der Individualismus, konformes Verhalten regiert. Eine plurale Gesellschaft kann das nicht ertragen. Unsere Demokratie gerät in Gefahr. Und das ist der Widerspruch in unserer Zeit: Die Kirchen müssen die plurale Demokratie verteidigen. Nur sie sichert die Menschenrechte des einzelnen Menschen, nach Gottes Ebenbild geschaffen. Die Kirchen treten in dieser Demokratie mit ihren Wertvorstellungen an. Allgemeingültigkeit werden sie nicht erlangen. Das ändert aber nichts an der Bedeutung ihrer Botschaft. Wenn die Individuen dieses „Angebot" nicht annehmen, ihr Heil mit den Füßen treten, muss die Kirche das hinnehmen und auch die möglichen materiellen Konsequenzen tragen.

Die Individualisierung setzt mit aller Kraft um die Mitte des 20. Jahrhunderts ein. Bis dahin „bleibt die Kontinuität sozial-moralischer Milieus und traditionaler Lebensstile und Lebensorientierungen ... weitgehend ungebrochen", so Ulrich Beck 1986 („Risikogesellschaft", Frankfurt 1986, S. 136). Die Individualisierung zerbricht die alten Strukturen und löst die überkommenen Bindungen zunehmend auf. Die politischen Parteien verlieren ihre Stammwähler. Ihre Traditionsbataillone sterben weg. Sozialistische Milieus und katholisch geprägtes Wählerverhalten verschwinden. Die Mitgliederzahlen gehen deutlich zurück. Diese Entwicklung trifft übrigens genauso die Gewerkschaften und andere Großverbände. Mitgliedschaft wird vom Nutzen für den Einzelnen abhängig gemacht.

Diese Schübe des Individualismus treffen auch die Großkirchen. Just zu einer Zeit – Anfang der Sechzigerjahre –, in
der sie in Geld schwimmen und unser Land mit einer
Vielzahl von Kirchen und anderen Gebäuden überziehen,
eine Reihe neuer Aktivitäten starten, brechen ihnen, ohne
dass sie das merken, ihre Grundlagen weg. Die innere
Bindung der Menschen an die Großkirchen nimmt schnell
und drastisch ab. Die von ihnen über die Jahrhunderte
vorgegebenen Werte und Verhaltensweisen werden nur
noch in dem Maße akzeptiert, wie sie den individuellen
Lebenszielen gerecht werden. Zunehmend treten Selbstverwirklichung, die Suche nach der eigenen Identität, die Frage
nach dem individuellen Glück in den Mittelpunkt menschlichen Strebens. Treue, Pflichterfüllung, Standfestigkeit
werden zu Sekundärtugenden.

„In der Suche nach Selbsterfüllung reisen die Menschen
nach Tourismuskatalog in alle Winkel der Erde. Sie
zerbrechen die besten Ehen und gehen in rascher Folge
immer neue Bindungen ein. Sie lassen sich umschulen. Sie
fasten. Sie joggen. Sie wechseln von einer Therapiegruppe
zur anderen. Besessen von dem Ziel der Selbstverwirklichung reißen sie sich selbst aus der Erde heraus, um
nachzusehen, ob ihre Wurzeln auch wirklich gesund sind.

Dieses Wertsystem der Individualisierung enthält zugleich auch Ansätze einer neuen Ethik, die auf dem Prinzip
der ‚Pflichten gegenüber sich selbst‘ beruht. Dies stellt für
die traditionelle Ethik einen Widerspruch dar, da Pflichten
notwendig Sozialcharakter haben und das Tun des einzelnen
mit dem Ganzen abstimmen und in es einbinden. Diese
neuen Wertorientierungen werden daher auch leicht als
Ausdruck von Egoismus und Narzißmus (miß)verstanden.
Damit wird jedoch der Kern des Neuen, der hier hervor-
bricht, verkannt. Dieser richtet sich auf Selbstaufklärung
und Selbstbefreiung als eigentätigen, lebenspraktischen
Prozeß; dies schließt die Suche nach neuen Sozialbindungen

in Familie, Arbeit und Politik mit ein", schreibt Ulrich Beck (aaO, S. 156 f).

Wie soll die Kirche mit diesen Entwicklungen umgehen, die insbesondere die Jungen, die Städter, die formal Qualifizierten bewegen? Schließlich handelt es sich einerseits um ihre „Kunden" und ihre zahlenden Mitglieder, die sie nicht verlieren will. Es handelt sich aber auch um ihren theologischen Nachwuchs, ob bereits schon ordiniert oder noch in der Ausbildung. Kann dieser Auflösungsprozess traditioneller Bindungen und Sicherheiten zu neuen Gemeinsamkeiten führen, auf die sich die Gesellschaft und damit auch die Kirchen einstellen können, weil die Einzelnen auf die Dauer die Last der Individualisierung nicht tragen können? Die Debatten um die humanen Konsequenzen der Postmoderne beschäftigen sich damit.

Die Kirchen müssen im Heute und Jetzt handeln. Dem Menschen und damit dem Individuum mit seinen Ängsten und Wünschen gilt ihre Fürsorge. Sie aber darf nicht zur Selbstaufgabe der Kirchen führen. Das genuin Christliche muss unverrückbar im Mittelpunkt stehen. Mit Schnick-Schnack kann der Wettbewerb um den Menschen nicht gewonnen werden.

Das Christentum wächst

Weltweit wächst das Christentum. Es hält mit dem Bevölkerungswachstum Schritt und bleibt bei einem Anteil von etwa 33 Prozent an der Weltbevölkerung. Aber die Gewichte verschieben sich. Die Großkirchen Westeuropas schrumpfen. Die Kirchen in Osteuropa und der so genannten Dritten Welt wachsen schnell. Sie sind durch einen eindeutigen und unverbauten Glauben gekennzeichnet. Sie treten heute sogar an, um den Kontinent durch ihre

Missionare für Christus zurückzugewinnen, von dem einst ihr Glaube kam: Europa.

Bei genauem Hinsehen ist die Lage der protestantischen Kirchen in den USA und in Deutschland sehr unterschiedlich. Die „liberalen Kirchen in den USA mit ihrer Bereitschaft, gleichgeschlechtliche Paare zu segnen, verlieren massiv an Mitgliedschaft. Die bekenntnistreuen protestantischen Kirchen gewinnen viele Christen hinzu" (u.a. Uwe Siemon-Netto, „Faith: Confessing Protestants advance", UPI, 24.2.02). Die jüngste von der New York Times veröffentlichte Studie, zitiert nach idea Spektrum (42/2002), weist aus, dass die konservativen Religionsgemeinschaften – Mormonen, Christliche Kirche, römisch-katholische Kirche – in den letzten 10 Jahren einen Zuwachs ihrer Mitgliederzahlen von fast 20 Prozent haben, während im selben Zeitraum die liberalen Kirchen – die Reformierten, die Vereinigte Kirche Christi – weit mehr als 10 Prozent ihrer Mitglieder verlieren. In Deutschland gibt es eine solche Wahl nicht. Die evangelischen Freikirchen stellen keine echte Alternative zu den Landeskirchen dar. Sie präsentieren sich nicht flächendeckend, blicken mehr nach innen und vermeiden den Glaubenswettbewerb mit den Landeskirchen. Die EKD schrumpft. Die protestantischen Freikirchen wachsen nicht. Es gibt Ausnahmen wie die Pfingstkirchen und der Bund evangelischer Freikirchen. Die deutsche Situation ist dramatisch. In Westeuropa ist es kaum besser. Es ist ein „Katastrophengebiet für die Kirchen" (Huber, „Kirche in der Zeitenwende", S. 33). Doch die weltweite Entwicklung des Christentums spiegelt sie nicht wider.

In unserem Lande reagieren die einen auf die tiefe Sinnkrise der Landeskirchen mit Floskeln. So der badische Oberkirchenrat Klaus Baschang. Er nennt seine Veröffentlichung aus dem August 2001 keck „Zukunftskirche Volkskirche". Er stellt den „Religionsbedarf der säkularen Gesellschaft" dar (S. 17). Sehr zukunftsstark ist seine Hoffnung auf Bedarfsdeckung durch die Landeskirchen nicht. In allgemeinen Formeln mahnt er das Festhalten am Evangelium an, ohne sich mit den tiefgreifenden Veränderungen der Evangelischen Kirchen auseinander zu setzen (S. 27 ff). Er spiegelt eine heile Welt vor, die es so nicht gibt. Die tiefe Krise der Evangelischen Kirche in Deutschland wird nicht dadurch überwunden, dass sie schlicht schön- und weggeschrieben wird.

Die anderen machen ihre Augen und Ohren fest zu. Sie wollen die Zeichen des Abstiegs nicht zur Kenntnis nehmen. Bestenfalls werden Randprobleme angesprochen. Deshalb wird das „weiter so" den schlingernden Kurs noch eine Weile bestimmen, bis die geistlichen und die finanziellen Ressourcen aufgebraucht sind. Doch was kommt danach? Was kann heute bereits angedacht werden, um zu neuen Ufern zu kommen? Die dafür vorgelegten Ideen sind, soweit überhaupt vorhanden, der Größe des Problems und der Schwere der Arbeiten nicht angemessen. Das macht mir Sorgen. Denn kein Mensch, auch kein Nichtchrist, kann ein Interesse daran haben, dass die Landeskirchen ins religiöse Nichts eintauchen, ohne dass ein Neuanfang sichtbar wird, der unser Land nicht zu einer Glaubenswüste werden lässt.

Ich habe die Arbeit an diesem Buch mit „Wut im Bauch" und voller Enttäuschung begonnen. Im Laufe der Zeit habe ich erkannt, wie viele Zwangsläufigkeiten mit zum Abstieg der evangelischen Landeskirchen beigetragen haben. Nicht alles ist Menschenwerk. Viele tausend Menschen leisten ihre Arbeit in der Kirche und damit für unsere Gesellschaft. Ihr Engagement wird durch dieses Buch nicht infrage gestellt. Doch nur, wenn wir die Lage und die zu erwartenden Entwicklungen kennen, können wir erwarten, dass neues Leben aufblüht.

Unverdrossen hat meine Frau am komplizierten Werdegang dieses Manuskripts mitgearbeitet. Helmut Matthies von der Evangelischen Nachrichtenagentur idea verdanke ich viele wichtige Unterlagen und zusammen mit Jens Motschmann unverzichtbare Hinweise zur Verbesserung des Textes. Dr. Lutz Mohaupt hat ihn kritisch gegengelesen. Andere – Mitarbeiter des Fachbereichs Evangelische Theologie der Universität Hamburg – haben mir wichtige Hinweise auf Quellen gegeben.

2.

Das Jahrhundert der Kirche

Otto Dibelius irrt sich

„Man mag zur Kirche stehen, wie man will – die Tatsache, dass wir einem Jahrhundert der Kirche entgegengehen, ist außer Zweifel." (O. Dibelius, „Das Jahrhundert der Kirche", 3. Auflage, Berlin 1927, S. 192).

Diese Prognose des damaligen Generalsuperintendenten der Kurmark und späteren Vorsitzenden das Rates der EKD von 1949 bis 1961 hatte mit der Realität dieser Zeit wenig zu tun. Die sozialdemokratische Arbeiterschaft war der Kirche seit langem abhanden gekommen. Die Säkularisierung hatte viele Menschen zur Überzeugung geführt, dass sie ihr Leben ohne den Rückgriff und den Einfluss der Religion und ihrer Institutionen selbst und bewusst gestalten könnten. Die Verstädterung und damit die Trennung von Wohnort und Arbeitsplatz macht die Einflussnahmen der Ortsgemeinden auf das Denken und Handeln der Kirchenglieder zunehmend schwieriger.

Die evangelische Kirche selbst hatte in diesen Jahren mit den großen inneren Problemen ihres Selbstverständnisses und ihrer Einstellung zu Staat und Gesellschaft zu kämpfen. Die seit der lutherischen Reformation bestehende Allianz von Thron und Altar war zerbrochen. Zwar gelingt es, in der Weimarer Reichsverfassung Regelungen unterzubringen, die den bisherigen Status der Kirchen als Körperschaften des öffentlichen Rechtes sichern, das Recht auf die

Kirchensteuer bleibt ihnen erhalten. Aber: „Es besteht keine Staatskirche" (Art. 137,1).

Was sind die Kirchen nun? Die Trennung von Staat und Kirche wird faktisch nicht vorgenommen. Er aber zieht sich weitgehend in die Unverbindlichkeit zurück. Die Kirchen haben es schwer, ein positives Verhältnis zur ersten deutschen Demokratie zu finden.

Dibelius setzt gegen diese Krisenerscheinungen seine Überzeugung. „Gott braucht die Kirche" (aaO, S. 130), ebenso wie die Menschen. „Warum Kirche? Weil die Schicksalsgemeinschaft der Menschen da ist! Weil der Ruf Jesu, wie die Welt heute gestaltet ist, umfassende Missionsarbeit verlangt! Und weil diese umfassende Missionsarbeit nur von einer volksumspannenden Kirche geleistet werden kann" (aaO, S. 130). Nur sie kann der geistigen Leere und den Stimmen des Hasses entgegentreten. „Als das Gewissen der Nation soll sich die Kirche dadurch erweisen, dass sie in den großen sittlichen Lebensfragen klare Losungen ausgibt" (aaO, S. 241).

Wir kennen den Gang der Geschichte. Mich bewegt die Frage, weshalb Dibelius in diesen Jahren nicht erkennt, dass die Basis seiner Argumentation längst erodiert ist. Der Glaube an die erlösende Kraft unseres Herrn Jesus Christus hatte die Herzen der meisten Menschen verlassen. In ihrer großen Mehrheit hatten sie die Religion längst aus dem Zentrum ihres Lebens verbannt. Und damit fehlte das Fundament für ein Jahrhundert der Kirche. Ein gutes Jahrzehnt später werde ich in Hamburg eingeschult. Wir werden namentlich aufgerufen und müssen die Kirchenzugehörigkeit unserer Eltern angeben: 32 mal evangelisch-lutherisch, 1 mal katholisch, 2 mal „gottgläubig" – und das in Hamburg-Barmbek, bis 1933 eine Bastion der atheistischen Linken in Deutschland.

Doch zum Gottesdienst kommen sie nicht. Da sind wir allein in unserer großen Kirche in Alt-Barmbek. Taufe, Konfirmation, Trauung, Beerdigung ja. Mehr aber nicht.

Gottgläubig mögen sie sein. Christlich-religiös sind sie nicht. Und das ist so seit mehr als einem Jahrhundert. „In Hamburg gab es Pfarreien mit 70.000 Seelen, wobei der Kirchenbesuch auf 1,58 Prozent sank" (zitiert nach Winkler, „Gemeinde zwischen Volkskirche und Diaspora", Neukirchen 1998, S. 181). Diese Zustände führen in Hamburg zur Gründung von Freikirchen, die ihren eigenen Weg gehen und sich schrittweise von der Landeskirche lösen.

Der „liebe Gott" spielt eine gewisse Rolle in meinen Erfahrungen im Alltag. Er wird die Bösen bestrafen noch zu unseren Lebzeiten. Das höre ich immer wieder von meinen Eltern und unseren Verwandten und Nachbarn. Er wird uns beistehen in unserer Not. Und so falten wir die Hände und bitten den lieben Gott um Hilfe, wenn unser Wohnviertel wieder einmal im Zweiten Weltkrieg im Bombenhagel liegt, unser Haus bebt und der Putz von der Kellerdecke rieselt. Sind die Bombenangriffe vorbei, verschwindet Gott aus dem Bewusstsein. Selbst diese Art von Gottgläubigkeit zerbröselt. Kirchenmitgliedschaft wird nach dem Zweiten Weltkrieg zur Disposition gestellt.

Albrecht Grözinger („Die Kirche, ist sie noch zu retten?" 2. Auflage, Gütersloh 1998) zitiert Adolf von Harnack: „Wenn wir (dann) auf den Gang der Geschichte der Menschheit blicken, ihre aufwärts sich bewegende Entwicklung verfolgen und strebend und dienend die Gemeinschaft der Geister in ihr aufsuchen, – so werden wir nicht in Überdruß und Kleinmut versinken, sondern wir werden Gottes gewiß werden, des Gottes, den Jesus Christus seinen Vater genannt hat, und der auch unser Vater ist" (aaO, S. 14).

Grözinger macht deutlich, dass dieses Pathos und dieser Optimismus der Jahrhundertwende 1899/1900 auf den Schlachtfeldern des Ersten Weltkrieges erste Risse bekommt, um dann in Auschwitz und im Archipel Gulag endgültig zu zerbrechen. Als die Hamburger Bischöfin Jepsen 1998 angesichts des schrecklichen ICE-Unglücks bei

Eschede verzweifelt die Frage stellt: „Wie konnte Gott das zulassen?", verstehen sie die Zeitungsleser nicht, die geschulten Theologen sowieso nicht. Denn nur noch wenige fühlen sich in der Hand Gottes. Gott ist für sie kaum mehr als eine Fußnote ihres Lebens, Garnitur für gewisse Momente. Er hilft nicht. Was soll da noch „Kirche"?

Der Erste Weltkrieg beendet nicht nur eine in ihrer Grundüberzeugung optimistisch gestimmte protestantische Theologie, die an den Hochschulen gelehrt wird. Es beginnt eine Zeit der Verwirrung, in der die fundamentalen Meinungsunterschiede zunehmen. Das hat weitreichende Konsequenzen. „Wie es in der Schweiz nur ein kleines Berufsheer gibt, das die einzige Aufgabe hat, eine große Miliz heranzubilden, so sollten auch die Theologen nur ein kleines Berufsheer in der Kirche sein, mit der Aufgabe, eine große theologische Miliz zu schaffen" (Heinz Zahrnt, „Die Sache mit Gott – Die protestantische Theologie im 20. Jahrhundert", 2. Auflage, München 1976, S. 11).

Was passiert aber, wenn die Berufssoldaten, um im Bild zu bleiben, jeder für sich unterschiedliche Grundüberzeugungen entwickeln und auf sie ihre „Miliz" loslassen. Muss das nicht die Soldaten Christi verwirren und ihnen das Maß an einheitlicher Grundorientierung verweigern, das für sie lebenswichtig und für das äußerliche Erscheinungsbild der Kirche entscheidend ist?

Einer meiner spöttischen Gesprächspartner wiegelt ab. Für die Kirche sei die Vielfalt der theologischen Lehrmeinungen vor allem dazu gut, um die Wissenschaftlichkeit und die Forschungsfreiheit der evangelischen Fakultäten zu beweisen und damit auch den Anspruch auf ihre staatliche Finanzierung zu untermauern. Auf die praktische Arbeit der Theologen vor Ort hätte ihre Arbeit nur wenig Einfluss. Mir kommt das falsch vor. Mein Eindruck ist vielmehr, dass diese theologischen Fakultäten eine zentrale Rolle bei der Pluralisierung und der Relativierung unseres Glaubens spielen.

In der Weimarer Republik und in der Nazizeit, auch noch in der Aufbauphase der Bonner Republik kann die evangelische Kirche über ihren geistlichen Niedergang hinwegsehen. Noch wirkt sie stark. Sie ist in ihren Stammlanden flächendeckend vertreten. Die Vertreibung der Deutschen aus dem protestantischen Osten gibt ihr auch in den katholischen Gebieten neue Ansätze für neue Gemeinden. Die Kirchensteuereinnahmen fließen dank des westdeutschen Wirtschaftswunders reichlich. Eine äußere Expansion durch neue Gemeinden, Kirchenbauten, die Gründung Evangelischer Akademien und viele zusätzliche Mitarbeiter konnten den Eindruck erwecken, wir erreichten, zwar verspätet, nun aber doch noch das „Jahrhundert der Kirche".

Doch dieser Eindruck trügt. Unsere Kirche in Hamburg-Alt-Barmbek wird wieder aufgebaut. Neue Predigtstätten kommen dazu. Der Bauboom ist beeindruckend, einen geistlichen Boom haben wir nicht. Im Gegenteil, immer mehr Menschen nehmen sich etwas heraus, was bisher in diesem Maße nicht üblich war: Sie treten aus.

Volkskirche heute

Der Begriff „Volkskirche" ist eine deutsche Erfindung. Wir finden ihn weder bei den anderen evangelischen Kirchen des Auslands noch im Katholizismus. Doch er hat eine lange Tradition. Seit mindestens 170 Jahren ist er im Gebrauch (Welker, „Kirche im Pluralismus", Gütersloh 2000, S. 61). Seine inhaltliche Deutung ist vielfältig. Volkskirche als freier Zusammenschluss von Christen, Volkskirche als Instrument der Volksmission, Volkskirche als Volkstumskirche, Volkskirche als christliche Versorgungsanstalt für das Volk. Jeden dieser Typen finden wir auch heute noch in rudimentären Ansätzen im Selbstverständnis der Landeskirchen wieder.

Doch unverkennbar geht es heute um die Volkskirche, die für sich den „Anspruch" erhebt, „das Volksganze" zu vertreten. „Die Volkskirche wird als gesellschaftlich-politisch anerkannte und geförderte Kirche verstanden, die in fruchtbarer Weise Gemeinsamkeit und Differenz von Kirche und Staat sowie von Kirche und Gesellschaft zum Ausdruck zu bringen versteht" (Welker, aaO, S. 61 f).

Der Begriff der „Volkskirche" soll zum ersten Mal von Friedrich Schleiermacher gebraucht worden sein (Winkler, aaO, S. 17). „Volkskirche" bezeichnet allerdings im Laufe der Zeit unterschiedliche Tatbestände und theologische Wünsche. Nach der Revolution 1919 entsteht die Bewegung „Freie Evangelische Volkskirche" mit dem Ziel, an die Stelle der Kirche von oben eine Volkskirche zu stellen, in der „alle Ämter und Leitungsorgane durch freie Wahl der Glieder verliehen werden sollten" (Klaus Scholder, „Die Kirchen und das Dritte Reich", Band 1 Frankfurt 1977, S. 12).

Diese Anläufe schlagen fehl. Die Amtskirche bleibt. Auch sie verwendet den Begriff Volkskirche weiter, auch wenn es mit ihrer Verankerung im Volk nicht weit her ist. Doch dieser Tatbestand reicht weit in die Geschichte zurück. Bis auf die Juden gehören alle zur Kirche, nach der Reformation zu einer der beiden Kirchen, je nach der Konfession des Landesherren. Diese Volkskirchen, zumindest die protestantischen, leiden seit eh und je an einer nachlässigen Beteiligung am Gottesdienst.

Bereits Martin Luther denkt daran, diesem Übel auf eine besondere Weise beizukommen: „Aber die dritte Art, die die richtige Art der evangelischen Ordnung haben sollte, dürfte nicht so öffentlich auf dem Platz geschehen unter allerlei Volk. Sondern diejenigen, die mit Ernst Christen sein wollen und das Evangelium mit Hand und Mund bekennen, müssten sich namentlich einschreiben und irgendwo in einem Haus allein sich versammeln zu Gebet, zum Lesen, zum

31

Taufen, das Sakrament zu empfangen und andere christliche Werke auszuüben. In dieser Ordnung könnte man die, die sich nicht christlich verhielten, erkennen, tadeln, bessern, ausstoßen oder in den Bann tun nach der Regel Christi, Matth. 18,15 ff", (Martin Luther, Ausgewählte Schriften, herausgegeben von Karin Bornkamm und Gerhard Ebeling, Frankfurt 1982, 5. Band, S. 77). Luther ist also keineswegs einem gewissen Zwang denen gegenüber abgeneigt, die nur unzureichend ihren kirchlichen Pflichten nachkommen.

Die Möglichkeit zu solchem „Zwang" erlischt bereits im Zuge der Entkirchlichung im 19. Jahrhundet. Doch die Menschen bleiben wenigstens formal Kirchenmitglieder. Da kann der Begriff Volkskirche angebracht bleiben. Aber was sagt er heute noch aus? Das Kirchenamt der EKD wagt 1986 einen gefährlichen Vergleich: „Wie eine Volkspartei muss auch die Volkskirche ein breites Spektrum umspannen und diese Spannung aushalten." („Christsein gestalten, eine Studie zum Weg der Kirche", Gütersloh 1986, S. 80). Unsere Volksparteien – die CDU/CSU und die SPD – sind vor allem am politischen Machterhalt interessiert. Nur aus dieser Sicht sind sie an den Meinungen, notfalls auch den Überzeugungen der Wähler interessiert. Ihre Wahlkämpfe degenerieren zu medialen Shows, hinter denen die aktuellen Probleme verschleiert werden. Es gelingt ihnen nicht, über den Tellerrand der nächsten Wahlen hinaus politische Entwicklungen vor der Zeit aufzunehmen und in ihre Entscheidungen einfließen zu lassen. Das Interesse und die Wahlbeteiligung der Bürger nimmt ab. Die Parteien verzeichnen einen rapiden Mitgliederschwund und lassen sich ungeniert vom Steuerzahler mitfinanzieren. In einer Studie des Theologischen Ausschusses der Vereinigten Evangelisch-lutherischen Kirche Deutschlands (VELKD) aus dem Jahre 1977 mit dem Titel „Volkskirche – Kirche der Zukunft?" (Hamburg 1977) wird der Versuch unternommen, die unübersehbaren zentrifugalen Entwicklungen in der Kirche als Folge der nun immer deutlicher sichtbar werdenden gesellschaftlichen Entwicklungen theologisch zu begründen, aber auch zusammenzubinden und auf das Evangelium zurückzuführen. Man wird bescheidener. „In Bezug auf sich selbst hat die Kirche deshalb dem Eindruck zu widerstehen, als sei Gott nur dort präsent, wo die Kirche präsent ist" (aaO, S. 18).

„In diesem weiten Rahmen eines geistlichen Verständnisses kirchlicher Ordnungen entfaltet sich die Freiheit des christlichen Lebens" (aaO, S. 19).

„Die Kirche hat nicht den Auftrag, zwischen ‚schlechten‘ und ‚guten‘ Christen zu sortieren" (aaO, S. 22).

Und wenig später heißt es: „Hat die Volkskirche eine Zukunft? Diese Frage wird teils von besorgten Kirchengliedern, teils von kritischen Beobachtern aufgeworfen. Sie stellen heißt vom Boden reformatorischen Kirchenverständnisses her, sie bejahen. Als Kirche liegt ihre Zukunft in der Verheißung des kommenden Reiches beschlossen. Das schließt geschichtlichen Wandel nicht aus, sondern ein: Die theologisch relevanten Strukturmerkmale der Volkskirche sind nicht identisch mit Mehrheits- oder Minderheitsverhältnissen statistischer Art, mit regionalen Eigentümlichkeiten wie dem Kirchensteuersystem oder dem Status als Körperschaft öffentlichen Rechtes. Diese können sich rasch verändern oder dauerhaft stabil bleiben. In jedem Falle ist die lebensvolle Spannung zwischen der vieldeutigen und wandelbaren Realität geschichtlicher Kirchentümer und der unwandelbaren Verheißung Gottes kennzeichnend für die Volkskirche. Ihre realen Lebensverhältnisse und Daseinsformen dürfen deswegen nicht dem verächtlichen Urteil verfallen, eine Kirche, die diese Merkmale besitzt, sei nicht vereinbar mit dem Wesen der Kirche. Je weniger die Sorge oder die Erwartung sich auf das Prestige der Kirche richtet und je intensiver und verantwortlicher sich alle Kräfte der Kirche auf ihren Auftrag konzentrieren, um so mehr wird das geschichtliche Angebot, das die Volkskirche darstellt, auch als zukunftsweisende Lebensform der Kirche wahrgenommen werden können. Die Kirche, die zu den Menschen und der Welt hin offen ist, wird so oder so immer den Weg einer Volkskirche zu gehen suchen" (aaO, S. 35f).

Im Jahre 1977 kann ein solch vorsichtiger Optimismus über die Zukunft der Volkskirche noch angebracht sein. Es war und es ist sicherlich richtig, dass die äußere Gestalt der Kirche, ihr Prestige, nicht entscheidend dafür ist, ob sie Volkskirche ist oder nicht. Sie soll offen sein für die Menschen und die Welt. Doch was bedeutet das inhaltlich? Heute verdeckt das Etikett „Volkskirche" die Beliebigkeit christlicher, auch beliebiger Überzeugungen. Doch spätestens wenn das Volk diese Kirche in Scharen verlässt, muss der Abschied von diesem Etikett genommen werden. In der dritten EKD-Erhebung über Kirchenmitgliedschaft (Gütersloh 1997) wird deshalb auch die Frage aufgeworfen, ob sich „die historisch gewachsenen Strukturen (der Volkskirche) unter den gewandelten gesellschaftlichen Bedingungen als überlebensfähig erweisen? Oder sollten nicht vielmehr nun endlich die zahlreichen Krisensymptome der Volkskirche offensiv angegangen werden und zu einem grundsätzlichen Wandel der kirchlichen Arbeit führen, wobei der Anspruch auf volkskirchliche Integration zugunsten des Aufbaus einer profilierten und engagierten Minderheitenkirche aufzugeben wäre" (S. 35f)?

Eine Antwort auf diese selbst gestellte Frage steht bisher aus. Sie ist auch nicht zu erwarten. Denn die Landeskirchen sind längst Minderheitenkirchen. Andererseits gibt es für sie keinen Grund, sich selbst angesichts der unübersehbaren finanziellen, gesellschaftspolitischen und ideologischen Vorteile ihres wenn auch nur angemaßten Status als Volkskirche in einen minderen Stand zu versetzen. Wie soll sie angesichts ihrer massiven inneren theologischen Spannweite, der Kakophonie der vertretenen Positionen eine profilierte Kirche werden, ohne sich in ihre Bestandteile aufzulösen?

Die Konservativen und die Progressiven wünschen sich wechselseitig gut christlich „die Pest an den Hals" und ringen um die innerkirchliche Macht, soweit dieses Spiel nicht längst zugunsten der Progressiven entschieden ist. Doch zusammenbleiben wird man. Sicher ist sicher. Wer setzt denn schon sein festes Gehalt und seine Pensionsansprüche aufs Spiel? Wir alle sind keine Helden, kleingläubig, ängstlich, nicht zu Revolutionären geschaffen. Warum sollten wir das von unseren Kirchenleuten erwarten? Außerdem haben sie die Verantwortung für einen großen Apparat, der Zehntausenden Lohn und Brot gibt.

Die meisten Menschen geben ihr Bestes für ihre Kirche. Es ist schon schwierig genug, unter dem anhaltenden Sparzwang Personal abzubauen. Doch ansonsten die Institutionen halbwegs intakt zu halten, ist auch eine soziale Pflicht der Oberen.

Das Evangelium rein lehren

Martin Luther hat darauf hingewiesen, dass es nicht darauf ankomme, dass überall im Lande die selbe Gottesdienstordnung gelten müsse. Dadurch konstituiert sich die wahre Kirche nicht. Die Reformatoren legen Wert darauf, dass sie nicht eine neue Kirche gründen, sondern die alte erneuern. In der Confessio Augustana, 7. Abschnitt, formulierten sie: „Es gibt eine heilige Kirche, die immer bleiben wird. Die Kirche aber ist die Versammlung der Heiligen, in der das Evangelium rein gelehrt wird und die Sakramente recht verwaltet werden. Und zur wahren Einheit der Kirche ist es genug, dass man übereinstimme in der Lehre des Evangeliums und der Verwaltung der Sakramente."

Notwendig sei es nicht, „dass die menschlichen Traditionen und die Riten und die Zeremonien, welche von

Menschen eingeführt wurden, sich überall gleichen" (Leif Grane, „Die Confessio Augustana", Die Kirche, 5. Auflage, Göttingen 1996, S. 70).

Ohne auf die Auseinandersetzungen dieser Zeit eingehen zu wollen, muss sich die lutherische Kirche stets mit den beiden Kernforderungen auseinandersetzen: Das Evangelium muss rein gelehrt werden, die Sakramente der Taufe und des Abendmahles müssen recht verwaltet werden. Was bedeutet die Forderung der Confessio Augustana nach der „reinen" Lehre des Evangeliums heute? Diese Kernfrage kann für Freikirchen, die sich nicht als lutherisch bezeichnen, belanglos sein. Es gibt keinerlei Verbindlichkeiten der Textauslegung und kein Verbot der Missinterpretation des Evangeliums. Das Evangelium kann vielen gehören, auch wenn die anderen aus lutherischer Sicht mit ihm theologischen Missbrauch betreiben.

Die Lutheraner aber sind festgelegt. Sie können nicht beliebig mit dem Evangelium umspringen. Sie müssen erklären, warum sie von der „reinen Lehre", so wie sie in der Reformation verstanden wurde, abweichen, die einen weniger, die anderen so radikal, dass ich den Bezug zum Evangelium nicht mehr erkennen kann. Wie lange können diese wachsenden theologischen Differenzen noch unter einem kirchlichen Dach vereint bleiben, ohne dass Heuchelei und Lüge alles verzehren?

Horst Klaus Berg („Ein Wort wie Feuer, Wege lebendiger Bibelauslegung", München 1991) setzt sich mit der Frage auseinander, warum die Botschaft der Bibel heute im Bewusstsein der meisten Menschen keinerlei Rolle mehr spielt: Sie ist nicht mehr relevant. „Die biblische Überlieferung kommt nicht mehr als Nachricht an, die Neues mitteilt, etwas bewirkt und verändert" (aaO, S. 16). Ihre Botschaften sind nicht mehr unmittelbar einleuchtend für das Leben der Menschen. Wegweisung liefern sie nicht. „Die

Bibel (wird) insgesamt als ein überliefertes heiliges Buch angesehen, das zur praktischen Lebensorientierung keinerlei Wert und Verbindlichkeit besitzt" (aaO, S. 17). Und weiter: „Die Bibel ist stumm geworden, weil sie unsere Erfahrungen nicht mehr trifft; sie scheint im luftleeren Raum erfahrungsferner Theologie und binnenkirchlicher Frömmigkeit zu verkümmern" (aaO, S. 22).

Wer will diesen Feststellungen eigentlich widersprechen? Und damit stehen wir vor der Herausforderung, die für uns heute verborgenen Schätze des Evangeliums zu heben, ohne ihnen Gewalt anzutun. Das reformatorische Selbstverständnis, dass die Kirche ständiger Erneuerung bedarf (ecclesia semper reformanda), hilft uns dabei nicht weiter, denn die Reformatoren haben darunter sicherlich nicht die mehr oder minder weitreichende Neu-, ja Uminterpretation der reinen Lehre des Evangeliums verstanden.

Als Nichttheologe werde ich mich hüten, mich in die Nähe der Fallgruben und der möglichen Irrwege der Hermeneutik zu begeben. Nur so viel habe ich gelernt: Es gibt keine objektive Hermeneutik. Denn das „Eindringen" in die Welt der Textentstehung, in ihr historisches Umfeld, ist ein zwangsläufig subjektives Unterfangen, das zu unterschiedlichen Ergebnissen führt.

Durch die Hermeneutik wird die Bibel in Teilen zu einem historischen Werk, das sich dem Leser in unserer Zeit nur erschließt, wenn es in seiner damaligen Bedeutung freigelegt wird und uns auf diese Weise Botschaften übermitteln kann, die zwangsläufig beim selben Ausgangspunkt sehr unterschiedliche Inhalte haben können.

Gern wird mir immer wieder das Bild eines geistlichen Bogens angeboten, der mit seiner einen Basis auf biblischem Text ruht und dann am anderen Ende in unserer Zeit, hoffentlich in meinem Herzen, landet. Es beschädigt meinen Glauben nicht, wenn diese geistliche Transformation durch unterschiedliche Interpreten auch zu neuen Betrachtungen kommt, solange sie für mich die christliche Botschaft erkennbar lassen und mir die Chance geben, eine spezielle Botschaft als Falsifikation zurückzuweisen. Und es gibt insbesondere für mich Festlegungen im Neuen Testament, die sich jeder hermeneutischen Relativierung entziehen. So Jesu Aussagen zur Ehe und den Zehn Geboten. Das ändert nichts daran, dass wir alle Sünder sind. Doch dann geht es um die Gnade Gottes und nicht um Hermeneutik.

Berg stellt 13 hermeneutische Modelle dar: Ihre Anwendung auf die Bibel kann zu erstaunlichen Ergebnissen führen. Doch immer wieder wird die Bibel dabei zu einem Steinbruch degradiert, aus dem Bruchstücke herausgeklaubt werden, die in das Fundament der jeweiligen Ideologie eingebaut werden. Die feministische Hermeneutik wirft bei mir ebenso wie andere Methoden der Bibelauslegung die Frage auf, was das eigentliche Ziel ihrer Vertreter ist? Wenn es um politische Auseinandersetzungen geht, können doch Argumente aus dem biblischen Bereich bestenfalls subsidiäre Bedeutung haben. Wenn es um die Macht in der Kirche geht, prallen solche Versuche an der römisch-katholischen Kirche ab. Ihre Dogmatik wird in Rom entschieden. Freikirchen könnten hermeneutisch „erobert" werden. Doch dann verlassen die Glieder die Kirche. Der dann entstehende Geldmangel beendet die „feindliche Übernahme".

Und damit sind wir bei den Landeskirchen. Sie sind geistlich so schwach geworden, dass sie sich solchen „Angriffen" auf ihre theologischen Grundpositionen kaum noch widersetzen können. Dabei unterstelle ich, dass es solch einheitliche theologische Grundpositionen überhaupt noch gibt, auf die „Angriffe" noch möglich sind. Nach meinem Eindruck kommen diese „Angriffe" kaum aus dem Kirchenvolk. Sie werden vor allem von den Pfarrern vorgetragen, die ihre individuellen Präferenzen und Überzeugungen umsetzen wollen. Zumindest so weit, dass sie damit nach ihrem Gusto in ihrem Pfarramt überleben können. Anhänger zu finden, die ihre sehr spezielle Theologie vertreten, ist so schwer nicht.

Das eigentliche Problem ist nicht, dass sich die Theologie der evangelischen Kirche in Deutschland verändert, dass sie sich dem Verständnis der Menschen unserer Zeit öffnet, ihnen die Frohe Botschaft heute nahebringen will. Das war zu allen Zeiten der Auftrag der Kirchen und ihrer Seelsorger. Das theologische Elend der Landeskirchen ist, dass ihre Art von Volkskirche jeden Wildwuchs durchgehen lässt, auch wenn er die Fundamente unseres Glaubens gefährdet.

Das theologische Elend der Landeskirchen ist, dass ihre Art von Volkskirche jeden Wildwuchs durchgehen lässt, auch wenn er die Fundamente unseres Glaubens gefährdet.

Die Minderheit, die bewusst ihr Leben als Christenmensch führen will und dabei anders als viele Traditionschristen über den Tellerrand ihrer örtlichen Gemeinde hinausblickt, kann mit dieser Situation nicht leben. Die Kräfte, auf die wir hoffen und die ein flexibles, aber sicheres Glaubensgehäuse bringen sollen, haben vom System der Landeskirchen nichts zu erwarten. „Darum glaubt heute auch kaum jemand mehr im Ernst daran, dass die reintegrierenden Kräfte der kommenden Gesellschaft dem großkirchlichen Protestantismus entspringen werden" (Zahrnt, aaO, S. 387).

Pluralismus und Individualismus

Die Studie der VELKD aus dem Jahre 1977 mit dem Tiel „Volkskirche – Kirche der Zukunft?" stellt das Notdach bereit über die auseinander strebenden Grundüberzeugungen. „Die oft kritisierte Pluralität und Mehrdeutigkeit kirchlichen Lebens, christlicher Frömmigkeitsstile und theologischer Schulmeinungen beweisen ... noch nicht, daß Lehre und Bekenntnis schwach und folgenlos bleiben. ... Die Gemeinschaft in Lehre und Bekenntnis ist der tragende Grund für den Umgang mit der Vieldeutigkeit der Erfahrungswelt."

Abgelehnt wird die Alternative, „der Glaube könne nur durch eine eindeutige Prägung des kirchlichen und christlichen Lebens ... glaubwürdig sein" (aaO, S. 23 f). „So ist die Kirche als Volkskirche eine Kirche im Wandel. In diesem Ineinander von Wandel und Beharrung orientiert sie sich an Schrift und Bekenntnis und dringt auf ökumenische Gemeinschaft. Sie hält sich offen für das, was Gottes Geist in ihr erneuern will" (aaO, S. 20).

Oder: „Die Volkskirche ist auch darum eine dem christlichen Glauben gemäße Form der Kirche, weil sie um des Angebotes von Wort und Sakrament willen darauf verzichtet, dort Grenzen festzulegen, wo diese von Christus nicht eindeutig sichtbar gemacht worden sind" (aaO, S. 30).

Es verwundert nicht, dass diese handlungsleitenden Parolen auch heute noch aktuell sind. Die lutherische Bindung an die reine Lehre wird relativiert. Die Lehren des Paulus, seine Forderungen und seine Anweisungen in seinen Briefen verlieren ihren weisenden Charakter. Die Volkskirche „orientiert" sich nur noch an Schrift und Bekenntnis. Nicht die Menschen treiben Schindluder mit der Kirche und ihrer Botschaft. Gottes Geist führt dabei das Regiment bei der Erneuerung der Kirche, nicht die handelnden Personen. So einfach ist es. Wo Grenzen ziehen? „Pluralismus" heißt die Zauberformel.

„Eine Volkskirche, die sich als pluralistisch versteht, will keine Personen ausgrenzen und keine Positionen verurteilen. Sie will die unterschiedlichsten religiösen, politischen, moralischen Einstellungen unter ihren Mitgliedern tolerieren. Sie kann sich selbst nur als gemischte Gesellschaft interpretieren, als corpus permixtum, wie der alte Fachausdruck lautet. Die einzige Grenzmarkierung, zu der eine solche Institution in der Lage ist, ist die tendenzielle Ausgrenzung jener, die die allgemeine Orientierungsvielfalt als Orientierungslosigkeit in Frage stellen" (Manfred Josuttis, „Unsere Volkskirche und die Gemeinde der Heiligen", Gütersloh 1997, S. 154).

Dieses harte Urteil begründet der Göttinger Theologieprofessur Manfred Josuttis auf eine Veröffentlichung des Kirchenamtes der EKD (Gütersloh 1986) in „Christsein gestalten, Eine Studie zum Weg der Kirche": „Jeder Versuch, den Glauben zu objektivieren, wird ihn verfehlen" (aaO, S. 45).

Und weiter: „Jeder Anspruch Christ zu sein oder eine christliche Haltung zu vertreten, muss ... akzeptiert werden" (aaO, S. 46).

Josuttis ergänzt: „Wenn nun keiner über die Wahrheit verfügt, ist damit zu rechnen, dass jeder nur ein Stück von ihr vertritt" (aaO , S. 46).

Die Wahrheit des Evangeliums löst sich auf in Teilwahrheiten. Falsche Lehre wird nicht mehr festgestellt und zurückgewiesen. Möglich ist alles.

Wozu ist eine solche Kirche gut? Sie kann Anstöße zu Debatten in unserer pluralen Gesellschaft geben. Sie kann wegen ihrer Unverbindlichkeit Menschen am Kirchenaustritt hindern, weil von niemandem ein klares Bekenntnis verlangt wird. Erlaubt ist, was gefällt. In einer solchen Kirche können sich alle treffen, die einen Ort der Begegnung suchen. Traktiert mit christlichen Werten und Positionen, die von ihnen weitreichende Entscheidungen und Klärungsprozesse abverlangen, werden sie nicht. Seid nett zueinander! Wenn es allerdings ernst wird, der Tod in unser Leben eintritt, uns tiefgreifende und weitreichende Lebenskrisen bedrohen, dann kann ich mir nicht vorstellen, was eine solche Kirche und ihre Diener an meiner Seite ausrichten sollen. Andererseits müssen wir fairerweise fragen, ob die übergroße Mehrheit der Kirchenglieder das überhaupt noch von ihrer Kirche erwartet?

In den 25 Jahren meiner Tätigkeit als Bundestagsabgeordneter und meinem Bemühen, die Nöte und Sorgen meiner Mitbürger ernst zu nehmen, ihnen zu helfen, sind mir im Laufe der Zeit immer weniger Menschen begegnet, die auch Hilfe bei ihrem Pfarrer suchten. Meine Hinweise auf hier brachliegende Kraft- und Heilquellen wurden kaum beachtet. Die kirchlichen Rituale bei Beisetzungsfeiern tun gut. Sie mögen kurzzeitig den Abschiedsschmerz lindern. Doch bald sind sie verweht und hinterlassen keine Spuren. Die Zugehörigkeit zur Volkskirche entlastet, ohne zu trösten. „Insofern gehört zur Volkskirche immer auch ein Stück Volksbetrug" (Josuttis, aaO, S. 156).

Gibt es in unserer Zeit eine ernstzunehmende Alternative zu dieser Art von Volkskirche? In den Ballungsgebieten wird gern auf ein besonderes Modell kirchlichen Pluralismus verwiesen: In der einen Gemeinde sammeln sich die Klerikalen, in der anderen Gemeinde die Feministinnen, anderswo schließlich die „Liberalen", die Kämpfer für die Dritte Welt oder die Umwelt. Man ist unter sich und kann sich wechselseitig in seinen Grundüberzeugungen stärken und auf die anderen hämisch herabblicken. Doch das Problem ist damit nur kaschiert, nicht gelöst. Sie sind keine freikirchlichen Gemeinden, sondern hängen finanziell und theologisch an ein und derselben Landeskirche. Sie sind eben nicht so etwas wie der BDI, der Bundesverband der deutschen Industrie mit sehr unterschiedlichen Mitgliedsfirmen, großen und kleinen, mit mitbestimmten und „Herr im Hause"-Positionen, profitablen und notleidenden Firmen.

Wie kann diese Art von Volkskirche zusammen bleiben? Wie kann sie sich im bunten Wettbewerb der vielfältigen Angebote zur Lebens- und Sinndeutung behaupten? Eine

Antwort gibt es: Die römisch-katholische Kirche hat solche Fragen für sich entschieden. Für sie gibt es keinen Pluralismus in Glaubensfragen. Sie scheint in jeder Hinsicht besser dazustehen als die Landeskirchen. Erreichen sie die vielfältigen Krisen der evangelischen Kirche – die Mitgliederkrise, die Finanzkrise, die Mitarbeiterkrise, die Vereinigungskrise, die Organisationskrise, die Orientierungskrise, die Krise des Krisenmanagements (Wolfgang Huber, „Kirche in der Zeitenwende", 3. Auflage, Gütersloh 1999, S. 223 ff) – später?

Die evangelische Kirche versteht sich als Teilsystem unserer Gesellschaft und will der Befriedigung von Bedürfnissen unserer Gesellschaft dienen. „Sie ist eingebunden in den Prozeß eines ideologischen Warentauschs. Sie bietet spezifische Güter, die für Erziehung, Sinnstiftung, Krisenbewältigung benötigt werden, und hat deswegen Anspruch auf soziale Anerkennung wie ökonomische Unterstützung. Für die funktionalistische Perspektive ist Kirche gesellschaftliche Sozialstation mit religiösem Service. Welche Wirklichkeit hinter diesem Angebot steht, ist letztlich belanglos, wenn es nur von den Adressaten auf dem Weltanschauungsmarkt akzeptiert wird" (Josuttis, aaO, S. 19).

Doch Kirche ohne Menschen gibt es nicht. Insofern muss die Kirche Rücksicht nehmen auf die Grundüberzeugungen ihrer Mitglieder. Die zentrale Frage ist aber, ob die Kirche dabei verbal nachgibt, ohne den Grundbestand reformatorischer Überzeugungen anzutasten oder ob sie fast alles zur Dispositon stellen lässt und damit sich selbst auf Dauer infragestellt. Offen ist auch, welche Kräfte auf diesen Prozess wirken. Sind es wirklich die Kirchenmitglieder in ihrer Mehrheit oder sind es kleine aktive Gruppen, die die Synoden beherrschen? Sind es die Theologen selbst, die sich ein Gehäuse zurechtzimmern, in dem sie gut leben können?

Kirche ohne Menschen gibt es nicht.

Wesentlicher aber ist die Frage, wohin diese Reise geht. Position für Position wird revidiert oder aufgegeben. Wie weit kann dieser Weg noch gegangen werden, ohne dass sich die Basis der Kirche Jesu Christi endgültig in Luft auflöst? Da will sich niemand festlegen. Wer weiß, was da noch alles kommt. „Die Kirche (muss) sich eine gewisse Widerständigkeit zu den sie umgebenden Trends und Moden bewahren", kommentiert Albrecht Grötzinger (aaO, S. 46).

„Es ist eine ständige theologische Aufgabe, das inhaltlich Wesentliche inmitten aller Pluralität herauszuarbeiten", bemerkt Eberhardt Winkler (aaO, S. 20).

„Der erste Schritt zur Erneuerung der Kirche besteht darin, dass sie ... die eigene Botschaft ernst nimmt", sinniert der Berliner Bischof Huber (aaO, S. 235) und meint weiter: „Der erste Satz über die Kirche der Zukunft heißt: Sie soll nicht müde werden, das Evangelium zu verkünden" (aaO, S. 238).

Diese inhaltslosen Wegweisungen führen allerdings nicht weiter, weil sie im Allgemeinen und im Unverbindlichen stecken bleiben, weil jeder Vertreter der Kirche das Recht hat, darunter das zu verstehen, was ihm beliebt.

Hinter all dem stecke die Individualisierung, erklären viele Betrachter der Entwicklungen in der Evangelischen Kirche Deutschlands. Die Menschen ließen sich immer weniger vorgeben, in welchen Bahnen sie ihr Leben leben sollen. Sie lösten sich aus den lebenslangen Bindungen der großen gesellschaftlichen Apparate, wie der Gewerkschaften, der Parteien, auch der Kirchen. Auf Zeit könnten sie bei ihnen mitmachen, wenn ihnen diese Mitgliedschaft aktuell weiterhelfe. Doch eine dauerhafte Bindung und Wertebindung entstehe so nicht.

Bei solchen Tröstungen über den aktuellen Zustand der Landeskirchen werden die fundamentalen Unterschiede zwischen den großen gesellschaftlichen Gruppen und den Kirchen übersehen. Verbände wie die Gewerkschaften sind als Zusammenschlüsse von Individuen entstanden, um gemeinsam in Solidarität lebenswichtige materielle Interessen zu vertreten. Auf diesem materiellen Unterbau entwickelte sich dann im marxistischen Sinne ein Überbau, eine tragende Ideologie, die die Menschen verbindet und die gemeinsamen materiellen Aktionen moralisch absichert. Ändern sich die materiellen Interessenslagen, können solche Verbände verschwinden, oder sie verändern sich auch in ihrer Ideologie. Sie passen sich neuen gesellschaftlichen Herausforderungen an.

Die politischen Parteien haben einen vergleichbaren Lebenszuschnitt, auch wenn bei ihnen die Ideologie Auslöser ihrer Gründung und ihrer weiteren Existenz sein kann. Das gilt nicht nur für die sozialistischen Parteien marxistischer Provenienz. Auch die völkischen, faschistischen Parteien wollten immer wieder die Realitäten solange umbiegen, bis sie sich ihren rassistischen Ideologien annäherten. Unsere Volksparteien dagegen haben solche „Weltverbesserungsziele" nicht mehr. Ideologie ist bestenfalls noch die Vanillesauce über dem Pudding, der den Wählern schmecken soll. Der aber lässt sich stets neu anrühren.

Die Kirche kann keine Programme entwickeln, die dem Geschmack der Menschen nachempfunden werden. Sie kann die Präsentation ihrer Botschaft ändern, nicht aber ihren Inhalt. Wenn sie das dennoch versucht, verrät sie nicht nur ihren Auftrag. Sie hat auch als Organisation keinen bleibenden Erfolg. Sie wird austauschbar und damit belanglos.

Meine Erfahrungen

Als ich 1955 als aktiver Christ in die SPD eintrete, um die westdeutsche Wiederaufrüstung zu verhindern, kommen meine spätere Ehefrau und ich in eine andere Wertewelt. Wir müssen zusätzlich zu den Chorälen die sozialistischen Kampflieder lernen: „Auf, Sozialisten, schließt die Reihen."

Als wir 1956 im proletarischen Hamburg-Altbarmbek christlich heiraten, sagt einer der damalig führenden Genossen zu mir: „Das rundet das Bild ab."

Heute interessiert es niemanden mehr, was wir denken, wo wir stehen, denn die damaligen intensiven Bindungen sind verschwunden. Damals sagten wir, es könne „schwarz-weiß-rote Hunde regnen", die SPD-Wähler blieben „bei der Stange". So war es in Weimar, so war es damals. Diese festen politischen Milieus haben sich verflüchtigt. Die Parteien verlieren ihr Profil, ihre Stammwähler und immer mehr Mitglieder.

Die Genossen sagen mir damals, ein guter Sozialist habe Mitglied einer DGB-Gewerkschaft zu sein. Also trete ich ein und bin bis heute Mitglied. Meine Töchter haben wenigstens vorübergehend materielle Vorteile durch die Arbeit der Gewerkschaften. Doch Konsequenzen hat das nicht.

Natürlich werden auch die großen Kirchen von diesen Entwicklungen getroffen, weniger bei der aktiven Beteiligung am Gemeindeleben. Die war vorher schon schlecht genug. Es wächst die Bereitschaft auszutreten, die Kirchensteuer zu sparen, aber unter Umständen auch der Wiedereintritt, wenn es von individuellem Nutzen erscheint. Ob die unübersehbare Tendenz zur Individualisierung der zentrale Auslöser für den raschen Zerfall des Profils der Landeskirchen ist, wird von mir bezweifelt.

Berlins Bischof Wolfgang Huber („Kirche in der Zeitenwende", Gütersloh 1999, S. 94 f) erkennt bei zwei Dritteln der evangelischen Kirchenmitgliedern eine sogenannte „Lebensabschnittsreligiosität". Nur vorübergehend wacht bei ihnen ihre durchaus vorhandene Religiosität auf, z.B. bei Einschnitten in ihr Leben wie Tod oder große Not, um dann wieder zu versiegen. „Die Funktion der Kirchen ... (wird) für viele darauf reduziert, einen äußeren Rahmen für religiöse Übergangsriten zu bilden. Die persönliche Dimension der Religion dagegen wird, soweit sie noch ausdrücklich zum Thema gemacht wird, eher mit der Hilfe ,neuer Institutionen', therapeutischer, endemischer oder auch unmittelbarer Art geklärt" (aaO, S. 95).

An wen und warum biedern sich die Landeskirchen angesichts dieser Sachlage an? Womit rechtfertigen sie letztlich die schrittweise Kappung ihrer Bindungen an die Verkündigung der reinen Lehre, unser Evangelium? Warum wird es zu Schleuderpreisen verramscht? „Ihr sollt das Heilige nicht den Hunden geben und eure Perlen sollt ihr nicht vor die Säue werfen, damit diese sie nicht mit ihren Füßen zertreten und sich umdrehen und euch zerreißen" (Matthäus 8,6).

Ohne meine Eltern, ohne unsere gemeinsamen Erfahrungen in der Kriegs- und Nachkriegszeit, ohne die Anleitungen meines Vaters, wäre ich wohl kaum Christ geworden. Vor dem Krieg singen wir gemeinsam Zuhause den Choral „Wach auf, wach auf du deutsches Land. Du hast genug geschlafen".

Nach dem Krieg stirbt meine Mutter im Sommer 1946 und lässt meinen Vater und mich allein zurück. Er war 1937 in die NSDAP eingetreten, ohne davon irgendeinen materiellen Vorteil zu haben. Jetzt schiebt er eine Sackkarre im Hamburger Hafen. Er akzeptiert unser Schicksal und das unseres Landes als Strafe Gottes für unvorstellbare Gräuel. Aber Gott wird uns helfen. Vater ist überzeugter Christ und Pazifist geworden. Wir beide leben allein. Unsere Wochenenden: Gottesdienst. Nachmittags Heimspiel des FC St. Pauli oder Ohlsdorfer Friedhof. Und jeden Abend sagt er zu mir: „Vergiss das Beten nicht."

Solche Ketten christlicher Sozialisation gibt es kaum noch. Als einer meiner Enkel in einer Hamburger Gemeinde getauft wird, werden Lieder von Rolf Zuckowski gesungen: „Wie schön, dass Du geboren bist, wir hätten Dich sonst sehr vermisst."

Christus und das Sakrament der Taufe werden nicht erkennbar. Das Ganze ist insbesondere für die Kleinen ein großer Spaß. Sie patschen mit ihren Händen in das Taufwasser und spritzen sich nass. Auch die Erwachsenen scheinen zufrieden zu sein. Ich bin entsetzt. Doch die Pfarrerin sagt mir: „Wenn ich es anders mache, kommt keiner." Meine Fragen, was denn das alles für einen Christenmenschen bedeutet, wohin „die Reise gehen wird", werden nicht beantwortet.

Martin Luther beschreibt in „Ein Sermon von dem heiligen Hochwürdigen Sakrament der Taufe" im Jahre 1515 (aaO, Band 2, S. 35 ff) die Bedeutung und die Tragweite der Taufe als ein Werk Gottes an den Menschen. Der Mensch muss dieses Werk für sein Leben einsetzen, mit diesem „Pfunde sein Leben lang wuchern". Die Taufe hat über die Jahrhunderte sicherlich für viele Menschen diesen zentralen Wert verloren. Als meine Frau und ich 1934 bzw. 1932 getauft wurden, findet der Vollzug dieses Sakraments an uns in einer Geburtsklinik statt. Der Termin wird anberaumt, der Pfarrer erscheint, die Säuglinge werden getauft, die Urkunden werden ausgehändigt. Basta! Das christliche Leben kann beginnen. Auch damals war die Welt der Evangelisch-Lutherischen Landeskirche in Hamburg nicht heil.

Es ist gleichgültig, ob die Taufe vor allem Familienfest ist, Rummel in kirchlichen Räumen oder ein Akt der Registrierung in der Klinik. Die Taufe kann ihre Wirkung nicht entfalten. Sie ist vor allem kein Akt, der eine christliche und damit kirchliche Sozialisation des Täuflings und seiner Familie einleitet. Er ist ganz und gar bedeutungslos geworden und nur in christlichen Familien von Belang. Ich weiß auch nicht, wie die Kirchen aus diesem Teufelskreis herauskommen können, in den sie nicht zuletzt durch eigene Schuld geraten sind. Doch was sollen solche Riten, die ohne Belang sind? Oder ist die Kirche nur noch eine Institution für die besonderen Anlässe des Lebens, die von den „Kunden" mit Hilfe der Amtsträger nach eigenem Gutdünken ausgefüllt werden können? Warum geben sich die Kirche und ihre Vertreter her für solche Verballhornung Gottes, denn: „Offensichtlich ist der Lebensraum Gottes keine Gemeinschaft, in der jeder nach seiner Facon selig werden kann" (Josuttis, aaO, S. 63).

Das theologische Wissen meiner Eltern und Großeltern war sicherlich sehr begrenzt. Niemals habe ich damals auch nur ein Wort über Luthers Rechtfertigungslehre gehört. Die Bedeutung der Barmer Theologischen Erklärung wird mir erst viel später bewusst. Mein Vater, in Hamburg St. Pauli groß geworden, wurde in seiner Jugend von seinem Pfarrer Clemens Schultz geprägt. Mein Vater hat mir von ihm erzählt und mich lesen lassen. Über 600 Konfirmanden hatte er jede Ostern zu konfirmieren. Mit ganz einfachen Dingen fesselt er die Mädchen und Jungen. Er redet mit ihnen, turnt mit ihnen und bindet sie an das Wort Gottes ohne Impertinenz und erhobenem Zeigefinger. Noch heute werde ich erfasst von seiner schlichten Frömmigkeit, die diese Menschen auf St. Pauli, fast alle überzeugte Sozialdemokraten, anrührt. „Er erkannte theologische Streitereien und kirchenpolitische Kämpfe als das, was sie sind: Machenschaften des Antichristen" (Clemens Schultz, Wülfingerode 1927, S. 130).

Dieses Urteil mache ich mir ausdrücklich nicht zu eigen. Aber eins ist für mich klar: Jede Entfernung der evangelischen Pfarrer vom Evangelium gefährdet, ja zerstört diese Volksfrömmigkeit, auf der sich der Glaube aufbaut und ohne den die Kirchen nicht leben können. Beschäftigen sich die Landeskirchen überhaupt noch ernsthaft mit der Mission? Wie steht es damit bei den anderen Kirchen außer den Religionsgemeinschaften wie Zeugen Jehovas und der Neuapostolischen Kirche?

Werbung statt Mission

Kirchenmarketing tritt an die Stelle des Missionsauftrages, den die Volkskirche aus einer Reihe von Gründen nur noch ungenügend leisten kann. Es geht dabei nicht absichtlich um eine Manipulation der christlichen Botschaft im Interesse seiner besseren „Verkaufe". Es geht darum, dass die Mission von Mensch zu Mensch – ich zeige dir den Weg zu deinem Heil – ersetzt wird durch Werbewege und Werbemittel, die es dem Christen gestatten, in Deckung zu bleiben und nicht mehr öffentlich bekennen zu müssen. Insofern sind auch alle Vergleiche mit Marketingkonzepten für öffentliche Institutionen, für die Stiftung Warentest oder für Dritte-Welt-Aktivitäten oder die Aidshilfe irreführend. Die Kirche traut sich nicht, personell in großer Zahl hervorzutreten und unseren gemeinsamen Glauben zu bezeugen. Solche Menschen sind sich angesichts des Glaubenschaos in der Kirche nicht sicher, was sie vertreten sollen. Das erledigt für sie das Kirchenmarketing durch „Produktformulierung" und „Produktdefinition".

Das volkskirchliche Angebot wird durch Kirchenmarketing nicht zum Erfolgsschlager werden. Was sollen Menschen auf der Suche mit der Werbekampagne zu Ostern 2002 anfangen, denen auf Großplakaten und Riesenanzeigen die Frage um die Ohren geschlagen wird: „Woran denken Sie bei Ostern?" und denen man die Antworten zur Auswahl anbietet: „Ferien, Cholesterin, Jesu Auferstehung, Langeweile in der Familie"?

Da schaut man hin und ist durch mit dieser Kampagne. Sie verschwindet im Wust der Werbung, die auf uns Menschen niedergeht. Vielleicht werden die Landeskirchen kurz wahrgenommen, vielleicht auch dauerhaft. Doch dann bleibt immer noch der zentrale Unterschied, den die Werbewirtschaft zwischen dem Bekanntheitsgrad eines Produktes und seinem Verwendungsgrad kennt.

Der aber wird so für die Landeskirchen nicht erhöht, auch wenn im Begleitmaterial zu dieser Kampagne empfohlen wird, in den Gemeinden bei österlichen Kochabenden zu vermitteln, wie Kalorien- und Cholesterinsünden in Grenzen gehalten werden können. Das alles ist nur peinlich und ein Zeichen dafür, dass der EKD jede theologische Kraft abgeht, um im persönlichen Einsatz ohne Schnickschnack die Botschaft unseres Herrn zu verbreiten.

Der EKD fehlt jede theologische Kraft, um im persönlichen Einsatz ohne Schnickschnack die Botschaft unseres Herrn zu verbreiten.

Für jene Imagekampagne setzt die EKD im Jahr 2002 1,5 Millionen Euro an Kirchensteuermitteln ein. Den Zuschlag hat die Berliner Werbeagentur Melle Pufe WHS erhalten. Sie hat bisher u.a. für Bacardi, Radeberger und Schering gearbeitet und eine Reihe von Preisen erhalten, darunter den „Deutschen Multi-Media-Award". Der EKD ginge es nicht um eine Kampagne zum Kircheneintritt, so ihr Pressesprecher. Sie solle vielmehr die Kirche als wichtigen gesellschaftlichen Faktor, ihren unverwechselbaren Charakter darstellen. Zielgruppen seien u.a. junge berufstätige Alleinlebende, Familien mit Kindern sowie berufstätige Frauen und Männer nach der Familienphase. Das sind die Gruppen, die in der kirchlichen Arbeit fehlen. Immer wieder muss ich angesichts der Altersstruktur der Gottesdienstbesucher an den alten DDR-Witz denken, der angesichts der Fluchtwellen vor allem der Jüngeren forderte: „Der Letzte macht das Licht aus."

Doch erreicht eine solche Werbekampagne die Kirchen- und Konfessionslosen? Die Konsumgüterindustrie erwartet bei ihren millionenschweren Imagekampagnen keineswegs den direkten Zugriff der Verbraucher auf die von ihnen angepriesenen Produkte. Vor allem geht es erst einmal darum, den Bekanntheitsgrad ihres Angebots dauerhaft zu erhöhen. Das ist die Voraussetzung für die Steigerung des

Verwendungsgrades. Konkret: Biertrinker müssen durch diese Kampagnen lernen, dass es Radeberger gibt und dass es sich augenscheinlich um ein exzellentes Bier handelt. Dann greifen sie unter Umständen beim nächsten Mal zu im Supermarkt oder in der Gastwirtschaft. Und dennoch bleibt es dabei: Der Wert dieser Premiumbiere besteht aus Hopfen und Malz, Wasser und viel Werbung. Insofern unterscheiden sich die Biere von ihrem Inhalt nicht. Aus jedem Bier lässt sich mit einem entsprechenden Werbeaufwand ein Premiumbier machen, das den Biertrinker neugierig macht und zum Probieren veranlassen kann.

Was ist der Sinn der teuren Imagekampagnen der EKD? „Das Unverwechselbare der Evangelischen Kirche deutlich machen: Gnade erfahren, Freiheit leben, Verantwortung übernehmen, Vielfalt gestalten", heißt es in einem Bericht der Evangelischen Nachrichtenagentur idea (26.9.01). Doch diese Ziele werden verfehlt. Was tatsächlich abläuft, ist theologisch stilisierte Bierwerbung: Probiert sie doch mal. Kirche ist unverwechselbar. Sie tut euch gut.

Welcher Kirchenferne, welcher Konfessionslose soll sich eigentlich dadurch zu Jesus Christus wenden und sein Leben auf Dauer umpolen?

Immer wieder haben evangelische Kirchen versucht, solche Werbewege zu gehen.

Winkler (aaO, S. 118 f) und Josuttis (aaO, S. 85 ff) geben dafür Beispiele. Diese Aktionen und Werbewochen scheitern sämtlich, obwohl die Kirche ihren potentiellen Kunden bereits weit entgegengekommen ist. Sie ermittelt über Umfragen die Bedürfnisse und Interessen der Umworbenen. Entsprechend wird dann versucht, das eigene Angebot zu gestalten. Anschließend übernehmen professionelle Agenturen die Imagepflege, auf die kirchliche Arbeit hinzuweisen und zur Mitarbeit einzuladen. Aus der Wahlforschung wissen wir, wie wenig es gelingen kann, politische Grundmuster des Individuums zu verändern, ihre fest verankerten Vorurteile abzubauen, ihnen auf Dauer andere Wertvorstellungen zu vermitteln. Über die Medien gelingt es kaum, am ehesten noch über enge persönliche Kontakte (Lazarsfeld, Berelson, Gandet „Wahlen und Wähler, Soziologie des Wahlverhaltens", Berlin 1969, S. 190 ff). Es ist möglich, den Wechsel von der einen zur anderen Kaffee- oder Zigarettenmarke zu bewirken. „Fast aussichtslos ist das Bemühen, Veränderungen im Kernbereich der menschlichen Existenz, in religiösen Einstellungen oder rassistischen Vorurteilen zu erreichen" (Josuttis, aaO, S. 88).

Das gelingt nur, wenn dem Einzelnen ein Christ gegenübersteht, der von seinem Glauben überzeugt ist. Und selbst dann werden ihm schwere Enttäuschungen, selbst Vorwürfe und massive Zurückweisungen nicht erspart. Ich weiß, wovon ich rede. In jedem der vielen Bundestagswahlkämpfe haben meine Frau und ich im Wahlkreis Hamburg-Nord viele Tausend Hausbesuche gemacht. Für sie waren das albtraumähnliche Erfahrungen. Für mich eine Prüfung auf Herz und Nieren.

„Die Botschaft (der Kirchen) ist nicht marktförmig", kritisiert Bischof Wolfgang Huber. „Sie trägt nicht den Charakter eines Angebots, sondern einer Zusage" (aaO, S. 112).

Und dennoch sieht sie sich im Wettbewerb nicht nur im karitativen Bereich im Verhältnis zu anderen freien Trägern, die genauso wie sie auch steuerfinanziert sein können. Die Vielfalt der „Sinnangebote" (Huber, aaO, S. 113) macht den Kirchen zu schaffen. Doch Kirchenmarketing ist darauf keine Antwort.

Die Studie „Jugend 2000" (Opladen 2000) macht deutlich: „Gottesdienstbesuch, Beten und Glaube an ein Weiterleben nach dem Tod sind seit Mitte der achtziger Jahre bei den Jugendlichen in den alten Bundesländern deutlich zurückgegangen."

Diese kirchlichen Merkmale sind bei den ostdeutschen Jugendlichen „inzwischen nur noch bei kleinen Minderheiten feststellbar". Insgesamt: „Die Kirchlichkeit ist zurückgegangen, die religiöse Grundhaltung im Leben hat bei den deutschen Jugendlichen stark an Boden verloren" (aaO, S. 180).

In der Shell-Studie „Jugend 2002" werden daraus Konsequenzen gezogen. Widmete die Studie 2000 den Bereichen Religion und Glaube noch ein eigenes Kapitel, so spielen diese Fragen in der neuesten Untersuchung eine völlig untergeordnete Rolle. Es geht um die Fragen, die aus der Sicht der Autoren von Belang sind und die Auskunft über die Grundeinstellungen der Jugend heute geben. Freundschaft, Partnerschaft, Familienleben, Eigenverantwortung, Gesetz und Ordnung, Fleiß und Ehrgeiz werden von den Jugendlichen auf ihrer Werteskala ganz oben angesiedelt. Der Gottesglaube rangiert unter ferner liefen.

„Jugend 2000" (aaO, S. 271) und eine Veröffentlichung in der Beilage der Wochenzeitung Das Parlament „Aus Politik und Zeitgeschichte" (Martina Gille u.a., „Das Verhältnis jugendlicher und junger Erwachsener zur Politik, B 19/96, S. 3 ff) machen deutlich, dass das Vertrauen west- und ostdeutscher Jugendlicher gegenüber den Kirchen seit einem Jahrzehnt extrem niedrig geblieben ist. Die Kirchen teilen sich auf dieser Tabelle des Misstrauens zusammen mit den politischen Parteien die letzten Plätze. Vor ihnen liegen die Arbeitgeberorganisationen, der Bundestag, die Bundesregierung, auch die Gewerkschaften, die Bundeswehr, mit deutlichem Abstand die Polizei. Das meiste Vertrauen genießen die Umweltgruppen und die Gerichte. Die EKD wird daran mit Imagekampagnen nichts ändern.

Kampf um Marktanteile

Die Volkskirchen werden bedrängt durch kirchliche Außenseiter und Sinnvermittler, die neu auf den Markt drängen. Sie sollen durch Verleumdungen und Verdächtigungen klein gehalten werden. Die Evangelische Kirche leistet sich dafür eine saubere Arbeitsteilung. Ihre Repräsentanten (Huber, aaO, S. 112 ff) akzeptieren die Bedeutung der kleineren Kirchen und warnen nur sehr allgemein vor „gefährlichen" Entwicklungen. „(Es) steht zu befürchten, dass sich solche religiösen Neigungen und Bestrebungen ausbreiten, die dem gemeinsamen Leben abträglich, ja mit vernunftsorientierter Verständigung unvereinbar sind" (Huber, aaO, S. 63).

Die Drecksarbeit leisten andere. Die Evangelische Kirche beschäftigt 27 landeskirchliche Sektenbeauftragte. Dazu kommen fünf Bedienstete der „Evangelischen Zentralstelle für Weltanschauungsfragen" der EKD. Bei der Katholischen Kirche sieht es ähnlich aus. Ihnen stehen die staatlichen Sektenbeauftragten bei den Bundesländern und beim Bund zur Seite (Besier und Scheuch (Herausgeber), „Die neuen Inquisitoren, Religionsfreiheit und Glaubensneid", Teil I, Osnabrück, Zürich 1999, S. 13).

„Während sich in Deutschland immer mehr Bürger von den überkommenen Großkirchen durch Austritt emanzipieren, suchen diese im Verein mit dem Staat die vertikale Struktur innerhalb der Religionen aus der Zeit des Staatskirchentums zu retten: Auf der obersten Stufe stehen die beiden Volkskirchen, deutlich darunter die Freikirchen, die noch in den 20er Jahren zu den Sekten zählten. Hier werden Baptisten, Methodisten, Quäker und andere eingeordnet. Unterhalb der Freikirchen rangieren die Sondergemeinschaften, weil sie – wie die Siebenten-Tags-Adventisten – Sonderlehren mit teilweise sektiererischen Zügen vertreten. Eine weitere Stufe abwärts rangieren die Sekten. Dazu werden Neuapostolische Kirche, Zeugen Jehovas und Christian

Science gerechnet. Noch weiter hinab geht es zu den esoterischen und neugnostischen Weltanschauungen und Bewegungen wie der Anthroposophie Rudolf Steiners. Auf der vorletzten Stufe der Religionsleiter befinden sich missionierende Religionen des Ostens, Neureligionen und sog. ‚Jugendreligionen'. Dazu zählen Transzendentale Meditation, Hare Krishna. Ganz zum Schluß kommen die ‚Psycho-Organisationen' wie Scientology und andere" (aaO, Teil 2, S. 153 f).

Nach dieser „Hierarchisierung" wird der Kampf gegen die Wettbewerber organisiert. Sicherlich haben die Sekten-

Die evangelische Kirche vertreibt die religiösen, die frommen Menschen, da sie sich dem Druck des Zeitgeistes ergibt und ihm ihre Identität als Kirche Jesu Christi opfert.

beauftragten dabei auch im Visier, dass einige der von ihnen auf den Index gesetzten Kirchen wie die Neuapostolische Kirche, die Zeugen Jehovas und die Mormonen in den letzten Jahren rasante Zuwächse bei ihren Mitgliedern zu verzeichnen haben (idea spektrum 11/96, S. 17), während die Freikirchen zwar materiell gut dastehen, aber die meisten von ihnen hinsichtlich ihrer Mitgliedszahlen bestenfalls stagnieren. Sie jedenfalls stellen keine Gefahr für den schwindenden Mitgliederbestand der Landeskirchen dar.

Die Evangelische Kirche in Deutschland ist der beste Nährboden für diese Vielfalt kirchlicher und religiöser Manifestationen in unserem Lande. Sie vertreibt die religiösen, die frommen Menschen, da sie sich dem Druck des Zeitgeistes ergibt und ihm ihre Identität als Kirche Jesu Christi opfert. Wenn Menschen nach Gott suchen, suchen sie immer weniger bei der Evangelischen Kirche Deutschlands und ihren Landeskirchen. Neue Religiosität manifestiert sich vor allem außerhalb der beiden Großkirchen. Deshalb spricht die zweibändige Veröffentlichung von Besier und Scheuch von „Glaubensneid". Er treibt die

„Inquisitoren" der Landeskirchen an. Heute sind ihre Mittel die Verdächtigung, die Verächtlichmachung, die Angst. Das Kampffeld sind die Medien, nicht mehr der Scheiterhaufen. Dabei müsste doch eine nüchterne Analyse der theologischen Entwicklung und der Binnenstrukturen der Landeskirchen ergeben, dass sie es selbst sind, die den Weg freimachen für den Weg vieler Menschen zu diesen dynamischen neuen Kirchen. Sie selbst fordern immer weniger Glaubenskraft und überzeugtes öffentliches Eintreten für ein klares Bekenntnis zu Jesus Christus, der alle eint. Alles kann geglaubt werden. Das Glaubensbekenntnis wird zu einer rhetorischen Floskel. Da wenden sich viele Menschen ab und zu Glaubensgemeinschaften hin, die hohe Glaubens- und Einsatzprinzipien an sie stellen. Die Verleumdung durch die Sektenbeauftragten ist ihnen in jedem Falle sicher.

„Fundamentalistisch" und „reaktionär-konservativ" sind die Schlagworte, mit denen Christen belegt zu werden pflegen, die sich dem Herrschaftsanspruch der „modernen Weltanschauung" in der Theologie noch nicht gefügt haben. Die Begriffe drücken Entrüstung aus über Menschen, die nach so langer Zeit historisch-kritischer Aufklärung noch immer nicht von dem Glauben an den auferstandenen Christus lassen, die sich gegen Tendenzen wehren, die Kirche von allen mystischen Inhalten zu reinigen" (aaO, S. 389). Erfolg werden sie nicht haben. „Die Kirche von morgen wird eine mystische sein" (Josuttis, aaO, S. 68 und S. 83). Oder sie wird verschwinden.

Ihren vermeintlich größten Erfolg erzielen die Sektenbeauftragten und die hinter ihnen stehenden Großkirchen, als es ihnen gelingt, den Deutschen Bundestag am 9. Mai 1996 dazu zu veranlassen, eine Enquetekommission „Sogenannte Sekten und Psychogruppen" einzusetzen. Bereits der Einsetzungsbeschluss für diese Enquete-Kommission ist entlarvend und verweist auf die Hintermänner. Aus dem Einsetzungsbeschluss:

„1. Analyse von Zielen und Praktiken der in der Bundesrepublik agierenden sogenannten Sekten und Psychogruppen

Die Analyse soll

- die von diesen Organisationen ausgehenden Gefahren
für den einzelnen, den Staat und die Gesellschaft erfassen;

- die offenen und verdeckten gesellschaftspolitischen Ziele dieser Organisationen aufarbeiten ..."

„Ohne Einschränkung und ohne irgendeine Konkretisie-
rung wird den in der Bundesrepublik tätigen ‚sogenannten
Sekten und Psychogruppen' unterstellt, sie seien eine Gefahr
für den einzelnen, den Staat und die Gesellschaft. Sie
verfolgten auch verdeckte gesellschaftspolitische Ziele.
Bevor die Enquete-Kommission überhaupt ihre Arbeit
aufgenommen hat, wird im Mai 1996 bereits das Urteil gesprochen. Insofern ist dieser Einsetzungsbeschluß gewollt
oder ungewollt ein vom Deutschen Bundestag beschlos-
senes Glacis zum Angriff auf unsere Religionsfreiheit" (aaO,
Teil 1, S. 273).

Es lohnt nicht, die Arbeit dieser Enquetekommission
nachzuzeichnen. Dank der wachsenden Widerstände gegen
eine drohende Einschränkung unserer im Art. 4 unseres
Grundgesetzes garantierten Religionsfreiheit scheitert dieses
Vorhaben. Außerdem gelingt es der Mehrheit der Enquete-
kommission nicht, stichhaltige Beweise für ihre Behaup-
tungen vorzulegen (aaO, Teil 2, S. 439 ff). Im Abschluss-
bericht vom Juni 1998 kommt die Enquetekommission u.a.
zu folgenden Feststellungen: Es gibt keine dominierende
Macht beim Eintritt. Es gibt keine Sektenkonversion durch
Psychotechniken wie Gehirn-, Seelenwäsche oder Psycho-
mutation. In aller Regel ist ein freiwilliger Ausstieg ohne
fremde Hilfe möglich. Das psychische Empfinden der
Mitglieder ist vergleichbar mit den Teilen der Bevölkerung,
die nicht Mitglieder sind. „Zum gegenwärtigen Zeitpunkt
stellen die neuen religiösen und weltanschaulichen Gemein-

schaften und Psychogruppen keine Gefahr dar für Staat und Gesellschaft oder für gesellschaftlich relevante Bereiche, z.B. Wirtschaft" (aaO, Teil 2, S. 442).

Es folgen Nachhutgefechte, die über die Bundestagswahlen des Herbst 1998 hinausreichen. Aber zu Richtigstellungen kommt es nicht. Das war auch nicht zu erwarten. Martin Kriele, emeritierter Professor für öffentliches Recht, deckt in einem seiner Beiträge für den Sammelband „Die Neuen Inquisitoren, Teil 1" (S. 394 ff) „die faschistischen Züge der Sektenjagd" auf. Da sind keine Entschuldigungen zu erwarten. Da geht der Kampf weiter. Im Frühjahr 2002 publiziert der rot/rote Senat von Berlin einen neuen Bericht über sog. Jugendsekten und Jugendreligionen, der nun die bekannten Verleumdungen verbindet mit den Ereignissen des 11. September 2001. Die Giftküche steht augenscheinlich an bekannter Stelle. Die Verleumdungen erreichen ein neues beachtliches Niveau. Den Großkirchen, insbesondere der Evangelischen Kirche hilft das nicht weiter. Der Bischof von Berlin-Brandenburg Wolfgang Huber (aaO, S. 223 f) spricht von einer tiefen Krise, die die beiden großen Kirchen in Deutschland durchlaufen. Die Evangelische Kirche ist noch massiver betroffen als die Katholische. Er benennt die Ursachen, übersieht aber, dass eigenes Handeln für diese Krise ursächlich ist. „Der rasante Prozess der Entkirchlichung, der sich hier vollzogen hat, kennt in anderen Bereichen des Globus keine Parallele" (aaO, S. 223).

Er macht sich Sorgen darüber, dass die Religiosität aus den Kirchen auswandert und sich problematische Formen von Religion ausbreiten. Für ihn ist die Krise der Kirche im Kern eine Orientierungskrise. „Der erste Schritt zur Erneuerung der Kirche besteht darin, dass sie ... ihre eigene Botschaft ernst nimmt" (aaO, S. 235).

3.
Kirchen und Staat

Das säkulare Grundgesetz

Unser Grundgesetz stellt keinen Bezug zum christlichen Glauben her. Im ersten Satz der Präambel heißt es: „Im Bewußtsein seiner Verantwortung vor Gott und den Menschen ... hat sich das Deutsche Volk ... dieses Grundgesetz gegeben." Ob es sich bei diesem Bezug auf „Gott" um eine Floskel handelt, die ihren Grund im christlichen Erbe Europas findet, kann offen bleiben. In jedem Falle kann „Gott" im Grundgesetz auch der Gott des Islam, des Judentums oder anderer Religionen sein. Noch in der Deutschen Bundesakte vom 8. Juni 1815 heißt es in der Einleitung: „Im Nahmen der allheiligsten und untheilbaren Dreyeinigkeit" (zitiert nach Wolfgang Huber, „Gerechtigkeit und Recht", 2. Auflage, Gütersloh 1999, S. 32).

Im Grundrechtskatalog geht es im Art. 4 unseres Grundgesetzes um die unverletzliche Freiheit des Glaubens, des Gewissens und um die Freiheit des religiösen und weltanschaulichen Bekenntnisses. Die ungestörte Religionsausübung wird vom Staat gewährleistet. Der Staat verhält sich gegenüber allen Religionen neutral. Religion ist Privatsache. Sie wird allerdings in ihrer Praktizierung geschützt. Der vom Bundespräsidenten und den Mitgliedern der Bundesregierung zu leistende Amtseid vor dem Bundestag kann auch ohne „religiöse Beteuerung" – „So wahr mir Gott helfe" – geleistet werden (Art. 56GG). Den großen Kirchen gelingt es allerdings, die beachtlichen materiellen Privilegien aus der Weimarer Zeit in die Verfassung der Bundesrepublik hinüber zu retten. Die konsequente Trennung von Kirche und Staat findet nicht statt. Die Großkirchen bleiben in großem Umfang materielle Kostgänger des Staates. Diese Privilegien können sie auf Dauer uneingeschränkt verteidigen.

Der Evangelischen Kirche gelingt es allerdings nicht, die Abschaffung des Buß- und Bettages zur Finanzierung der Pflegeversicherung zu verhindern, obwohl er als gesetzlich geschützter Feiertag in der Weimarer Reichsverfassung und damit durch das Grundgesetz geschützt und „seelischer Erhebung" gewidmet ist und damit unantastbar sein sollte. Ein von der evangelischen Kirche in Schleswig-Holstein angestrengtes Volksbegehren findet nicht die notwendige Unterstützung.

Unser Grundgesetz ist in seinem Grundrechtskatalog bestimmt von der „Allgemeinen Erklärung der Menschenrechte", die die UNO-Vollversammlung am 10. Dezember 1948 beschließt. Die Kirchen spielen bei ihrer Ausarbeitung nur eine marginale Rolle. Das verwundert nicht. Die Katholische Kirche gehört im 19. und in der ersten Hälfte des 20. Jahrhunderts zu den stabilen Gegnern der Festlegung von universal verbindlichen Menschenrechten. „Die in Deutschland vorherrschende evangelische Auffassung sah in den Menschenrechten einen Individualismus am Werk, der die Sündhaftigkeit des Menschen und die Notwendigkeit einer stabilen staatlichen Ordnungsmacht verkenne" (Huber, aaO, S. 245).

Nach der Aufnahme der Menschenrechte in das Völkerrecht ändert sich diese ablehnende Haltung schrittweise. Eins allerdings ist eindeutig: Die Entwicklung der Menschenrechte, auf das einzelne Individuum bezogen, findet über die Jahrhunderte bis zu ihrer Kodifizierung im Dezember 1948 nicht die Unterstützung der Großkirchen. Die Menschenrechte entwickeln sich als Teil des Säkularisierungsprozesses und der wachsenden Überzeugung, dass die Menschen als vernunftbegabte Wesen autonom denken und handeln können und ihnen eine Individualität zusteht, die ihre Gleichberechtigung in Staat und Gesellschaft begründet. Sie gilt weltweit für alle Menschen. Die Menschenrechte in dieser universellen Form haben keine biblischen Fundamente und bedürfen keiner Rechtfertigung durch kirchliche, christliche Bezüge.

Es dauert lange, bis sich die Evangelische Kirche nach ihrer verspäteten Anerkennung der universellen Menschenrechte der Frage stellt, welche Staatsform am ehesten in der Lage ist, die Achtung der Menschenrechte zu fördern und gegen Übergriffe zu sichern. „Jedermann sei untertan der Obrigkeit, die Gewalt über ihn hat", so der Apostel Paulus in Römer 13,1. Diese Vorgabe gilt über die Jahrtausende, auch wenn Martin Luther in seiner Schrift „Von weltlicher Obrigkeit" von 1523 die Grenzen geschuldeten Gehorsams gegenüber dem Staat ausdrücklich zum Thema macht.

Noch die Barmer Erklärung des Jahres 1934 bleibt bei der tradierten Haltung, „dass der Staat nach göttlicher Anordnung die Aufgabe hat, in der noch nicht erlösten Welt … nach dem Maß menschlicher Einsicht und menschlichem Vermögens unter Androhung und Ausübung von Gewalt für Recht und Frieden zu sorgen".

Allerdings wird der absolute Staat abgelehnt, der „über seinen Auftrag hinaus die einzige und totale Ordnung des menschlichen Lebens werden und also auch die Bestimmung der Kirche erfüllen" (wolle).

Erst 1985 lässt die Evangelische Kirche in Deutschland ihre Äquidistanz, ihren bewusst gleich groß gewählten Abstand gegenüber verschiedenen Staatsformen definitiv hinter sich. In der Denkschrift der EKD „Evangelische Kirche und freiheitliche Demokratie, der Staat des Grundgesetzes als Angebot und Aufgabe" heißt es: „Als evangelische Christen stimmen wir der Demokratie als einer

Verfassungsform zu, die die unantastbare Würde der Person als Grundlage anerkennt und achtet. Den demokratischen Staat begreifen wir als Angebot und Aufgabe für die politische Verantwortung aller Bürger und so auch für evangelische Christen. In der Demokratie haben sie den von Gott dem Staat gegebenen Auftrag wahrzunehmen und zu gestalten."

Evangelische Christen nehmen für sich den in der Demokratie selbstverständlichen Auftrag an, in dieser Demokratie Verantwortung zu übernehmen und sie zu gestalten, also weiterzuentwickeln. Gleichzeitig macht dieser Auftrag deutlich, dass die evangelischen Christen mit vielen anderen Bürgern gemeinsam aufgerufen sind. Damit bekennt sich die EKD zur Pluralität in der Demokratie und zum notwendigen Kompromiss in der Meinungsbildung. Die evangelische, christliche Stimme ist eine von vielen. Die Evangelische Kirche hat das Recht, jede politische Einigung in Grundfragen abzulehnen und für eine andere, christlichere Regelung einzutreten. Denn der demokratische Staat ist nicht stationär. Er wird seine gesellschaftspolitischen Grundpositionen weiterentwickeln, soweit das ohne eine Verletzung der in unserer Verfassung festgelegten Grundrechte möglich ist. Mehrheiten entscheiden, nicht christliche oder andere Überzeugungen.

Das Wächteramt der Kirchen

Dann können die christlichen Kirchen vor schwierige, unter Umständen existenzielle Entscheidungen gestellt werden. Sollen sie an ihren bisherigen Grundpositionen festhalten oder sie so verändern, dass sie Teil des breiten Stroms mehrheitlicher Grundüberzeugungen in der Gesellschaft bleiben? Selbst wenn die Aussagen des Neuen Testaments eindeutig sind, kann man sich auf die Theologen verlassen. Sie beweisen notfalls alles. Die Alternative ist also: Die Kirche hält an ihren Positionen fest mit möglichen Spannungen für ihr innerkirchliches Leben und im Widerspruch zur gesellschaftlichen Realität, gesteht aber dem demokratischen Staat nolens volens das Recht zu, andere Regelungen zu beschließen. Oder aber: Die Kirche revidiert ihre bisherigen Grundpositionen so weit, dass sie den Abstand zu den gesellschaftlichen Regelungen einebnet.

Beim Thema Schwangerschaftsunterbrechung ist Alternative zwei erkennbar. Christen lehnen sie ab. Evangelische Christen sind allerdings bereit, einer entsprechenden Regelung zum Schwangerschaftsabbruch Rechtsgültigkeit zuzusprechen, wenn das grundsätzliche Verbot aufrechterhalten wird und lediglich in genau definierten Fällen auf die Sanktionen des Strafrechtes verzichtet wird, Gewissenskonflikte bei der Zerstörung menschlichen Lebens werden damit dem Christenmenschen aber nicht abgenommen. Er wird vor Gott schuldig.

Die katholische Kirche akzeptiert diese Position keineswegs. Für sie ist nach ihrer Moraltheologie jeder Schwangerschaftsabbruch ohne Einschränkung verboten. Deshalb kann keiner entsprechenden staatlichen Regelung Rechtsgültigkeit zukommen. Moralisch ist sie sowieso nicht zu rechtfertigen (Huber, aaO, S. 358).

Die katholische Position ist eindeutig, wenn auch ziemlich unwirksam. Denn im katholischen Italien sind die Geburtenraten besonders niedrig. Die evangelische Position ist nuanciert und deshalb für die klare Darstellung christlicher Positionen eher belanglos. Aber natürlich ist sie volkskirchlich praktisch. „Du lässt dein Gewissen sprechen. Vor Gott musst du dich rechtfertigen. Deine Kirche redet dir da nicht rein. Mitglied kannst du bleiben."

Das ist die Botschaft. Und sie gilt gleichermaßen für andere Lebensbereiche wie Ehe, Ehescheidung, Homosexualität, nichteheliche Lebensgemeinschaften und anderes mehr.

Die Evangelische Kirche hat es schwer, klare Positionen zu formulieren. Die Pluralität unserer Gesellschaft hat die Kirche erreicht. Klare Linien sind nicht erkennbar. Wer sollte sie auch ziehen und durchsetzen? Die pluralistischen Landeskirchen wollen und müssen ihre Mitgliederzahlen halten. Wer diese Zahlenden überfordert, muss aus organisationspolitischen Gründen abgelöst werden.

Als ein rheinischer Pastor in Abstimmung mit dem Presbyterium und nach Kirchenrecht zwei Verheiratete, die in wilder Ehe leben, von der Teilnahme am Abendmahl ausschließt – Kirchenzucht praktiziert –, wird er von den Kirchenbehörden aus diesem Gemeindedienst abgelöst. Jeder soll nach seiner Facon selig werden, solange er zahlt. Nur keinen Streit mit Kirchensteuerzahlern. Nur keine klaren, gar verbindlichen Vorgaben zum moralischen Verhalten der Menschen.

Ende 2001 beschließen Bischofsrat und Landeskirchenamt der Evangelisch-Lutherischen Landeskirche Hannovers, dass künftig Fürbitte-Andachten für gleichgeschlechtliche Paare möglich sein sollen, wenn diese aufgrund der neuen gesetzlichen Regelung (Lebenspartnerschaftsgesetz) bei ihrem Standesamt eingetragen sind. Und so begründet Frau Bischöfin Käßmann diesen Beschluss: „Wir können doch nicht so tun, als gäbe es dieses Gesetz nicht" (idea Spektrum 49/2001).

Diese Aussage hat einen Vorteil: Sie ist eindeutig! Die Kirche zieht nach, wenn der Staat beschließt, auch wenn seine Beschlüsse gegen das Evangelium stehen.

Die Kirche zieht nach, wenn der Staat beschließt, auch wenn seine Beschlüsse gegen das Evangelium stehen.

„Das Sein bestimmt das Bewusstsein." Karl Marx verstand dieses „Gesetz" gesellschaftspolitisch. Der ideologische Überbau, das ökonomische und soziale Denken und Wollen der Menschen wird von der wirtschaftlichen und damit der sozialen Realität bestimmt. Dem Überbau kommt also nach der Überzeugung der Marxisten keine eigenständige moralische Bedeutung zu. Er ist Reflex der geschaffenen Realitäten. So sieht das nun auch Bischöfin Käßmann. Der Gesetzgeber schafft ohne jeden christlichen Bezug neue gesellschaftspolitische Tatsachen. Die Kirche schafft dann den dazu passenden pseudochristlichen Überbau. Man ist wieder im Einklang mit dem „mainstream", wenn es denn überhaupt einer ist. Keiner muss die Kirche verlassen. Und darauf kommt es an. Und darauf, dass eine solche Kirche der gesellschaftlichen (Fehl-)Entwicklung nicht im Wege steht. Das politische Sein bestimmt das christliche Bewusstsein.

Ganz anders kann es allerdings bei den „großen" gesellschaftspolitischen Themen sein: Friedliche Verwendung der Kernenergie, Friedenspolitik, Hilfe für die Dritte Welt, Umweltschutz, Wirtschaftsordnung, Globalisierung, Asylpolitik. Hier ist die Kirche mutig. Hier nimmt sie ihr Wächteramt ernst. Hier sprießen aus der Erkenntnis angeblich eindeutiger christlicher Vorgaben viele Forderungen, die an Mehrdeutigkeit nicht leiden, aber eben auch nicht direkt in unseren individuellen Lebenszuschnitt eingreifen und deshalb organisationspolitisch eher von Vorteil sind.

Das evangelische Wächteramt wird sichtbar gemacht. Progressiv erscheinende Lösungen werden angeboten, die einem Teil der Mitglieder gefallen und zur Mitarbeit animieren, ohne die Traditionschristen zu vergraulen. Die Durchsetzung, die Finanzierung der Forderungen kann getrost anderen überlassen bleiben. Das ist eine gute Arbeitsteilung: Die einen haben das gute Gewissen. Sie sind die guten Christen. Sie können Themen aufgreifen und nach Belieben wieder fallenlassen. Die anderen gefährden Gottes Schöpfung und widersetzen sich seinem Willen. Notfalls kann ihnen ihr Christsein abgesprochen werden.

Nehmen wir das Recht auf Asyl. Deutschland hat

aufgrund der Erfahrungen seiner Emigranten in der Nazizeit in seinem Grundgesetz ein eindeutiges Asylrecht verankert: „Politisch Verfolgte genießen Asylrecht."

Der massive Zustrom von Asylsuchenden zwang die gesetzgebenden Körperschaften im Juni 1993, den Art. 16 unseres Grundgesetzes zu ergänzen, ohne unser Asylrecht grundsätzlich infrage zu stellen. Der Streit lohnt nicht, ob das „Boot voll war" oder nicht. Es geht aber sehr wohl um die Frage, wie es gelingen kann, eine ablehnende Wählerschaft so zu stimmen, dass sie auch künftig eine eher liberale Ausländerpolitik mitträgt und das bei Millionen von Arbeitslosen.

Die EKD untersucht diese Gesetzgebung und ihre Folgen. „Das Ergebnis läßt sich in einem Satz zusammenfassen: Ein Gesetz bricht das Recht" (Huber, aaO, S. 393). Da ist sie wieder, diese heuchlerische, christlich garnierte Überheblichkeit. Sie nimmt keine Rücksicht auf die Befindlichkeiten der Deutschen – auch ihrer Gemeindemitglieder, die allerdings sowieso nicht hinhören, wenn ihre Oberen „ex cathedra" reden. Und dennoch ist diese Haltung mehr als ärgerlich. Die Kirche tut einmal mehr so, als könnten wir massiv finanzielle Lasten übernehmen, ohne an anderer Stelle entsprechend zu kürzen. Und sie übersieht ganz und gar, dass der Wohlstand unserer Kirchen und die gute Bezahlung ihrer Seelsorger mit dem hohen Lebensstandard in unserem Lande korrelieren. Die einen haben vor Gott das gute Gewissen. Die anderen müssen dafür sorgen, dass Politik die Kunst des Möglichen bleibt.

Die einen haben vor Gott das gute Gewissen. Die anderen müssen dafür sorgen, dass Politik die Kunst des Möglichen bleibt.

Es kann nicht verwundern, dass die Evangelische Kirche im Gegensatz zu den Fünfzigerjahren kaum noch Einfluss auf die gesellschaftspolitische Entwicklung in unserem Lande hat. Daran kann auch die Flut ihrer Stellungnahmen nichts ändern. Im Gegenteil. Dem Einzelnen macht sie keine moralischen und sittlichen Vorgaben für sein Leben. Ihre Stellungnahmen zu den großen Fragen unserer Zeit sind politisch abgehoben und eignen sich bestenfalls noch als Schlagstöcke in der Debatte, ohne tatsächlich Einfluss auf den Gang der Dinge zu nehmen. Wer bedauert eigentlich das Siechtum dieser Kirche? Wird es überhaupt bemerkt? Die politische „Karawane" zieht ihren vorgegebenen Weg, unbeeinflusst davon, was ihr die evangelischen „Hüter" an Kurskorrekturen empfehlen.

Politiker wollen ihre Ziele durchsetzen, vor allem aber ihre eigene Machtposition absichern. Immer wieder wurde mir von Kollegen in Bonn entgegengehalten: „Ich lasse mich doch nicht für diese oder jene Position kreuzigen, auch wenn sie richtig ist."

Der so genannte Wählerwille entscheidet. Der Einfluss der großen gesellschaftspolitischen Gruppen auf die Gestaltung der Politik hängt davon ab, ob die von ihnen formulierten Ziele von ihren Anhängern und Mitgliedern mitgetragen werden und sich dadurch in Wählerstimmen umsetzen lassen. Das macht den Einfluss der Gewerkschaften, der Sozialverbände, des Bauernverbandes, des Bundesverbandes der Deutschen Industrie aus. Auch deshalb ist es für die Verbände von zentraler Bedeutung, klare, einheitliche Positionen zu vertreten. Sie stärken die innere Kohäsion, erhöhen die Einflussmöglichkeiten auf die Politik und stärken nach erfolgreichen Interventionen die Bindung der zahlenden Mitglieder an ihren Verband. Dass Wahlspenden nachhelfen können, lasse ich unbeachtet.

Politiker wollen ihre Ziele durchsetzen, vor allem aber ihre eigene Machtposition absichern.

Was kann die Politik von der Evangelischen Kirche erwarten? Ihre Mitgliederbindung ist schwach, ihre Orchestrierung ist disparat. Die von ihr vorgetragenen Forderungen sind entweder bequem für die politischen Parteien. Das gilt insbesondere für die Bereiche, die Moralität und Sittlichkeit angehen. Oder es werden politische Forderungen formuliert, ohne dass ihre Verfasser dafür ein Mandat und den ausreichenden Sachverstand haben. Deshalb sind die meisten gesellschaftspolitischen Forderungen so „gestrickt", dass die Politik sie unbeachtet beiseite legen kann.

Kirche formuliert häufig politische Forderungen, ohne dass ihre Verfasser dafür ein Mandat und den ausreichenden Sachverstand haben.

Die Frommen halten viele Positionen für Teufelszeug. Den „Progressiven" gehen sie nicht weit genug. Dem normalen Kirchenvolk werden sie nicht nahe gebracht, denn die Medien berichten nur das, was ihre Leser interessiert. Und selbst wenn es anders wäre, geht man Achseln zuckend zur Tagesordnung über. Warum sollen das die Politiker eigentlich anders machen?

Der Zeitgeist und die Kirchen

In vielen Äußerungen evangelischer Kirchenführer soll der Kirche dadurch Mut gemacht werden, dass sie zwar einen Bindungs- und Ansehensverlust zugeben, gleichzeitig aber darauf hinweisen, dass die Menschen auch heute nicht auf Transzendenz, auf Religiosität verzichten wollen. Sie müsse ins Visier genommen werden und alles werde sich zum Guten wenden. Karl Marx habe eben Unrecht gehabt, als er vor mehr als 150 Jahren das zwangsläufige Absterben von Religion als gesetzmäßige Entwicklung vorhergesagt habe. Das Christentum und damit die Kirche lebe nicht mit einem Verfallsdatum. Ihre Zukunft sei ungefährdet trotz aller Krisen. Gott halte seine Hand über seine Kirche.

Ob Gott mit „Kirche" diese Kirche meint, lasse ich offen. Die Zeit wird es zeigen. Dass Christentum und

Religiosität eine gute Zukunft haben, ist sicher, wenn auch nur bei Minderheiten mit ihrer speziellen Form von christlicher Frömmigkeit. Wir leben in einer Zeit, in der unserer Gesellschaft längst die klare Orientierung und Fundierung auf den Werten des Christentums abhanden gekommen ist. „Gott unser Schöpfer, Jesus unser Maßstab für Nächstenliebe und soziales Verhalten, die Wegweisung durch die Zehn Gebote ...", wie altmodisch das alles für die meisten unserer Mitmenschen klingt und auch für manche evangelische Theologen.

Es ist nicht messbar und damit auch nicht zuzuordnen, welchen Anteil die Evangelische Kirche an dieser Veränderung wesentlicher Grundlagen unseres menschlichen Zusammenlebens trägt. Dass sie sich aber vor allem als Opfer dieser Entchristlichung unserer Gesellschaft mit all den unübersehbaren Konsequenzen für unsere Gesellschaft hinstellt, ist unredlich, eigentlich verlogen. Sie hat sich dem im übrigen wandelbaren Zeitgeist nicht eindeutig genug entgegengestellt. Sie ist ihm gefolgt, hat ihm pseudotheologische Rechtfertigungen geliefert. Natürlich gilt das nicht für viele aufrechte Theologen in der Kirche. Doch insgesamt hat die Kirche nicht in zureichendem Maße moralische, vor allem christliche Widerlager im Laufe unserer gesellschaftlichen Entwicklung gebildet.

Viele Menschen suchen heute nach Transzendenz. Doch dieser „religiöse Boom" geht völlig an den beiden Großkirchen vorbei. Alexander Garth, Pfarrer der Berliner Stadtmission, berichtet über seine Erfahrungen mit den Jugendlichen in Berlin-Hellersdorf: „Die Jugend – das ist nicht etwa eine religionslose und eine kultlose Generation, sondern das ist eine Generation, die im Gegensatz zu ihren Materialismus-verseuchten Eltern Religion und Spiritualität wieder entdeckt, aber außerhalb des Christentums. Dietrich Bonhoeffer irrte, als er das Kommen einer völlig religionslosen Zeit ankündigte. Die Zeit nach Bonhoeffer ist hochreligiös" (in idea, Dokumentation 1/2001, „Die missionarische Herausforderung der Großstadt", S. 15).

Diese Menschen suchen in unserer Zeit der konsequenten Relativierung aller menschlichen Überzeugungen und Werte des „Erlaubt ist, was gefällt" nach Orientierung, nach Bindung, nach Antworten auf die großen Fragen ihres Lebens. Bei den Gemeinden der EKD finden sie solche Antworten „wenig oder gar nicht" (Garth, aaO, S. 17). Garth nennt fünf Gründe dafür, warum die Kirche die Menschen nicht erreicht (aaO, S. 18 ff): Die in ihr fehlende Sehnsucht nach Gott und dem Vorbild Jesus, unserem Herrn; die Bunker- und Insider-Mentalität (die fehlende Kraft, Mission bei uns und nicht in Übersee zu betreiben); die Versorgungsmentalität durch die Kirchensteuer; den Verzicht auf den Gott der Bibel, die Verlorenheit des Menschen ohne Jesus; die Unfähigkeit, die Botschaft des Evangeliums den Kirchenfernen wirklich nahe zu bringen.

„Ein Gottesdienst, in dem zu Trommeln getanzt wird, ist genauso normal, wenn er nur das Evangelium der Schrift gemäß laut werden läßt. Nach Confessio Augustana 7 und 8 bestehen die Merkmale von wahrer Kirche nicht in einer bestimmten Form, sondern darin, dass das Evangelium der Heiligen Schrift gemäß verkündigt wird und die Sakramente der Heiligen Schrift gemäß gereicht werden. Das sind die Kennzeichen von Kirche. Das ist die Botschaft, der Inhalt. Was aber den Inhalt des Evangeliums anbetrifft, so darf es keinen Kompromiß mit irgendwelchen Trends, Zeitgeistern oder Kulturen geben. Das anstößige Wort vom Kreuz, dass der Sünder seine Knie vor seinem Erlöser beugen muss, der für ihn starb, darf seinen Skandalcharakter nicht verlieren. Das anstößige Wort vom Kreuz darf nicht eingeebnet werden zugunsten irgendwelcher platten Humanismen und Zeitgeistereien" (Garth, aaO, S. 21).

Genau das aber ist das Markenzeichen vieler Gemeinden der Evangelischen Kirche. Sie können nicht nach außen wirken. Mit welcher Botschaft denn eigentlich? Kein Wunder, dass die EKD-Synode vom 7. bis 12. November 1999 in Leipzig zum Schwerpunktthema Mission mit ihren Aufträgen und Anforderungen nur wenig Anklang bei den Landeskirchen findet. Diese Landeskirchen sind ein Konglomerat unterschiedlichster Strömungen. Sie nennen das Pluralismus. Tatsächlich verbirgt sich dahinter die Beliebigkeit christlicher Überzeugung. Doch nur mit einer klaren und eindeutigen Botschaft können Außenstehende interessiert und überzeugt werden.

Volkspartei und Volkskirche haben eins gemeinsam: Unverbindlichkeit der Grundaussagen, Maximierung der Zahl der Mitläufer, Staatsfinanzierung, stetige Abnahme ihrer Bindekraft, fehlende Gestaltungskraft und mangelnder Gestaltungswille für eine Gesellschaft, die sich immer mehr fragmentiert. Kein Wunder, dass Wähler auch Rattenfängern und ihren hohlen Versprechungen nachlaufen, dass Christen ihr Heil anderswo suchen. Die Volkskirche ist kaum mehr als der Abklatsch unserer zerfaserten, profillosen Gesellschaft. Sie bietet nicht das gesuchte Kontrastprogramm. Sie ist die religiöse Doppelgängerin unserer Gesellschaft.

> *Die Volkskirche ist kaum mehr als der Abklatsch unserer zerfaserten, profillosen Gesellschaft. Sie bietet nicht das gesuchte Kontrastprogramm. Sie ist die religiöse Doppelgängerin unserer Gesellschaft.*

Damit aber wird sie überflüssig. Das heißt nicht, dass sie kurz über lang verschwindet. Die Menschen brauchen bei den Eckpunkten des Lebens – Geburt, Konfirmation, Ehe, Tod –, Zuspruch und Begleitung, auch wenn dadurch Religiosität und Bindung an die Kirche nicht entsteht. Evangelische Akademien, kirchliche Sozialeinrichtungen führen ihr Eigenleben. Staatsgelder und Kirchensteuern sichern ihre Existenz. Die Arbeitsplätze sind nur lang- und mittelfristig in Gefahr. Die kirchliche Großmaschinerie bewegt sich, vor allem aber im Leerlauf, und erschöpft sich in einem hohen Maße in der Beschäftigung mit sich selbst.

Kann eine sowieso schon orientierungslose, zerfaserte Gesellschaft ohne eine solche Großkirche leben? Sie muss es. Denn von ihr geht Orientierung nicht mehr aus. Die einzelnen Christen finden für sich religiöse Alternativen. Die Evangelische Kirche ist längst theologisch auseinander gefallen und auf dem Wege zu einem breiten Spektrum freikirchlicher Vielfalt. Die Volkskirche gibt es in der Realität nur noch über den Kirchensteuereinzug.

Die Volkskirche gibt es in der Realität nur noch über den Kirchensteuereinzug.

Nur wenige Länder haben eine der EKD vergleichbare Struktur von Großkirchen. In den USA und in vielen christlichen Ländern lebt die Gesellschaft mit ihren mit uns vergleichbaren Problemen nicht schlechter, vielleicht sogar besser, weil in ihnen die Bindung an die christlichen Grundwerte größer scheint als bei uns. Ein Jahrhundert Volkskirche bei uns hat der Entkirchlichung Vorschub geleistet und dadurch mitgeholfen, christliche Grundwerte an den Rand der Gesellschaft zu schieben. Eine solche Volkskirche braucht unsere Gesellschaft nicht. Auf die politischen Ratschläge ihrer Gremien kann sie gut verzichten.

4.
Was die Evangelischen glauben

Das Evangelium rein lehren

In der römisch-katholischen Kirche ist alles eindeutig und hierarchisch geordnet. Die Glaubensgrundsätze werden zentral festgelegt. Auf welche Weise sie sich äußerst bedächtig verändern über die Jahrhunderte, ist Außenstehenden nur schwer zugänglich. Denn natürlich gibt es hinter den Mauern des Vatikans Diskussions- und damit verbundene Willensbildungsprozesse, die an den Pontifex Maximus herangetragen werden. Doch Beständigkeit ist für Rom ein Wert an sich. Und die historisch junge, vom 1. Vatikanischen Konzil verbindlich festgelegte Unfehlbarkeit des Papstes – er ist bei ex cathedra verkündeten Glaubens- und Sittenfragen als Auslegung der Heiligen Schrift abschließende Instanz und nicht an die Zustimmung der Bischöfe gebunden – sichert diese Konstanz. Rom wird „immunisiert" gegen den Druck von unten, ob theologisch gerechtfertigt, als Folge von Modetrends der Gesellschaft oder Forderungen des Klerus.

Es kann dahingestellt bleiben, ob ein solches Modell für den gläubigen Christen erträglicher ist als das theologisch schwankende Erscheinungsbild der protestantischen Kirchen, insbesondere der deutschen Landeskirchen. Eins ist klar: Eine Weltkirche wie die römisch-katholische kann sich überhaupt nicht anders aufstellen. Natürlich berücksichtigt sie regionale und nationale Traditionen in ihrer Glaubensvermittlung. Doch die zentralen theologischen Positionen müssen einheitlich sein. Nur Rom kann sie vorgeben. Es ist nur folgerichtig, dass sich die Überzeugung von der Unfehlbarkeit des Papstes über die Jahrhunderte schrittweise entwickelt. Je mehr sich die Welt aufeinander zu bewegt und die Menschen erfahren, wie sich Kirche anderswo präsentiert und entwickelt, je mehr die Aufklärung an Einfluss gewinnt, umso mehr können die zentrifugalen Kräfte in der Kirche nur dadurch eingefangen werden, dass ihnen durch Einheit im Glauben ihre „destruktiven" Wirkungen genommen werden. So kommt es erst 1870 auf dem 1. Vatikanischen Konzil durch Beschluss zum Dogma der Unfehlbarkeit des Papstes.

Eine Weltkirche hat es unter diesen Existenzbedingungen schwer, ihre Theologie weiterzuentwickeln. Sie kann das auch nicht einem Kollegium von Bischöfen oder Kardinälen überlassen. Sollen sie mit qualifizierenden Mehrheiten entscheiden? Und was bedeutet das dann für die Einheit der Weltkirche? Glaubensfragen von grundsätzlicher Bedeutung lassen sich in einer Weltkirche nicht mit demokratischen Prozeduren entscheiden. Deshalb hat die theologische Macht des Papstes neben ihrer biblischen Begründung, die Luther angreift („Von dem Papsttum zu Rom" in: Martin Luther, Auseinandersetzung mit der römischen Kirche, aaO, S. 8 ff) ihren hohen organisationspolitischen Wert. Martin Luther kann das natürlich zu seiner Zeit nicht erkennen.

Nach Luthers Überzeugung hängt die Einheit der Kirche nicht ab von einem irdischen Haupt, wie es die Staaten benötigen. „Die wahre Einheit der Kirche wird dadurch verbürgt, dass Christus ihr Haupt ist und als solches von allen Gläubigen anerkannt wird, nicht dadurch, dass alle unter dem Papst vereint sind" (Reiner Preul, „Kirchentheorie", Berlin 1997, S. 70). „Es gibt eine heilige Kirche, die immer bleiben wird. Die Kirche aber ist die Versammlung der Heiligen, in der das Evangelium rein gelehrt wird und die Sakramente recht verwaltet werden. Zur wahren Einheit der Kirche ist es genug, dass man übereinstimme in der Lehre des Evangeliums und in der Verwaltung der Sakramente" (Confessio Augustana, Art. 7). Davon unterschieden werden in der Confessio Augustana menschliche Traditionen, Riten und Zeremonien. Sie sind Menschenwerk und von Gott nicht vorgegeben. Hier sind spezifische Eigenheiten akzeptabel.

Luther konnte nicht übersehen, was aus dieser Freigabe und der Ablehnung theologischer Vorgaben und Führungskraft werden würde. Denn wer entscheidet darüber, ob das Evangelium „rein gelehrt" wird? Oder ist diese Entscheidung in die Hände derer gegeben, denen nach Art. 5 der Confessio Augustana ein kirchliches Amt übertragen worden ist? Doch es gibt nach Luther vier prinzipiell gleichwertige Ebenen: Die Getauften, die Pastoren, die Bischöfe und die akademischen Theologen. Sollen sie sich untereinander auf die reine Lehre des Evangeliums einigen und wie bewerkstelligen sie das?

Das Evangelium rein lehren bedeutet nun nicht, es unkommentiert in der richtigen Übersetzung vorzulesen. Lehren ist stets der Versuch des Lehrenden, sich einem Text unvoreingenommen zu nähern und ihn möglichst objektiv so im Geiste unseres Herrn aufzubereiten, dass die Hörer ihn verstehen können mit ihrem Wissen, ihrer Lebenserfahrung und ihrem Wunsch nach individueller Wegweisung. Die reine Lehre des Evangeliums präsentiert sich damit als Predigt des Evangeliums, ob von der Kanzel oder durch Traktate und Bücher. Kann sich aber nicht die reine Lehre des Evangeliums in dieser Vielzahl zwangsweise subjektiv gefärbter öffentlicher Stellungnahmen verflüchtigen, wenn es keine theologische Zentralinstanz, kein biblisches Wächteramt in der Kirche gibt?

Luther kann diese Gefahren nicht sehen. Er ist davon überzeugt, dass sich eindeutig bestimmen lässt, was unter der reinen Lehre des Evangeliums zu verstehen ist. Gott lässt die Menschen nicht im Unklaren darüber, was ihnen zum Heil dient. Sein Evangelium sagt es. Im ausgehenden Mittelalter gibt es keinen Zweifel daran, dass die Bibel verkörpertes Wort Gottes ist. Deshalb sind die Kirchen der Reformation Kirchen des biblischen Wortes. An die Bibel sind sie gebunden. Allein die Heilige Schrift gilt: sola scriptura! Sie ist nicht dem kritischen, forschenden Sinn des Menschen ausgesetzt. Der menschliche Verstand ist der biblischen Aussage Gottes unterworfen und nicht umgekehrt.

Das bleibt so nicht. Die Aufklärung des 18. Jahrhunderts setzt zunehmend neben die Heilige Schrift die von Gott dem Menschen geschenkte Kraft seiner autonomen Vernunft. Das aber bedeutet zweierlei: Menschen beginnen, die Heilige Schrift kritisch zu lesen und in Beziehung zu setzen zu den Ergebnissen der Wissenschaften, insbesondere der Naturwissenschaft. Da beginnen die Zweifel. Was ist Gottes Wort und Gottes Weisung? Was sind nur historische Berichte, die von Menschen formuliert sind und deshalb auch nicht die gleiche Bindungswirkung haben können? Dieser Prozess macht in den folgenden Jahrhunderten bis auf den heutigen Tag vor keinem Abschnitt der Heiligen Schrift halt. Die römisch-katholische Kirche kann diesen Prozess unter Kontrolle halten. Den protestantischen Kirchen, auch den lutherischen, gelingt das nicht.

Die geistliche Einheit zerfällt

Beginnt zu dieser Zeit die Entwicklung zum Pluralismus im Protestantismus, der uns heute so schwer zu schaffen macht? In jedem Falle konnten sich die Landeskirchen nicht den geistigen Entwicklungen der Neuzeit entziehen, der kritischen Debatte um Inhalte und Aussagen der Heiligen Schrift. Die protestantische Theologie selbst greift sie auf und nimmt Einfluss auf die geistliche Entwicklung der Kirchen. Wie wollen wir heute entscheiden, ob Luthers Forderung in seiner Lutherischen Kirche erfüllt wird, das Evangelium rein zu lehren?

Die Theologen unserer Zeit suchen nach Möglichkeiten, das Evangelium mit modernen Brillen zu lesen, um nicht jede Forderung der Heiligen Schrift als eine ewig gültige ansehen zu müssen.

Die Theologen unserer Zeit suchen ebenso wie ihre Vorgänger nach Möglichkeiten, das Evangelium mit modernen Brillen zu lesen, um nicht jede Forderung der Heiligen Schrift als eine ewig gültige ansehen zu müssen. So kann aus der reinen Lehre des Evangeliums eine subjektive Auswahl, eine Interpretation bis hin zur Umkehrung des ursprünglichen Ansatzes werden.

Das Dilemma ist unübersehbar. Da es kein für alle verbindliches Lehramt der Evangelischen Kirchen gibt, können theologische Grenzen zur Häresie nicht gezogen werden. Versuche, wenigstens Grenzmarkierungen unverbindlicher Art einzuziehen, misslingen. Da bleibt nichts nach von Luthers zentraler Forderung, das Evangelium rein zu lehren.

Preul findet einen eleganten Ausweg. Die Rechtfertigungslehre sei das Kernstück der Reformation. „Daraus ergibt sich: Von reiner Predigt des Evangeliums kann immer dann gesprochen werden, wenn antimeritorisch gepredigt wird, also die Gerechtigung aus Werken des Gesetzes gänzlich ausgeschlossen wird, und wenn menschliche Existenz und Hoffnung allein auf die Güte Gottes gegründet werden. Alle weiteren Überlegungen sind demgegenüber mehr oder weniger plausible gedankliche Hilfskonstruktionen; sie beziehen sich auf den Weg, den Gottes Barmherzigkeit geht" (aaO, S. 79f). Konkret: Alle

Aussagen und Forderungen des Evangeliums können relativiert werden, solange es bei der Rechtfertigungslehre bleibt. Genau an diesem Punkte scheiden sich die Geister. Kirche höre auf, Kirche zu sein, wenn das Evangelium nicht mehr rein gelehrt werde und die Sakramente nicht mehr recht verwaltet werden. Das aber, so der Vorwurf, geschieht nicht. „Einheit der Kirche ist kein Wert an sich. Es geht um die Wahrheit und darum, dass Gottes Wort in der Heiligen Schrift über dem Tun und Wollen des Menschen steht und von ihm zu unterscheiden ist" (Reinhard Slenczka, „Wahre und falsche Kirche", in idea - Dokumentation, 8/95).

Das Wort Gottes ist unbequem. Es „ist lebendig und kräftig und schärfer als jedes zweischneidige Schwert, und dringt durch bis es scheidet Seele und Geist, auch Mark und Bein und ist ein Richter der Gedanken und Sinne des Herzens" (Hebräer, 4,12). „Der Herr führt seine Kirche nach seinem Wort auch nicht in eine ewige Wohlstandsgesellschaft mit endlosem Frieden und universaler Gerechtigkeit in dieser Zeit, so sehr wir dieses Wunschbild auch alle in unserem Herzen tragen. Nein, er richtet den Blick auf das Ende der Welt, auf den Tag des über alle Welt und jeden Menschen, über Lebende und Tote kommenden Gerichts. Das Evangelium aber ist die frohe Botschaft von der Rettung aus diesem Gericht durch den Glauben an Jesus Christus, der die Sünde der Welt getragen hat" (Slenczka, aaO, S. 5).

Es geht um die Grundentscheidung: Soll die Bindung an die Bibel in Fragen des Glaubens und der Lebensführung die Basis für den Weg der Kirche sein, oder soll die selektive Textauswahl und die individuelle Interpretation und damit die Pluralisierung unserer Glaubensbasis an ihre Stelle treten? Dabei ist dieser Streit offiziell längst entschieden. Zwar gibt es allerorten „Bekenntnisgemeinden" innerhalb der Landeskirchen. Doch sie spielen keine Rolle. Die Eindeutigkeit des Bekenntnisses der Landeskirchen mag zwar noch auf dem Papier gegeben sein. Tatsächlich ist der

Pluralismus in der heutigen Volkskirche in ethischen und theologischen Fragen nahezu grenzenlos.

Das ist nur auf den ersten Blick verwunderlich. Blicken wir auf die Präambel der Nordelbischen Evangelisch-Lutherischen Kirche: „Die Nordelbische Evangelisch-Lutherische Kirche bekennt als ihre Grundlage das Evangelium von Jesus Christus, wie es im Zeugnis der Heiligen Schrift des Alten und Neuen Testaments gegeben und in den altkirchlichen Bekenntnissen und den evangelisch-lutherischen Bekenntnisschriften ausgelegt und bezeugt ist. Die Nordelbische Evangelisch-Lutherische Kirche hat den Auftrag, das Evangelium in Wort und Tat zu bezeugen. Sie verkündigt Jesus Christus, den Gekreuzigten und Auferstandenen, den Herrn der einen heiligen, allgemeinen, apostolischen Kirche, zu der er Menschen aus allen Ländern, Völkern und Rassen beruft. Die Nordelbische Evangelisch-Lutherische Kirche ist zu ständiger Erneuerung ihres Lebens gerufen. Sie ist verpflichtet, ihr Bekenntnis, ihre Verkündigung und ihren Dienst am biblischen Zeugnis zu prüfen und Verfälschungen abzuwehren. Sie hört auf die Stimme der Christinnen und Christen gleichen oder anderen Bekenntnisses."

Mit dieser Präambel habe ich eigentlich keine Probleme. Sie bestimmt den theologischen Standort Nordelbiens vom Ausgangspunkt her so, dass unser lutherisches Erbe gewahrt ist. Auch die von ihr geforderte „ständige Erneuerung ihres Lebens" kann ich nicht beanstanden, soweit es dabei nicht um unseren Glauben, sondern um seine unserer Zeit angemessene Darstellung geht. Das mögliche Einfallstor für Ketzerei und Verirrungen liegt in der Verpflichtung, „Bekenntnis", „Verkündigung" und „Dienst am biblischen Zeugnis" zu prüfen. Das kann mit dem folgenden Nachsatz, „und Verfälschungen abzuwehren", bedeuten, Nordelbien wolle Verirrungen abweisen, eine theologische Führungsrolle übernehmen, die kirchliche Einheit bewahren. Es kann aber auch ein Freibrief sein für Wege, die aus den bisherigen Bindungen herausführen. Denn wo die „Verfälschungen" beginnen, ist wiederum eine Entscheidung, die bei Menschen liegt und damit ihrem Ermessen anheimgegeben ist.

Damit liegt die Verantwortung für die theologische Entwicklung bei den Bischöfen und damit der Kirchenleitung. Sie haben Nordelbien theologisch verkommen lassen. Da wirkt es merkwürdig, wenn die Hamburger Bischöfin Maria Jepsen nach 10-jähriger Amtszeit Mitte 2002 selbstkritisch feststellt, dass es in ihrer Kirche religöse Defizite gebe, für die sie Mitverantwortung trage. „Wir sind in erster Linie die Gemeinschaft der Glaubenden und erst in zweiter Linie eine Institution, die sich um gesellschaftliche Fragen zu kümmern hat" (idea Spektrum 30/31, 2002).

Frau Jepsens Krokodilstränen kommen zu spät. In Nordelbien sind mit ihrer Mithilfe die Weichen in eine andere, verwirrende Richtung gestellt worden. Beliebigkeit herrscht. Und so treffen wir in Nordelbien auf einen bunten Jahrmarkt kirchlicher Angebote gemeinsamer Gottesdienste mit Muslimen, kirchlicher Segnungshandlungen für gleichgeschlechtliche Paare, evangelikaler Gemeinden, Angebote feministischer Kirche. Keine Spielart ist ausgeschlossen.

Artikel 7 der Confessio Augustana unterstreicht, dass es im Rahmen der Einheit der Kirche nicht notwendig ist, dass die menschlichen Zeremonien und die „Riten, welche von Menschen eingeführt sind, überall gleich sind". Das bedeutet allerdings keineswegs, dass alles erlaubt ist, was gefällt. Wenn Preul diese Aussage der Confessio Augustana als Rechtfertigung benutzt für seine Feststellung: Heute wird die Kirche „in einem bisher nicht gekannten Maße offen für Vielfalt und Veränderungen im kirchlichen Leben" (Preul, aaO, S. 83), so stimmt die Feststellung sicherlich. Nur mit der Confessio Augustana hat das nichts mehr zu tun. Außerdem darf nicht übersehen werden, dass Form und Inhalt nicht beliebig voneinander getrennt werden können. Kirche und kirchliches

Handeln dürfen weder inhaltlich noch in ihrer äußeren Form zu einem Happening verkommen.

Wer „regiert" die Landeskirchen geistlich, bestimmt über Form und theologische Inhalte? Dabei geht es um die Sicherung des Grundkonsensus, ohne den keine Kirche auskommen kann. Solche Grundfragen lassen sich nicht im Kompromiss klären. Bestenfalls kann man sie untereinander unbeachtet beiseite liegen lassen und damit de facto die Einheit der Kirche aufgeben. Doch wie will man sich stellen zu den aktuellen theologischen Streitfragen? Wer soll sie entscheiden? Auf welcher Basis?

In den Jahrhunderten der Nachlutherzeit werden diese Kernfragen nicht virulent. Das Kirchenregiment der jeweiligen Landesebenen sorgt für „Ordnung". Faktisch regiert der Landesherr über die Konsistorien die jeweilige Landeskirche – und zwar nicht nur administrativ, sondern er wacht auch weitgehend über die theologischen Inhalte. Nur mühsam werden die deutschen Landeskirchen theologisch zusammengehalten. Das Problem bricht erst so richtig auf, nachdem sich das landesherrliche Regiment in der Revolution 1918/1919 in Luft auflöst.

„Ecclesia semper reformanda", diese Aufforderung aus der Zeit der Reformation kann jetzt ernst genommen werden. Doch viel geschieht nicht. Die Landeskirchen bleiben bestehen. Die Deutsche Evangelische Kirche entsteht, entfaltet aber wenig Kraft und Einfluß. Im Abwehrkampf gegen die Nazis und ihre Versuche, die Kirche gleichzuschalten, rückt die Bekennende Kirche zusammen und bindet sich in ihrer Theologischen Erklärung von Barmen untrennbar an Schrift und Bekenntnis. Dieser theologische Grundkonsens trägt weit über das Kriegsende hinaus. Heute ist er zerbrochen.

Dafür gibt es viele Auslöser. Nach den ersten Jahrzehnten westdeutscher Staatlichkeit mit einer gleichförmigen gesellschaftlichen Ausrichtung – das christliche

Abendland im Abwehrkampf gegen den atheistischen Kommunismus – löst sich diese Eindeutigkeit auf. Die Kirchen verlieren nicht nur an politischem Einfluss. Die Kirchenfernen nehmen sich zunehmend ein Herz und treten aus. Die alte Volkskirche kann sich den neuen Herausforderungen abnehmender Bindung ihrer Mitglieder, zunehmender Pluralisierung der westdeutschen Gesellschaft immer weniger entziehen. Für zusätzliche geistliche Unruhe sorgt die evangelische Theologie dieser Zeit. Die Eindeutigkeit evangelischer Theologie geht mit zunehmender Marschgeschwindigkeit verloren.

Die Reformatoren vergessen

Was bleibt übrig von den Bekenntnisschriften der Reformation? Welche Rolle spielen sie tatsächlich? Sind sie heute mehr als pietätvolle Erinnerung an die historischen Ursprünge unserer Landeskirchen?

„Die Orientierung an den Bekenntnisschriften (und im Zusammenhang damit an den übrigen Schriften der Reformation) bedeutet keine Aufrichtung einer formal höheren Autorität. Die Reformatoren haben die von ihnen errungene und ihnen widerfahrene Erkenntnis zu Papier gebracht. Wir haben uns nur zu fragen, ob wir ihre Einsichten teilen können oder nicht. Sofern wir diese Frage bejahen, tun wir es in dem Bewußtsein, dass sich die Wahrheit an uns auf ebenso ursprüngliche Weise als wirksam erweist wie schon an ihnen; wir berufen uns aber nicht darauf, dass sie ihnen vor uns zuteil geworden ist. Wahrheitserkenntnis ist unvertretbar, sie kann nur die je eigene sein. Wir lehren also auch nichts nur deshalb als wahr und verbindlich, weil die Reformatoren es schon gelehrt haben. Es wird somit keine der Unterwerfung unter die Lehrautorität der katholischen

Bischöfe vergleichbare Gehorsamsforderung erhoben"
(Preul, aaO, S. 47).

Wird dieser Position gefolgt, dann stellen sich mindestens
zwei Fragen: (a) Wann wird das kirchliche Etikett „evangelisch-lutherisch" zu einem simplen Etikettenschwindel?
(b) Wer bestimmt darüber, ob und was wir heute von den
Erkenntnissen der Reformatoren innerhalb der Landeskirchen für weiterhin gültig ansehen und was nicht?

Diese beiden Fragen richten sich aber auch an die fol-
gende Forderung: Es besteht aber „für jede innerhalb der
Kirche auftretende neue Bewegung eine gewisse Auskunfts-
pflicht, wie sie es mit der Reformation hält. Man schuldet sie
schon denjenigen Kirchenmitgliedern und Mitchristen, die
sich selbst in Kontinuität mit der reformatorischen Tradition verstehen und eine Infragestellung dieser Grundlage befürchten. Diese Auskunft ist spätestens dann fällig, wenn man auf einschneidende Reformen, die das Leben in der Kirche insgesamt betreffen, dringt" (Preul, aaO, S. 47).

Die Pfarrer werden bei ihrer Ordination weiterhin auf die jeweiligen Bekenntnisse verpflichtet. Doch sie sind nur noch historischer Schnick-Schnack. Diese Volkskirchen überlassen ihre Lehre dem privaten Gutdünken kirchlicher Amtsträger und theologischer Kampfgruppen.

Nirgendwo wird dieser Forderung nach einem Mindestmaß an theologisch intellektueller Redlichkeit entsprochen. Die Leitungen der Landeskirchen müssten, soweit sie selbst die Aktiven neuer Bewegungen sind, lutherischen Mut zeigen. In allen anderen Fällen wird taktiert. Von theologischer Leitung keine Spur. Lehrzucht findet nicht mehr statt. Diese für eine Kirche absurde Situation – verkündet wird, was gefällt – hat allerdings nicht dazu geführt, dass die offiziellen Lehrgrundlagen der Landeskirchen geändert wurden. Die Pfarrer werden bei ihrer Ordination weiterhin auf die jeweiligen Bekenntnisse verpflichtet. Doch sie sind nur noch historischer Schnick-Schnack. Diese Volkskirchen überlassen ihre Lehre dem privaten Gutdünken kirchlicher Amtsträger und theologischer Kampfgruppen.

Formal ist das natürlich anders. Die Landeskirchen haben aufgrund ihrer individuellen Verfassungen Organe, denen eindeutige Aufgaben zugewiesen sind: Auf der Ebene der Landeskirchen sind es vor allem die jeweiligen Synoden, die Kirchenleitung, der bzw. die Bischöfe oder Kirchenpräsidenten sowie die Verwaltung. Die jeweilige Verfassung beschreibt ihre jeweiligen Kompetenzen und ihr Zusammenspiel bei der Vorbereitung und der abschließenden Verabschiedung von Entscheidungen. Die Administration scheint meist zu klappen. Es hakt bei den Sparzwängen. Doch das ist normal.

Kirche muss mahnen, den Menschen zur Umkehr auffordern, unbequem, insofern auch unmodern sein, gesellschaftlichen Irrwegen widersprechen. Sie darf unserer pluralen Gesellschaft nicht gleich werden.

Doch wie steht es mit dem Bekenntnis? Der weithin akzeptierte Pluralismus in der Kirche muss doch irgendwo an seine Grenzen stoßen. Wann und wie markieren die Landeskirchen ihre theologischen Grenzen? Eine Kirche ohne eindeutiges theologisches Selbstverständnis ist ein Widerspruch in sich selbst. Eine Kirche, die ihre ureigene Angelegenheit nicht mehr abgrenzend definieren kann und will, löst sich in der sie umgebenden Gesellschaft auf wie ein Stück Zucker im Atlantik. Bestenfalls kann sie dieser pluralen Gesellschaft als ideologischer, gewisse religiöse Ad-hoc-Bedürfnisse abdeckender Überbau dienen und sich ihren Mode- und Meinungstrends anpassen. Kirche muss aber mahnen, den Menschen zur Umkehr auffordern, unbequem, insofern auch unmodern sein, gesellschaftlichen Irrwegen widersprechen. Sie darf unserer pluralen Gesellschaft nicht gleich werden.

Wer entscheidet für die kirchliche Gemeinschaft, ob Lehrinhalte aufgrund der Erkenntnisse in unserer Zeit verändert werden? Kann das jede Gemeinde für sich entscheiden, so dass die Landeskirche kaum mehr ist als eine Dachorganisation zur Verteilung der Finanzmittel, insbesondere der zufließenden Kirchensteuern? Kirche ist Teil unserer Gesellschaft. Eine Welt ohne Kirche ist nicht vorstellbar.

Deshalb muss Kirche auch mehr sein als ein unorganisches Bündel unterschiedlich handelnder Gruppierungen ohne eine gemeinsame theologische Basis. Sie darf sich nicht selbst durch ihre innere Zerrissenheit und damit ihr äußeres Erscheinungsbild zu einem Schattendasein verurteilen.

Für die lutherischen Landeskirchen stellt sich eine grundsätzliche Frage: Die Confessio Augustana setzt sich in ihrem Artikel 28 mit den Aufgaben und der Rolle der Bischöfe auseinander. Vieles ist zeitgebunden und hat für uns nur noch historische Bedeutung. Doch eine Kernforderung hat die Jahrhunderte überlebt: Die Bischöfe sollen sicherstellen (dulden), dass das Evangelium rein gelehrt wird. „Tun sie das nicht, dann mögen sie selbst zusehen, wie sie es vor Gott verantworten wollen, wenn sie durch ihre Hartnäckigkeit Ursache zur Kirchenspaltung geben" (Grane, „Confessio Augustana", aaO, S. 191).

Die Mehrheit der lutherischen Bischöfe kommen ihrer Pflicht, unseren Glauben zu bewahren, nicht nach. Wozu sind sie noch gut? Wieso hat Nordelbien gleich drei? Pomp und Gehabe können geistliche Substanz und Kraft nicht ersetzen.

Wer entscheidet?

Die Suche nach den Entscheidungs- und Meinungsbildungs-wegen zur Formulierung der theologischen Positionen der Landeskirchen ist kompliziert. Die erste Annäherung an dieses Problem beginnt damit, dass aller Orten mit Nachdruck darauf verwiesen wird, dass es ein mit einer besonderen Amtsgnade ausgestattetes Lehramt nicht gibt. Da die Bindung an die Bekenntnisschriften gelockert worden ist, wird die Vermutung genährt, dass es neue seelsorgerische Ansprüche und Herausforderungen aus der Gesellschaft sind, die die Weiterentwicklung der landeskirchlichen Theologie auslösen, geradezu erzwingen.

Ich halte das für einen Vorwand. Die Menschen, die zur Kirche halten oder sich bei besonderen Anlässen der Dienste der Kirche bedienen, sind doch an solchen Fragen kaum interessiert. Sie können und sie wollen nicht eindringen in den Streit um die Weiterentwicklung der Theologie ihrer Kirche. Sie glauben und sie wollen getröstet werden. Feministische Theologie kann sie verjagen. Wo bleibt da der liebe Gott und der Herr Jesus? Ob aber homosexuelle Paare eingesegnet werden oder nicht, führt bei diesen Christen keineswegs automatisch zum Kirchenaustritt. Es sind nur wenige, die aus Glaubensgründen die Kirche verlassen. Sie allerdings können sehr wohl Trendsetter sein und andere zum Nachdenken und zum Handeln veranlassen.

Forschen wir weiter: In der Theorie sollten möglichst alle Kirchenmitglieder an dem Diskurs über die Weiterentwicklung der Kirche beteiligt werden (Preul, aaO, S. 41 f). Natürlich ist das kaum mehr als belangloses Geschwätz. Es geht nicht und es interessiert nicht. Es sind die kleinen Kreise, die ihre Macht entfalten, und vor allem die Hauptamtlichen, die Theologen, die Kirchenleitung, die Bürokratie, die sich Kirche nach ihren Bedürfnissen und ihren Überzeugungen zimmern. Was dabei herauskommt, ist im

Detail offen. Doch die unterschiedlichen theologischen Interessenlager einerseits und die materielle Notwendigkeit, das „Kirchensteuerdach" nicht einstürzen zu lassen, führen zum Nebeneinander und auch Gegeneinander mit dem Ziel, den geistlichen Zustand der Landeskirchen, soweit möglich, vor dem Kirchenvolk zu verschleiern und gleichzeitig als Element protestantischer Freiheit zu feiern.

Preul bringt es auf den Punkt: „Die Evangelische Kirche ist somit von ihrer Grundidee her das Musterbeispiel einer zur flexiblen Selbststeuerung fähigen Institution. Die außerordentliche kybernetische Leistungsfähigkeit des reformatorischen Kirchenbegriffs besteht darin, dass er geistliche Identität mit einem Höchstmaß an Freiheit in der Gestaltung von Ämtern, Organisationen, Ordnungen und Veranstaltungsformen zu verbinden in der Lage ist" (Preul, aaO, S. 87).

Das ist trotz der abstrakten Formulierungen ein anschauliches Bild von der Evangelischen Kirche. Sie „steuert" sich selbst durch Raum und Zeit. Der Kurs ist nicht vorgegeben. Er ist „flexibel". Auf ihn wirken in wechselnder Stärke die Machtgruppen in der Kirche und Marktanforderungen beim Ideologieabsatz ein. Die „flexible Selbststeuerung" ist eine feine Umschreibung für fehlende Orientierung. Sie entsteht auch nicht dadurch, dass Preul „geistliche Identität" reklamiert. Von ihr ist weit und breit nichts zu erkennen. Dass sich die Evangelische Kirche durch einen Dschungel an Ämtern, Organisationen, Ordnungen und Veranstaltungsformen auszeichnet, stimmt. Doch das ist Ballast, kein Zeichen für ein Höchstmaß an Freiheit.

Wir haben 24 Mitgliedskirchen in der EKD. Zwei von ihnen sind reformiert, die anderen sind evangelisch lutherisch oder uniert. Die Dachverbände, so die Vereinigte Evangelisch Lutherische Kirche Deuschlands (VELKD) und der alle Landeskirchen umfassende Dachverband, die Evangelische Kirche Deutschland (EKD), haben keine theologischen Leitungsfunktionen. Die EKD ist ein Bund selbstständiger

Kirchen. Sie will mit ihren Stellungnahmen und mit ihren Denkschriften Einfluss nehmen auf unser gesellschaftliches und politisches Zusammenleben. Ihr Wirken nach innen ist mehr als begrenzt. Insbesondere die großen Landeskirchen lassen sich in ihre theologischen Absichten und Entwicklungen nicht hineinreden. So ist die Haltung der Landeskirchen zu den aktuellen Streitfragen völlig unterschiedlich. Das würde sich auch nicht dadurch ändern, dass sich die aktuelle Kirchenstruktur von EKD, VELKD, dem Reformierten Bund, der Arnoldshainer Konferenz und der Evangelischen Kirche der Union (EKU) neu ordnet. Entsprechend schwach und kompromisslerisch fallen die EKD-Stellungnahmen aus. Dabei ist allerdings zu unterscheiden zwischen den Stellungnahmen zu gesellschaftlichen Fragen und denen zu Positionen des Glaubens, auch wenn sich klare Trennlinien nicht immer eindeutig ziehen lassen.

Die Macht der Synoden

Im November 1918 verschwindet das landeskirchliche Kirchenregiment quasi über Nacht. Klaus Scholder stellt die Konsequenzen für die innerkirchlichen Strukturen plastisch dar („Die Kirchen und das Dritte Reich", Bd. 1, Frankfurt 1977). Die einzelnen Landeskirchen geben sich jede für sich und unabhängig voneinander eigene Verfassungen. In den damals 28 Landeskirchen entstehen 28 unterschiedliche kirchliche Verfassungen, allerdings oft in ähnlicher Form. Die Mitwirkung des Kirchenvolkes an der Verwaltung und der Gestaltung der Landeskirchen soll durch die Synoden gewährleistet werden. Sie folgen dem Vorbild der Entwicklung des parlamentarischen Systems. Deshalb wird in vielen Landeskirchen das Urwahlsystem eingeführt. Das erleichtert den Nationalsozialisten, den Deutschen Christen, bei den Kirchenwahlen des Jahres 1933 die Eroberung der Mehrheit in den meisten Synoden und von daher wachsende Machteinflüsse auf die anderen Organe der Landeskirchen.

Eine Konsequenz dieses Kirchenkampfes ist vor allem unter dem Einfluss der Bekennenden Kirche, dass die Landeskirchen nach dem Zweiten Weltkrieg bis auf die Württembergische die Urwahl ihrer Synoden aufgeben und durch eine mittelbare Wahl ersetzen, die so genannte „Siebwahl". Dieser Begriff ist bezeichnend. Die Synodalen werden mittelbar gewählt: Die Gemeindemitglieder wählen ihren Kirchenvorstand. Er wählt seine Vertreter in die Kreissynode. Sie bestellen ihre Vertreter in die Landessynode. Sie wählen ihre Synodalen für die EKD-Synode. Da kann niemand durchschlüpfen, den man nicht will. Das „man" sind im Zweifel Kirchenführer oder zeitlich später Kungelgruppen, die sich ihre Synode nach ihrem Gusto zusammenstellen wollen.

Synoden sollen, so die damalige Überzeugung, so zusammengesetzt sein, dass es keine Kirchenparteien und Fraktionen gibt und einmütige Beschlüsse möglich werden. Gustav Heinemann macht 1971 darauf aufmerksam, dass bestimmte Demokratieforderungen eben nicht auf die Kirche übertragen werden können (Handbuch der Praktischen Theologie, Band 4, Gütersloh 1987, S. 635).

Die Vorstellung, die hinter derartigen Überlegungen steht, zeigt, abgesehen von den Erfahrungen im Dritten Reich, ein beachtliches Misstrauen gegenüber den Bürgern und deren Urteilsfähigkeit bei Wahlakten. Der diffuse Traum von der Auswahl der Besten und der Ablehnung parlamentarischer, kontroverser Debatte, dem Konsens der Auserwählten zur gemeinsamen Optimallösung hat über die Jahrzehnte immer den Konservativen und dann den totalitären Nazis und Kommunisten gedient, um die parlamentarische Demokratie verächtlich zu machen und ihre Ergebnisse in Zweifel zu ziehen. Wieso sie nicht geeignet sein soll für die Landeskirchen, bleibt offen. Was ist besser für sachgerechte Entscheidungen: die offene Auseinandersetzung um eine kontroverse Frage oder die Mauschelei hinter verschlossenen Türen? Die Kirche ist kein sakraler Bereich, der deutliche Worte und Meinungsverschiedenheiten vor einer abschließenden Abstimmung nicht ertragen könnte.

Die weitgehende theologische Übereinstimmung ist längst dahin. In den Synoden geht es knallhart um strittige Überzeugungen und darum, welche Gruppe am besten mit Posten und mit den knappen Finanzmitteln bedient wird. Deshalb ist es nur gut, wenn sich die Arbeit in der transparenten Synode so zuspitzt, dass deutlich wird, um was es tatsächlich geht. Dazu müssen aber auch alle relevanten Glaubensüberzeugungen einer Landeskirche in der Synode angemessen vertreten sein.

Unsere politischen Parteien praktizieren bei ihrer innerparteilichen Willensbildung ein Delegiertensystem, das durchaus dem Siebwahlsystem ähnelt. Es hat auf der einen Seite stabilisierende Wirkungen, weil es den plötzlichen Aufruhr einer wütenden Basis dämpfen kann. Es glättet also den Willensbildungsprozess über die Zeit. Die so gewählten Delegierten leben in ihrer Mehrheit hauptamtlich von der Politik. Geschlossenheit zeigen, Wahlen gewinnen, ist für sie viel wichtiger als die Basisdemokratie mit ihren Irritationen für die Hauptamtlichen. Immer stärker haben sich aber auch hier „politische Kampfgruppen" entwickelt, die sich insgeheim treffen und sich so verabreden, dass Delegiertenkörper so zusammengesetzt werden und möglichst so abstimmen, wie es ihren Vorgaben entspricht. In allen Parteien, vor allem bei den Grünen, sind Elemente der direkten Mitwirkung ihrer Mitglieder, der so genannten Basis, schrittweise aufgegeben worden. Sie stören nur.

Das gilt natürlich erst recht für den Prozess der personellen Zusammensetzung einer Synode. Nur durch das Siebwahlsystem kann die Kirchenführung der direkten Auseinandersetzung mit dem Kirchenvolk und seinen meist konservativen Grundüberzeugungen entgehen. Luthers Überzeugung von der Gemeinde der Heiligen und ihren christlichen Grundüberzeugungen ernst nehmen? Soweit kommt es noch!

Das Siebwahlsystem bietet die Möglichkeit, legal und ungeniert auf die Zusammensetzung der Synode Einfluss zu nehmen. Der Typ des *Die in den* gutbürgerlichen Kirchenvorstehers, des *Synoden zustande* Repräsentanten der örtlichen Gemeinde, *gekommenen* verschwindet. An seine Stelle treten *Mehrheiten* zunehmend aufgeregte, weltverbessernde, *reflektieren* sich selbst als progressiv verstehende *keinesfalls die* Menschen mit einem unstillbaren Hang *Überzeugungen* zur Selbstverwirklichung. Sie verbindet *des jeweiligen* mit 2000 Jahren Christentum und seinen *Kirchenvolkes.* Traditionen nur wenig. Das Siebwahlsystem wird zu ihrem Exerzierfeld, um die Synoden zu vermeintlich progressiven Speerspitzen werden zu lassen. Die so in den Synoden zustande gekommenen Mehrheiten reflektieren keinesfalls die Überzeugungen des jeweiligen Kirchenvolkes.

So ist es auch in Nordelbien. Bei insgesamt 140 Synodalen haben die Laien aus den nordelbischen Kirchengemeinden mit 69 Mitgliedern nicht die Mehrheit. Sie liegt bei den 71 Arbeitnehmern der Kirche: Pastoren, hauptamtlichen Mitarbeitern, zwei Theologieprofessoren und Persönlichkeiten, die „Wunschkandidaten" einzelner Gruppen sind. Die Synode hat das alleinige Recht der kirchlichen Gesetzgebung. Sie wählt die Mitglieder der Kirchenleitung, die Bischöfe, ihre Vertreter in den Synoden der VELKD und der EKD. Sie kann sich mit „Kundgebungen" an die Öffentlichkeit wenden. Die Synode hat in Nordelbien „eine schlechterdings beherrschende Position" (Preul, aaO, S. 216).

Absurd ist es, wenn Preul bei dieser Machtfülle beklagt, dass es in manchen Synoden zu Fraktions- und Parteienunwesen kommt, da so die Zerrissenheit der Kirche demonstriert wird (aaO, S. 215, Fußnote 27). Es geht um viel: um Geld, um Posten, um den Nachwuchs und um das Bekenntnis. Das soll sich alles ohne Auseinandersetzungen und damit auch ohne Grabenkämpfe ordnen lassen? Selbst das Siebwahlverfahren kann soviel Einheit nicht herbeiführen. Denn, wenn nicht schon beim Bekenntnis, spätestens aber beim Geld, hört die Gemütlichkeit auf.

Spannend wurde es in der Vergangenheit stets, wenn z.B. ein Beschluss der nordelbischen Synode von der Mehrheit der drei Bischöfe Nordelbiens für unvereinbar mit dem Bekenntnis angesehen wurde. Diese Gefahr besteht nun nicht mehr, weil die progressiven Gruppen nach der letzten Bischofswahl für eindeutige Mehrheiten zu ihren Gunsten gesorgt haben. Auch ansonsten haben sie für die Besetzung der Positionen mit ihren Parteigängern gesorgt. Nordelbien ist gleichgeschaltet. Auf absehbare Zeit fehlt jeder Ansatz, um diese Landeskirche auf einen mittleren lutherischen Pfad zurückzuführen.

Es ist nicht möglich, die Entwicklung aller 24 Landeskirchen zu skizzieren. Sie sind in ihrer Größe, ihrem Bekenntnis, ihrer kirchlichen Tradition zu unterschiedlich. Es kann aber davon ausgegangen werden, dass das Siebwahlsystem überall seine Wirkung zeigt. Lediglich in der Württembergischen Landeskirche wird die Synode durch Urwahlen bestellt. Seit 1971 haben sie meist Mehrheiten für konservative Gruppierungen erbracht und eine wesentlich höhere Wahlbeteiligung als bei allen anderen Kirchenwahlen. Das stärkt meine Überzeugung, dass das Siebwahlsystem denen nutzt, die die Evangelische Kirche erobern und von Grund auf verändern wollen.

Bei den Kirchenwahlen der Württembergischen Kirche am 11. November 2001 haben die Evangelikalen, die Gruppierung „Lebendige Gemeinde", 43 von 90 Mandaten gewonnen und damit einen beträchtlichen Zuwachs gegenüber 1995 zu verzeichnen. Die Wahlbeteiligung lag bei 25 Prozent. Die Gruppierung „Offene Kirche" – die u.a. für die kirchliche Anerkennung gleichgeschlechtlicher Partnerschaften eintritt – verlor dagegen 7 Mandate und kam auf 27 Sitze.

Eine solche Ausgangslage bedeutet keineswegs, dass sie bei der synodalen Arbeit Minderheiten ausschaltet. Das ist der zentrale Unterschied zwischen der Funktionsweise der parlamentarischen Demokratie, in der die Minderheit auf den Wahlsieg bei den nächsten Wahlen warten muss, um die Regierung und damit einen wirksamen Einfluss auf die Entscheidungen zurückzugewinnen, und der synodalen Arbeit. Sie soll alle einbeziehen. Eine Chance dafür gibt es aber nur, wenn Monostrukturen in den Synoden vermieden werden können.

Das System der Urwahl bietet dafür letztlich die beste Garantie. Außerdem kann auf diese Weise am ehesten sichergestellt werden, dass unser christlicher Glaube nicht gegen unseren Willen verstümmelt wird. Nach den Synodenwahlen in Württemberg bleibt es zum Beispiel dort bei dem Verbot, gleichgeschlechtliche Paare kirchlich zu segnen.

Andererseits wird auch in Württemberg ein Prozess erkennbar, der die gewachsene Kirchlichkeit bedroht. Christen treten aus. Sie sammeln sich in kleinen Gruppen und Kreisen und suchen dort engagiert Glauben und Gemeinschaft. Dazu brauchen sie weder die übergeordnete Landeskirche noch Heimat in einer Freikirche. Sie gehen ihren eigenen Weg. Ihr Wachstum ist beachtlich. Es geht eindeutig zu Lasten der kopflastigen Landeskirchen, die mit einfacher christlicher Frömmigkeit immer weniger anzufangen wissen.

5.
Evangelische Kirche heute

Ihr Weg durch die Jahre

Im Zehnjahresrhythmus gibt die EKD eine Erhebung in Auftrag, die Auskunft darüber geben soll, was die Kirchenglieder von der Kirche erwarten, wie fest ihre Bindungen sind. Doch damit ist der Erkenntniswert dieser Erhebungen keineswegs erschöpft. Sie geben auch wesentliche Auskünfte über die Entwicklung der Evangelischen Kirche über die Jahrzehnte und die Ängste, die die Kirchen bewegen.

Bereits die Titel der drei Erhebungen aus den Jahren 1972, 1982 und 1992 „Wie stabil ist die Kirche?", „Was wird aus der Kirche?", „Fremde Heimat Kirche", lassen eine deutliche Akzentverschiebung der Fragen und der dahinter stehenden Besorgnisse erkennen. 1969 waren die Austrittszahlen explodiert und diese Entwicklung setzte sich fort. Doch das Ergebnis der ersten Erhebung signalisierte wenigstens zum Teil „Entwarnung". „Die überwiegende Mehrheit bejahte die Kirche in ihrer vertrauten, volkskirchlichen Gestalt. ... Kirchenzugehörigkeit erwies sich als noch etwas weitgehend Selbstverständliches" („Fremde Heimat Kirche", Gütersloh 1997, S. 21).

Allerdings signalisierten Jugendliche, junge Erwachsene, Großstädter und Höhergebildete „ein weit weniger selbstverständliches Verhältnis zur Kirche" (aaO, S. 21). Und ein weiteres Ergebnis war von Belang. „Die Kirche soll dem

Einzelnen in seinen existentiellen Problemen beistehen, für die Hilflosen sorgen und predigen ... . Die Erwartung nach einem gesellschaftspolitischen Engagement der Kirche trat dahinter deutlich zurück" (aaO, S. 22). War das eine Reaktion auf die damals heftig umstrittene Ostdenkschrift der EKD aus dem Jahre 1965, in der zum ersten Mal öffentlich von einer bedeutenden gesellschaftlichen Kraft das verlogene Dogma dieser Jahrzehnte, der Wiedervereinigung Deutschlands in den Grenzen von 1937, infrage gestellt wurde? Die Ergebnisse dieser ersten Erhebung werden zusammengefasst durch den Begriff der „relativen Stabilität der Volkskirche" (aaO, S. 21).

Die Ergebnisse der zweiten Erhebung im Jahre 1982 weichen auf den ersten Blick kaum von denen der vor einem Jahrzehnt ermittelten ab. Die Kirche sollte sich noch immer „vorrangig in Seelsorge, Diakonie und Verkündigung engagieren" (aaO, S. 25). Allerdings mit einer Ausnahme. Die Mehrheit der Befragten wünscht ausdrücklich von der Kirche, die Friedensbewegung im Kampf gegen die Natonachrüstung zu unterstützen. Das hatten viele kirchliche Amtsträger und Institutionen allerdings bereits seit Jahren getan mit desaströsen Folgewirkungen. Die Kirche wird innerlich zerrissen, die Verbalradikalen geben den Ton an. Der Weltuntergang wird an die Wand gemalt. Den Vertretern der Natopolitik wird ihr Christsein abgesprochen. Sie werden durch Tausende radikalisierter Fanatiker bei kirchlichen Veranstaltungen brutal am Reden gehindert. Als die Emotionen zusammenbrechen, weil Nato und Warschauer Pakt nach den Brüsseler Beschlüssen zur Natonachrüstung ab Mitte der achtziger Jahre eine erfolgreiche Abrüstungspolitik betreiben, die Deutsche Einheit möglich wird, bleibt die Kirche sprachlos zurück mit einer schwer beschädigten Glaubwürdigkeit. Ihre Würdenträger gehen zur Tagesordnung über und tun so, als wenn das nach diesen aufwühlenden Jahren so einfach möglich wäre.

Eine wesentliche Erkenntnis bringt die zweite Erhebung: In der Familie erfahren die Kinder, ob und wie sie es mit der Kirche halten sollen. „Mit nachlassender Kirchenbindung der Eltern wird die religiöse Sozialisation der Kinder zum Problem" (aaO, S. 28). Die dritte Erhebung von 1992 unterstreicht diesen Tatbestand. Die Kirchenmitglieder in Westdeutschland führen ihre Einstellung zu Religion, Glaube und Kirche zu 75 Prozent auf den Einfluss ihres Elternhauses zurück (aaO, S. 90). Doch seine Prägekraft nimmt insbesondere dadurch ab, dass die Eltern ihre abnehmende Bindung an die Kirche an ihre Kinder weitergeben mit entsprechenden negativen Konsequenzen. In Ostdeutschland ist diese Entwicklung weit vorangeschritten. Im Osten Deutschlands dominiert die Konfessionslosigkeit. Sie trifft auf 75 Prozent der Bevölkerung zu. „Das Leben ohne kirchlichen Bezug zwischen den Generationen (scheint) sich stabilisiert zu haben. Es hat sich ein generationsübergreifender Gewohnheitsatheismus entwickelt" (Huber, „Kirche in der Zeitenwende", S. 57).

Diese dritte Erhebung des Jahres 1992 trägt das Motto „Fremde Heimat Kirche". Eine detaillierte Lektüre ihrer Ergebnisse rechtfertigt diesen euphemistischen Titel nicht. „Zur gleichen Zeit, in der das Thema Religion auf die Tagesordnung des öffentlichen Interesses sowie des akademischen Diskurses zurückgekehrt war, hatten die großen christlichen Kirchen in immer neuen Austrittswellen einen deutlichen Verlust an Mitgliedern zu verzeichnen" („Fremde Heimat Kirche", aaO, S. 32). Die Volkskirche als Leitmotiv wird infrage gestellt (aaO, S. 36). Bei der ersten Erhebung im Jahre 1972 erklärten 12 Prozent der Evangelischen, mit ihrer Kirche sehr verbunden zu sein. Nachdem Millionen von Menschen ausgetreten waren, fühlten sich 1992 10 Prozent der westdeutschen Kirchenmitglieder ihrer Kirche sehr verbunden. 1972 erklärten 67 Prozent der Kirchenmitglieder, ein Kirchenaustritt käme für sie nicht infrage. 1992 erklären das nur noch 57

Prozent der Evangelischen in Westdeutschland (aaO, S. 37 f).
Warum bleiben sie in der Kirche? „Weil meine Eltern auch
in der Kirche sind."

Dieser Grund nimmt von Erhebung zu Erhebung an
Bedeutung zu und erreicht 1992 den ersten Rang. „Weil ich
Christ bin", „weil ich der christlichen Lehre zustimme",
diese inhaltlichen Leerformeln landen nun ganz vorne zusammen mit der Begründung, „weil ich auf kirchliche Trauung und Beerdigung nicht verzichten möchte".

Wenn es anspruchsvoller wird, finden dagegen die ange-
botenen Begründungen für die Mitgliedschaft in der Kirche
nur noch wenig Zustimmung. „Trost und Hilfe in schweren
Stunden", „sinnvolle Mitarbeit", „Antworten auf die Fragen
nach dem Sinn des Lebens", das erwartet nur eine kleine
Minderheit der Westdeutschen von ihrer Kirche (aaO,
S. 115 ff). „Im Gesamtbild geben die ostdeutschen Evangelischen kaum eine deutlich engere Bindung an die
christliche Glaubenshaltung zu erkennen."

Da sie aber eine Minderheit sind, „beziehen (sie) weitaus
entschiedener Position, wenn es um Einstellungen geht, die
sich gegen den christlichen Glauben bzw. gegen Religion
überhaupt richten" (aaO, S. 282). Die ostdeutschen Kirchenmitglieder zwischen 14 und 39 Jahren, ihre Zahl ist nur
gering, sind im Vergleich zu ihren westdeutschen Altersge-
nossen wesentlich engagierter in ihrer Kirche (aaO, S. 277).

Die Erhebung von 1992 macht deutlich, dass die formal
höher Gebildeten in Ostdeutschland, soweit sie noch
Mitglied der Kirche sind, eine größere Distanz zu den Kernaussagen ihrer Kirche haben als die Kirchenmitglieder mit
einem niedrigeren Bildungsabschluss. In Westdeutschland
ist das kaum anders. Hier sind die Höhergebildeten nur
noch begrenzt an die traditionellen Muster der Kirchenzugehörigkeit gebunden (aaO, S. 96). Das kann sowohl in
Ost- wie in Westdeutschland auch ein Zeichen für eine
wachsende Neigung zum Kirchenaustritt sein.

In Ostdeutschland gibt es keine Erhebungen, die Auskunft über die soziologischen Strukturen der Konfessionslosen geben. Sicher ist allerdings: „Die Evangelischen sind im Durchschnitt 50 Jahre, die Konfessionslosen nur 39 Jahre alt" (aaO, S. 263). „Aus den Ergebnissen sozialstatistischer Analysen für Westdeutschland formt sich demgegenüber ein Profil der Konfessionslosen, das sie geradezu als gesellschaftliche Trendsetter erscheinen läßt. In Form eines Steckbriefes lassen sie sich folgendermaßen beschreiben: sie sind jung und ledig, leben in der Großstadt und arbeiten in qualifizierter Stellung. Auch die Ergebnisse der nunmehr dritten Befragung der Evangelischen durch die EKD deuten in diese Richtung. Denn die Austrittsgeneigten sind jünger und haben einen höheren formalen Bildungsstand als der Durchschnitt der Evangelischen" (aaO, S. 311).

„Der Eintritt in die Konfessionslosigkeit ... entwickelt sich zu einer gemeinhin akzeptierten Alternative zur Kirchenmitgliedschaft innerhalb der bürgerlichen Gesellschaft" (aaO, S. 310).

Frauen haben generell ein höheres Maß an Verbundenheit zur Kirche als Männer. Allerdings zeigen die Erhebungen von 1982 und 1992, „dass die Einbindung von Frauen ins Erwerbsleben mit einer Entfernung von der religiösen Instanz unserer Gesellschaft einhergeht" (aaO, S. 210). Diese Entwicklung wird durch die Emanzipation der Frauen befördert. Hinzu kommt der so genannte Bildungseffekt. „(Er) hatte sich bereits in den vergangenen Kirchenmitgliedschaftsbefragungen herausgestellt, deren Ergebnisse bei den Höhergebildeten ein schwächer ausgeprägtes Gefühl der kirchlichen Verbundenheit sowie eine größere Bereitschaft zum Kirchenaustritt gezeigt hatten" (aaO, S. 215). Frauen mit Kindern sind allerdings der Kirche etwas stärker verbunden als Frauen ohne Kinder.

Auch die dritte EKD-Erhebung von 1992 macht deutlich, dass die Kirchenmitglieder den Stellungnahmen ihrer Kirche zu aktuellen politischen Fragen nur eine geringe Bedeutung beimessen (aaO, S. 176, S. 234, S. 390). Insgesamt fächern sich die Ansprüche an die Kirche immer stärker auf. In Westdeutschland werden bei den an die Kirche gestellten Erwartungen durchaus unterschiedliche Profile sichtbar bei den Volks- und Hauptschülern und denen mit Hochschulreife.

Was soll die Kirche tun?

Beide Gruppen sind sich einig darin, dass oberste Priorität der kirchlichen Arbeit die Betreuung Alter, Kranker und Behinderter, generell der Hilfe von Menschen in sozialen Notlagen, zu sein hat. Die Höhergebildeten erwarten von der Kirche einen größeren Einsatz für Arbeitslose, Umweltschutz und die Gleichstellung der Frau und ihrem Engagement gegen Fremdenhass. An den typisch kirchlichen Funktionen der Kirche: „verkündet die christliche Botschaft", „kümmert sich um die Dinge, die über das alltägliche Leben hinausreichen", „gibt Raum für Gebet", … haben sie ein geringeres Interesse als geringer Gebildete (aaO, S 176). Auch ihre Gründe für ihre Kirchenmitgliedschaft unterscheiden sich deutlich. Das Leben nach dem Tode, Trost in schweren Stunden, kirchliche Trauung und Beerdigung, der Sinn des Lebens, auf diese Fragen werden von ihnen deutlich weniger Antworten der Kirche erwartet (aaO, S. 176). „Höhergebildete (scheinen) ihren kirchlichen Erwartungshorizont eher von ihrem eigenen Problembewußtsein her zu strukturieren" (aaO, S. 177). Wenn die Kirche das nicht leistet, kann auch ausgetreten werden.

Grundlegend für die unterschiedlichen Erwartungen und Ansprüche an die Kirche sind die unterschiedlichen Wertorientierungen der Gruppe der Volks- und Hauptschüler und der Evangelischen mit Hochschulreife. Für Sitte und Ordnung einzutreten, dass man an etwas glauben kann, einen Halt hat, in geordneten Verhältnissen lebt, ganz für die Familie da sein, das ist für die Hauptschüler wichtig, für die Abiturienten unwichtig. Diese wollen dagegen eine Gesellschaft haben, die offen für Reformen ist, überflüssige Autoritäten abbaut. Das führt dazu, dass beide Gruppen unübersehbar unterschiedliche Erwartungen an die Kirche und Einstellungen zu Glauben, Christentum und Religion haben.

47 Prozent der evangelischen Hauptschüler in Westdeutschland stimmen der Aussage zu, „ich glaube, dass es einen Gott gibt, der sich in Jesus Christus zu erkennen gegeben hat". Bei den evangelischen Abiturienten in Westdeutschland sind es nur 33 Prozent.

32 Prozent der Höhergebildeten stimmen der Aussage zu: „Ich glaube an eine höhere Kraft, aber nicht an einen Gott, wie ihn die Kirche beschreibt." Nur 19 Prozent der Hauptschüler stimmen dieser Aussage zu (aaO, S. 180 f).

Die einen Kirchenmitglieder binden sich an die Kirche, ihre Sprache und ihre Dogmen. Die anderen suchen sich ihre individuellen Wege. „In der Wahrnehmungseinstellung der so genannten Kleinen Leute hat die Kirche mit ihrem rituellen und Deutungsangebot vorwiegend Qualitäten einer Ordnungsinstanz – sie vermag die drohenden Gefahren im Umgang mit dem Heiligen und Übersinnlichen abzuwenden, da sie ausgewiesenermaßen für solche Lebensdimensionen zuständig ist. Höhergebildete dagegen verstehen die Kirche eher als eine gesellschaftliche Institution, zu der man sich persönlich zustimmend oder ablehnend verhalten kann, die jedoch in ihren traditionellen Aufgabenzuschreibungen weitgehend nur als Kirche für die anderen erscheint" (aaO, S. 188 f).

Die Erhebung von 1992 untersucht auch die Gründe für den Kirchenaustritt in Ost- und Westdeutschland. Unterschiede werden durchaus sichtbar. „Weil ich in meinem Leben keine Religion brauche", „weil ich mit dem Glauben nichts mehr anfangen kann", diese Gründe spielen in Ostdeutschland eine wesentlich größere Rolle. Dagegen wird der Feststellung „weil mir die Kirche gleichgültig ist" in ganz Deutschland gleich hoch zugestimmt. In Westdeutschland wird als ein möglicher Austrittsgrund – „weil ich mich über kirchliche Stellungnahmen geärgert habe" – mit großer Zustimmung versehen. In Ostdeutschland spielt diese Begründung kaum eine Rolle. Unbedeutend in ganz Deutschland ist die Begründung für den Kirchenaustritt „weil ich eine andere religiöse Heimat gefunden habe".

Die Erhebung kommt zu dem Schluss, „dass jedenfalls in der gegenwärtigen Situation sowohl in West- als auch in Ostdeutschland die Chancen für eine (Wieder-) Gewinnung derjenigen, die außerhalb der Kirche stehen, (als) ausgesprochen gering einzuschätzen sind" (aaO, S. 326).

Die Kirchensteuer als Austrittsgrund steht nach den Ermittlungen der Erhebung von 1992 „in keinerlei Zusammenhang" mit den anderen Antworten. „Auch im Hinblick auf die ... nur geringe Sympathie mit der Kirche läßt sich – statistisch – nicht einmal andeutungsweise eine Verknüpfung ausmachen. Freilich schmälert das nicht die große Bedeutung der Kirchensteuer als Austrittsgrund; die häufig gefolgerte Kausalbeziehung zwischen Kirchen- bzw. Glaubensferne und finanziellen Erwägungen aber findet keine empirische Basis" (aaO, S. 329 f). Daraus ist zu folgern: Wo die gebotenen Inhalte kirchlicher Arbeit keine Akzeptanz mehr finden, gibt es keinen Grund, dafür noch zu zahlen. Wem Kirche wertlos geworden ist, der schießt kein Geld mehr zu.

Welche Konsequenzen haben diese Erhebungen für die aktuelle Arbeit der Evangelischen Kirche? Grundsätzliche Kurskorrekturen bleiben allein deswegen aus, weil die Landeskirchen den Pluralismus der Gesellschaft und die

Individualisierung längst zum beherrschenden Prinzip ihrer geistlichen Orientierung gemacht haben. Da die EKD in allen Erhebungen „Herr" der gestellten Fragen ist, kann natürlich nicht direkt deutlich werden, welchen Typ von Kirche ihre Mitglieder wollen: Die Allerweltskirche im pluralen Gewande oder die Kirche Jesu Christi mit ihrer eindeutigen Bindung an Gottes Wort. Doch indirekt wird sichtbar, wo das Problem liegt: Die intellektuellen Normalbürger wollen die Kirche mit den überkommenen christlichen Positionen. Doch das Sagen innerhalb der Kirche haben die anderen mit ihren bunten Anforderungen an die Kirche. Wie auch immer. Das bunte theologische Bild, das die Landeskirchen von Gemeinde zu Gemeinde bieten, mit allen denkbaren Spielarten christlicher Darbietung, muss ihre Attraktivität schwächen.

Die intellektuellen Normalbürger wollen die Kirche mit den überkommenen christlichen Positionen. Doch das Sagen innerhalb der Kirche haben die anderen mit ihren bunten Anforderungen an die Kirche.

Im Markt bleiben

Jeder Vergleich hinkt. Aber stellen wir uns einmal vor, McDonalds biete in manchen Filialen sein traditionelles Angebot an Hamburgern und Chickenwings an. In anderen seiner Restaurants gäbe es nur vegetarische Kost, in anderen überhaupt nichts zu essen. Diese „Kette" wäre in Kürze am Ende. In Nordelbien dauert es länger. Denn die wenigen Kirchgänger unter den Kirchenmitgliedern gehen normalerweise zu ihrem Gottesdienst in ihre Gemeinde und nehmen die theologischen Kakophonien in ihrer Landeskirche kaum zur Kenntnis. Völlig anders ist es allerdings bei den Kirchenfernen. Wenn sie überhaupt etwas über die Medien von Kirche hören, liefern diese Nachrichten keinen Anreiz, sich auf den Weg zu machen. Nur eindeutige, starke Botschaften dringen durch und machen Eindruck. Kein Wunder also, dass die Medienpräsenz der Katholischen Kirche wesentlich größer ist.

Die entscheidende Frage ist, ob es für die Evangelische Kirche Deutschlands existenznotwendig war und ist, sich in dieser Weise dem Diktat des Pluralismus zu beugen? Zugestanden werden muss, dass es eine Großorganisation, die auf ein Mindestmaß an Zustimmung der Mehrheit ihrer zahlenden Mitglieder angewiesen ist, schwer hat, sich den großen gesellschaftlichen Entwicklungen zu entziehen. Auch die Reformation von Martin Luther gab wesentliche Antworten auf neue Herausforderungen in der mittelalterlichen Gesellschaft und auf ein sich wandelndes Selbstverständnis der Herrschenden in ihrem Verhältnis zum römischen Papsttum.

Doch die Reformation konzentriert sich auf die Inhalte des Evangeliums. Die vier Prinzipien der Reformation sind: Orientierung nur am Glauben (sola fide), Rechtfertigung allein aus Gnade (sola gratia), nur Christus ist unser Herr (solus Christus), nur die Heilige Schrift zeugt von unserem Herrn (sola scriptura). Die Reformation kann aus lutherischer Sicht nicht ein für alle Mal abgeschlossen sein. Insofern hilft uns heute ein starres Festhalten an der Theologie der Reformation nicht weiter. Doch die zentrale Frage ist, ob es verantwortbar ist und der Kirche weiterhilft, wenn vielerorts das Erbe der Reformation beiseite geschoben wird, den Modetrends gefolgt wird, im Geschäft der menschlichen Sinnstiftung zu bleiben oberstes Prinzip zu sein scheint? Es fehlt im übrigen jeder Beweis, dass diese Strategie der Mimikry das Überleben der Großkirche der Reformation weiterhilft.

Ich sehe mich nicht in der Lage, die inneren Strukturen und die damit verbundenen Probleme der römisch-katholischen Kirche zu beurteilen. Ich stelle aber fest, dass die

Einheitlichkeit der Glaubensüberzeugungen dazu geführt hat, dass sie augenscheinlich besser mit den Problemen unserer Zeit fertig wird. Viel weniger Menschen treten aus, ihre Gottesdienste sind wesentlich besser besucht. Allerdings sind ihre Probleme, theologischen Nachwuchs in Deutschland zu bekommen, beachtlich. In Polen und in Südamerika ist das anders. Dadurch kann die katholische Kirche wenigstens teilweise ihre Personalprobleme in Deutschland lösen.

Es fällt mir schwer, beurteilen zu können, ob nicht die historischen Entwicklungslinien seit der Reformation zwangsläufig zu den in unserer Zeit festzustellenden Verfallserscheinungen führen mussten. Heinz Zahrnt („Die Sache mit Gott", München 1972) beschreibt, wie die Reformation dem Verlangen nach Freiheit am Beginn der Neuzeit gerecht wird und daraus seine Schwungkraft und Stärke bezieht. „Was sich in der gegenwärtigen Situation zeigt, ist nicht nur eine momentane, sondern eine grundsätzliche Schwäche des Protestantismus, genauer, die Schattenseite einer Stärke, die dem Protestantismus von seinem Ursprung her anhaftet und ihm schon bald nach seiner Entstehung zur Gefahr geworden ist" (aaO, S. 388).

Zerfall, Individualismierung, Pluralisierung sind die Folge. Zahrnt spricht von einem „nachprotestantischen Zeitalter", in dem vom Katholizismus ein „starker Zauber" ausgeht.

Doch auch der qualitative Abstieg der evangelischen Spitzenleute ist aufgrund meiner eigenen Erfahrung unübersehbar.

Die meisten der heutigen „Kirchenführer" der EKD gleichen in ihren theologischen Überzeugungen und ihrer Widerstandskraft gegen Irrlehren eher den Wetterfahnen auf ihren Kirchtürmen: Sie zeigen an, woher der Wind weht.

Von Dibelius und Lilje, unseren Leitfiguren und Kraftzentren in unserer Jugendzeit, mit ihren überzeugenden theologischen

Vorgaben und ihrer vorbildlichen Haltung gegenüber zwei deutschen Diktaturen, kommen wir immer weiter hinunter in den Strudel opportunistischer Unverbindlichkeiten. Die meisten der heutigen „Kirchenführer" der EKD gleichen in ihren theologischen Überzeugungen und ihrer Widerstandskraft gegen Irrlehren eher den Wetterfahnen auf ihren Kirchtürmen: Sie zeigen an, woher der Wind weht.

Verwundern kann das nicht. Denn die Wahlgremien der Evangelischen Landeskirchen sind normalerweise so besetzt, dass nur ein bestimmter Typ von Kandidat gewählt wird. Der geistliche Niedergang beginnt bei der personellen Zusammensetzung der Synoden. Sie bescheren uns immer wieder Bischöfe, die deren Niveau entsprechen. Diese Kirchenführer wirken mit ihrem Opportunismus, ihrer unklaren geistlichen Grundhaltung auf die Basis zurück. So erodiert auch personell das klare Bekenntnis zum Evangelium. Der Kreislauf hat sich geschlossen.

Die Kirche befindet sich in guter Gesellschaft. In Wirtschaft und Gesellschaft, den Verbänden und Parteien, können wir eine vergleichbare Entwicklung feststellen. Die Patriarchen der Nachkriegszeit sind längst abgetreten. Ein neuer Typ von Wirtschafts- und Verbandsboss steht auf der Bühne: Clever, angepasst, flexibel, gremienbewusst. Denn die Strukturen haben sich verändert und damit auch die Personen, die sie repräsentieren.

Die EKD erkennt, dass neben den Kirchen andere gesellschaftliche Kräfte an der Sinngebung des menschlichen Lebens teilhaben – dass sie Werte setzen und Werte vermitteln. Aus vielen Einflüssen schaffen sich die Menschen ihren Glauben, der ihnen helfen soll, über die Klippen ihres Lebens, die Schicksalsschläge aber auch unerwartetes Glück, hinwegzukommen, ohne darauf nur mit einem Achselzucken reagieren zu müssen. Was da entsteht, ist eine Art religiöser Flickenteppich („patchwork"). In diesem Rahmen könnte die Kirche über den Glauben ein „kohärentes symbolisches Deutungssystem" bereitstellen. „Dabei ist die Vielfalt der Erfahrungen der (Kirchen-) Mitglieder auch eine Chance für die Weite der Kirche und ihre Fähigkeit, in vielfältige Kontexte hineinzuwirken" (Fremde Heimat Kirche, S. 348).

Vorsichtig sucht die Kirche für ihre Botschaft auf dem bunten Markt der Sinngebung unseres Lebens einen wettbewerbsfähigen Ansatz. Sie muss, wie jeder Anbieter von Lebenshilfe, davon überzeugt sein, dass unsere Gesellschaft dieses Angebot der Kirche für ihren Zusammenhalt und ihre Vermenschlichung braucht. „Deshalb sind Überlegungen über die Zukunft der Kirche und die Pflege und Erneuerung ihres Fortbestandes zugleich ein Beitrag zur Erhaltung und Förderung des Referenzrahmens, in dem die Identität der Gesellschaft ausgebildet und weiterentwickelt wird" (aaO, S. 349). Das allerdings ist eine Anmaßung. Denn das Angebot der Kirche auf dem Markt der Sinngebung ist so diffus, dass es schwerlich die ihm von seinen Anbietern zugedachte Rolle spielen kann.

Die Kirche ist zu einer Organisation geschrumpft. Sie braucht eine für sie passende Unternehmenskultur „oder auf englisch ‚Corporate Identity'" (aaO, S. 353). „Jeder Verein, jede Versicherung, jede Mitgliederorganisation muss Anstrengungen unternehmen, mit den Mitgliedern zu kommunizieren, ihnen Aufmerksamkeit und Interesse entgegenzubringen. In der Kirche jedoch wird dies nicht als vorrangige Aufgabe angesehen" (aaO, S. 357).

„Das Angebotskonzept (der Kirche) bedarf der Überprüfung und Neuausrichtung" (aaO, S. 358). Da kann doch eigentlich Jesus Christus und sein Evangelium nur im Wege sein. Doch den schlauen Theologen wird es schon gelingen, immer wieder christliche Versatzstücke in die profanen Angebote der Kirche für die „Lebensdienlichkeit" (aaO, S. 360) der Konsumenten einzubauen. „(Die Kirche) muss sich intensiv um Klarheit darüber bemühen, welche Leistungen sie eigentlich anzubieten hat und wie diese für eine Kosten- und Nutzenbilanz als lebensdienlich einzustufen sind" (aaO, S. 360). Konkret: Die Konsumentenwünsche werden durch Markterforschung ermittelt. Das kirchliche Angebot wird anschließend formuliert.

Natürlich kann eine wesentliche Veröffentlichung der EKD über „die fremde Heimat Kirche" so nicht enden. Und so schließt dieser Band mit einigen kursorischen Überlegungen zur Forderung an die Kirche „Profil zu zeigen" (aaO, S. 362 f). „Profil gewinnt die Kirche, wenn sie das tut, was sie und nur sie kann und deutlich macht, worin ihre Kompetenz liegt, nämlich durch ihre Verkündigung, ihre Diakonie, ihr Gemeinschaftsangebot lebensdienlichen religiösen Rückhalt zu geben. Für die ethische Orientierung kann und soll sie eindeutige Maßstäbe setzen. Zu deren Umsetzung jedoch können und sollen in der Kirche durchaus unterschiedliche Standpunkte deutlich und profiliert vertreten werden, und es muss die Auseinandersetzung über sie geführt werden.

Der Umgang mit Spannungen und Widersprüchen in unserer Existenz, die sich nicht eindeutig machen lassen, die Unentrinnbarkeit der Schuld, das ist ein Kernstück der paulinischen und reformatorischen Rechtfertigungslehre. Doch verlangt eine kirchliche Streitkultur, dass stets sorgfältig zwischen theologisch möglichen Meinungen und theologisch begründeten, religiösen Urteilen unterschieden wird. Dies verwischt nicht das Profil, sondern schärft es" (aaO, S. 363).

Aus der Not eine Tugend machen, darum geht es der EKD. Wenn sich die großen gesellschaftlichen Gruppen, insbesondere unsere Parteien, in Kernfragen nicht einig werden, bemühen sie den Begriff „Streitkultur". Er macht aber nur dann einen Sinn, wenn er zweierlei festhalten will: Der Streit darf nicht in „Krieg" ausarten. Und der Streit wird mit dem Ziel geführt, zu einer Einigung zu kommen.

Notfalls durch eine Abstimmung. Die Minderheit akzeptiert anschließend den Mehrheitsbeschluss. Doch genau dazu sind unsere Landeskirchen nicht mehr in der Lage.

Hoffnungslos scheint es zu sein, von der Kirche dadurch Profil zu erwarten, dass sie ihrem ureigensten Auftrag gerecht wird, uns Menschen das Evangelium zu verkünden. Dass Gott uns die Treue hält, uns in seiner Gnade hält, sein Sohn für uns gestorben ist, für uns die Zehn Gebote gelten. Doch wie soll sie dieses klare christliche Profil zurückgewinnen können, wenn nur noch ein Teil der evangelischen Pfarrer bereit ist, Kernaussagen der christlichen Heilslehre zu glauben? Und so wirken die Zentrifugalkräfte weiter. Die Forderung nach einem klaren Profil der Kirche ist nicht erfüllbar. Offen bleibt, wie lange es noch gelingt, die Institution zusammenzuhalten, die geistlich längst auseinander gefallen ist.

Was die Menschen und ihre Seelsorger glauben

Klaus-Peter Jörns veröffentlicht im Jahre 1999 die Ergebnisse einer umfassenden Umfrage unter dem Titel „Die neuen Gesichter Gottes – Was die Menschen heute wirklich glauben" (2. Auflage, München 1999). Es kann nicht meine Aufgabe sein, die Ergebnisse dieser Umfrage umfassend zu würdigen. Was „Atheisten", „Unentschiedene", „Transzendenzgläubige" und „Gottgläubige" glauben, um ihrem Leben einen Sinn zu geben, wie sich der Anteil dieser vier Gruppen der „Glaubenstypologie" in den einzelnen Altersstufen verschiebt und sich in den unterschiedlichen Lebensformen – Ehefrau/Ehemann in Familie, ledig,

Partnerfrau/-mann, Single – darstellt, ist bedeutsam, doch für unsere Überlegungen nicht von zentraler Bedeutung. Das gilt auch für die Kategorie der „Gottgläubigen", obwohl bemerkenswert ist, dass die „Evangelischen" nur zu 54 Prozent zu den „Gottgläubigen" gehören. 15 Prozent sind „Transzendenzgläubige", 20 Prozent „Unentschiedene", 11 Prozent „Atheisten" (aaO, S. 63).

Neben regional bestimmten Umfragebezirken – Kreuzberg, Berlin-Mitte, Berlin-Wannsee, die überwiegend katholische Gemeinde Beltheim und die evangelische Gemeinde Gödenroth – beide im Hunsrück, wurden die 12. Klassen der Gymnasien der Umfragebezirke gesondert befragt. Weitere Umfragebezirke kommen eher zufällig dazu. So entsteht ein differenziertes und regional durchaus unterschiedliches Bild der aktuellen Glaubenssituation. Generell wird allerdings nur das widergespiegelt, was uns bereits die EKD-Erhebung „Fremde Heimat Kirche" vermittelt.

Die Arbeit von Jörns ist aber deshalb von besonderer Bedeutung, weil die Pfarrerinnen und Pfarrer der Evangelischen Kirche in Berlin-Brandenburg, getrennt nach Berlin-West und Berlin-Ost, sowie die Theologiestudenten an der ehemaligen Kirchlichen Hochschule Berlin sowie an der Humboldt-Universität Berlin über ihren Glauben befragt werden. Dadurch wird deutlich, was die Theologen wirklich glauben, wie sich diese Ergebnisse zum Glauben der Laien verhalten. Hier konfrontiere ich den Glauben der befragten Theologen mit den zentralen Elementen jedes evangelischen Gottesdienstes – dem Glaubensbekenntnis und dem Vaterunser –, um eine Vorstellung davon zu bekommen, wie weit die befragten Theologen noch hinter diesen von ihnen vorgetragenen Glaubenssäulen stehen.

Je älter die Evangelischen sind, umso fester glauben sie an einen persönlichen Gott.

„Ich glaube an Gott den Allmächtigen."
„Vater unser, der Du bist im Himmel."

Wir bekennen zweierlei: Gott ist allmächtig und er ist unser persönlicher Gott, zu dem wir mit all unseren Sorgen kommen können. Je älter die Evangelischen sind, um so fester glauben sie an diesen persönlichen Gott – 33 Prozent der Jugendlichen, 73 Prozent der Rentner. Im Durchschnitt 54 Prozent. Etwa 90 Prozent der Pfarrer teilen diese Überzeugung. 80 Prozent sind es bei den Theologiestudenten.

Ist Gott „allmächtig"? Nur ein gutes Drittel der Pfarrer halten Gott für „eher allmächtig". Das liegt sowohl unterhalb der Umfrageergebnisse im Hunsrück als auch oberhalb der Zustimmung in Kreuzberg und in Wannsee. Für die Pfarrer ist Gott vor allem „eher liebevoll", eher „gütig vergebend", eher „sexfreundlich". Er ist eher belanglos für unser Leben. Das wird auch dadurch deutlich, dass die Pfarrer West bei einer persönlichen Krise zuerst Rat und Hilfe holen bei ihrem Lebenspartner, dann bei einem Freund oder einer Freundin und erst dann bei Gott. Bei den Pastoren Ost steht Gott etwas höher im Kurs. Er rangiert vor den Freunden.

Gott der „Schöpfer Himmels und der Erden", so bekennen wir es in unserem Glaubensbekenntnis. Das glaubt nur noch eine Minderheit der „Gottgläubigen" (40 Prozent). Die Erklärung „durch Urknall" findet bei den „Gottgläubigen" durchaus Anklang (20 Prozent). Sie findet eine beachtliche Zustimmung bei den Theologen, „die damit näher an den Überzeugungen der Atheisten als an denjenigen der Gottgläubigen liegen: 35 - 38 Prozent" (aaO, S. 124).

Bekenntnisse wie „Himmel und Hölle", dem Sitz Gottes und dem Strafort nach dem Leben, „Vater unser, der Du bist im Himmel" – „niedergefahren zur Hölle" (heute: „hinabgestiegen in das Reich des Todes"), spielen in den Überzeugungen der „Gottgläubigen" kaum noch eine Rolle. Auch die Pfarrer können mit dem Himmel als dem Wohnort Gottes nicht mehr viel anfangen. Für sie ist Himmel vor allem ein Begriff, der „die Fülle des Lebens (bezeichnet) so etwas wie Paradies" (aaO, S. 238). Mit dem Begriff „Hölle" verbinden die Pfarrer und ihr theologischer Nachwuchs nichts mehr. Hier handelt es sich nicht nur um einen Einbruch, sondern einen Abbruch gegenüber dem traditionellen Verständnis von Hölle. „Was dieser Abbruch für das theologisch-dogmatische System bedeutet, soll hier nur mit einer Frage angedeutet werden: Kann Himmel, wenn es keine Hölle mehr daneben gibt, als eine eigene theologisch-eschatologische Größe für sich stehen?" (aaO, S. 86).

„Ich glaube ... an Jesus Christus, seinen eingeborenen Sohn, unseren Herrn." Zu dieser Aussage unseres Glaubensbekenntnisses bietet die Umfrage mehrere Möglichkeiten an – „was fällt Ihnen zu Jesus ein?"

Als „Hoffnungsträger" spielt er auch bei den Pastoren kaum eine Rolle. Ein gutes Drittel entscheidet sich für „Kreuz, Erlösung, Vergebung". Damit liegen die Pfarrer nur unwesentlich über den Voten der „Gottgläubigen". Die Theologen entscheiden sich mehrheitlich für den „historischen Jesus" und seine Bedeutung für die „Wirkungsgeschichte (des Christentums)". Ein „menschliches Vorbild" ist er für sie nur in Grenzen. „Religiöse Gestalten", „Widerstandskämpfer", „Größen der Geistesgeschichte", „Eltern" rangieren vor Jesus Christus. Er landet auf dem letzten Platz (aaO, S. 175, 259 f).

„Und vergib uns unsere Schuld ... und führe uns nicht in Versuchung, sondern erlöse uns von dem Bösen."

„... Sitzend zur Rechten Gottes, von dort wird er kommen zu richten die Lebenden und die Toten."

„Vergebung der Sünden."

Bei diesen Zitaten aus dem Vaterunser und dem Glaubensbekenntnis geht es um die Vergebung der Sünden durch Gott und um das Wissen um sein Richteramt. Die Vergebung der Sünden wird von den Gottgläubigen durchaus erhofft und erbeten, bei den Pfarrern im besonderen Maße. Das „Jüngste Gericht" ist allerdings in den Erwartungen beider Gruppen weitgehend verschwunden. Nur ein Drittel der Pfarrer und gut 20 Prozent der Theologiestudenten können damit noch etwas anfangen. „Dadurch wird belegt, dass die Gerichtsvorstellung innerhalb der Erlösungslehre und Eschatologie nur noch eine untergeordnete Rolle spielt" (aaO, S. 72). Die Erlösung von unserem sündigen Wesen ist keine bedeutsame Hoffnung mehr. Die Pfarrer erhoffen sie nur noch mit knapper Mehrheit. „Das ist vom Standpunkt der in beiden christlichen Kirchen gültigen Erlösungslehre als theologischem und christologischem Zentrum her als eine schwere Erschütterung des Fundaments zu werten" (aaO, S. 179).

„Auferstehung der Toten und das ewige Leben." Die große Mehrzahl der Gottgläubigen erwartet durchaus nach dem Tode ein anderes bzw. nächstes Leben durch die „unsterbliche Seele", die „Wiedergeburt", das „Weiterleben in Nachkommen". Die „Auferweckung durch Gott" ist nur eine von mehreren Möglichkeiten. Diese theologisch „korrekte" Möglichkeit für ein anderes/nächstes Leben erwarten nur die Pfarrer in ihrer überwältigenden Mehrheit, obwohl auch sie die anderen oben genannten Möglichkeiten durchaus in Betracht ziehen. Ansonsten liegt das Schwergewicht des Volksglaubens bei der Unsterblichkeit der Seele.

Wie stehen die Befragten zu den Zehn Geboten und damit zur Ehe, zur Ehescheidung, zur Trauung gleichgeschlechtlicher Paare, zur Abtreibung? „Die Ehe ist von Gott gewollt." Das ist selbst bei den Pfarrern nicht mehr die vorherrschende Überzeugung.

„Der Zwang zur Einehe sollte abgeschafft werden." Dem stimmen nur wenige zu, aber auch einige Pastoren.

„Auch gleichgeschlechtliche Paare sollten heiraten können." Diese Forderung findet bei den Theologen große Unterstützung.

„Am erstaunlichsten aber ist, dass die Theologinnen und Theologen keinesfalls mehrheitlich hinter der traditionellen christlichen Eheauffassung stehen. Da verwundert es nicht, dass sie der Gleichstellung von ehelichen und nichtehelichen Lebensgemeinschaften und auch der Forderung zustimmen, gleichgeschlechtlichen Paaren die Ehe zu öffnen – wobei die Pfarrerinnen und Pfarrer von morgen, die Theologie-studierenden, dabei weit vorausgehen. Hier ist der Traditions-abbruch unübersehbar, und man fragt sich, ob die Amtsträger von heute und morgen das vorgeschriebene Trauformular noch verwenden können. Vor allem entsteht auch hier das große Problem, dass die Theologenschaft sich in einem schweren Dissens zu einem großen Teil der nichttheologi-schen Gläubigen befindet – eine Situation, die nach Klärung ruft, zumal die zum Familien-Typ und zu den älteren Allein-lebenden gehörenden Gottgläubigen einen beachtlichen Teil der Gemeindeglieder ausmachen" (aaO, S. 151).

Es kann nicht verwundern, dass die christliche Über-zeugung „was Gott zusammenfügt, soll der Mensch nicht scheiden", auch bei den Pfarrern nur noch Minderheiten-meinung ist. „Jeder darf sich scheiden lassen", ist überwälti-gende Mehrheitsmeinung. Bemerkenswert sind die Voten für die Aussage „Religionsgemeinschaften, die kultische Hand-lungen bei der Hochzeit vornehmen, sollten auch Handlun-gen für die Scheidung anbieten". Dieser Forderung stimmen die Pfarrer im hohen Maße zu. Spitzenreiter bei allen Befra-gungsgruppen sind die Pfarrer West (aaO, S. 244 f).

Auf die Frage nach der Zulässigkeit von Abtreibungen gibt es weitgehende Übereinstimmungen. Die medizinische und die soziale Indikation werden besonders von den Pfar-rern vertreten. Dafür ist ihre Zustimmung zur alleinigen Entscheidung der Frau wesentlich geringer. Ein absolutes Verbot jeglicher Schwangerschaftsunterbrechung findet auch den Pfarrern kaum Zustimmung. Traditionelle christ-liche Positionen sind geräumt (aaO, S. 154).

Ist es bedenklich, dass die Gottgläubigen bzw. die Evan-gelischen so weit von den Positionen entfernt sind, wie sie der christliche Glaube festgeschrieben hat? Diese Frage löst eine Vorfrage aus: War es in der Geschichte des Christentums nicht immer so, dass der so genannte Volksglaube nur wenig mit der offiziellen christlichen Dogmatik zu tun hatte und es die Aufgabe der Theologen war, ihre Gläubigen zu unterweisen und die Gräben zu überbrücken?

Martin Luther lehnt zwar die katholische Priesterweihe ab, die den Einzelnen dadurch in eine größere Nähe zu Gott rückt und in einem anderen „Seinsstand" versetzt. Dieses Sakrament der Priesterweihe von ihm ordiniertes Amt ersetzt. Und Luther spricht vom allgemeinen Priestertum aller Getauften. Und dennoch bleibt es durch die Jahrhunderte nach der Reformation dabei: Die Laien haben theologisch in der Kirche nichts zu melden (eine umfassende Darstellung dieser Problematik findet sich bei Harald Goertz, „Allgemeines Priestertum und ordiniertes Amt bei Luther", Marburg 1997).

Woher können die theologischen Laien ihr Rüstzeug erhalten? Leistet das die Konfirmation? Jeder hat seine persönlichen Erfahrungen gemacht mit seinem Konfirmandenunterricht und den „theologischen" Resultaten. Wir können nur für das Heute urteilen und wissen nicht, was der Konfirmandenunterricht in der Vergangenheit bedeutet hat. Den Religionsunterricht, soweit er besucht wird, bewerten die Teilnehmer heute generell positiv. Aber: „Eine Verbesserung des Kirchenverhältnisses oder eine größere Nähe zum christlichen Glauben bewirkt der Religionsunterricht nach der Sicht der Befragten (aller Altersgruppen) am wenigsten" (Fremde Heimat Kirche, S. 104 f).

Wenn die evangelischen Christen zum Gottesdienst gehen, in der Kirche mitarbeiten, tun sie das ohne klare theologische Fundamente. Insofern vertrauen sie ihren Pfarrern.

„Auch im Erfahrungsraum des Konfirmandenunterrichts … erreicht der direkte positive Einfluß auf die Beziehung zur Kirche nur einen geringen Stellenwert."

„Auch die Wirkung einer größeren Glaubensnähe zählt nicht zu den vorrangigen Erfahrungen, die dem Konfirmandenunterricht zugeschrieben werden" (aaO, S. 105). Damit bleibt die praktisch letzte Möglichkeit aller Evangelischen, ihren Glauben und ihre Bande an die Kirche zu festigen, ohne echte Ergebnisse. Wenn sie zum Gottesdienst gehen, in der Kirche mitarbeiten, tun sie das ohne klare theologische Fundamente. Insofern vertrauen sie ihren Pfarrern.

Die Pfarrer waren über die Jahrhunderte die Träger der evangelischen Theologie. Für das Kirchenvolk fand sie ihren Ausdruck im Glaubensbekenntnis und im Vaterunser, die in jedem Gottesdienst laut, von jedem mitgesprochen, bekannt wurden. Die Zehn Gebote waren unverzichtbarer Teil jeder christlichen Unterweisung. Daran hat sich bis heute auch nichts geändert. Allerdings glaubt ein wesentlicher Teil der amtierenden Pfarrer und ein überwältigender Prozentsatz der angehenden Theologen nicht mehr an diese Glaubensgrundlagen. Einer von ihnen hat sogar erklärt, dass er bei seinen Worten im Gottesdienst lügt. „Ich glaube ..." ist für ihn eine Lüge, weil er das, was er bekennt, nicht glaubt, also die Gemeinde anlügt.

Die Brüche der evangelischen Theologie sind gewaltig. Das wirft die „Frage auf, wie die Kirchen mit der Diskrepanz zwischen dem, was sie lehren und dem was selbst die Glaubenslehrer und -lehrerinnen in Kirche und Gemeinde wirklich glauben, künftig umgehen wollen?" (Jörns, aaO, S. 210).

„Das traditionell Christliche macht nicht mehr als nur noch einen Bodensatz aus" (aaO, S. 211). Die Forderungen, die Jörns daraus ableitet, sind weitreichend. Die Rückkehr zu den traditionellen Glaubensüberzeugungen hält er für unmöglich. „Sie müßten gegen die Position großer Teile der jetzigen wie der kommenden Generation von Pfarrern und Pfarrerinnen (durchgesetzt werden) – ein hoffnungsloses Unterfangen." Deshalb fordert er die „Revision unserer theologischen Tradition" (aaO, S. 228). Dass diese Revision einem Totalabbruch nahekommt, muss Jörns wissen. Die EKD stellt sich aus guten Gründen einer solchen lebensgefährlichen Diskussion nicht. Es wird moderiert und zugekleistert. Immer wieder werden die Theologen von ihren Bischöfen und Präsides aufgefordert, doch die Auseinandersetzungen um den richtigen Weg der Kirche in die Zukunft einzustellen, das heißt doch, vor der Öffentlichkeit und den Mitgliedern den tatsächlichen inneren Zustand der Kirche zu verbergen.

Sicherlich haben die gesellschaftlichen Entwicklungen, die Pluralisierung, Konsequenzen für die innere Entwicklung der Evangelischen Landeskirchen gehabt. Sie versuchen als gesellschaftliche Großorganisationen, ihre Mitglieder zu erreichen, sie an ihrer Kirchenmitgliedschaft interessiert zu halten. Doch die eigentliche Ursache für den innerkirchlichen Verlust dessen, was Jörns „das traditionell Christliche" nennt, sind die Glaubensüberzeugungen der Mehrheit der Pfarrer. Sie sind es, die sich dem Zeitgeist ergeben haben. Sie führen ihre Kirche in die Irre.

Bischof Huber („Kirche in der Zeitenwende") spricht diese Problematik durchaus an. Doch wenn es um die Frage geht, wie es mit der Kirche weitergehen soll, bleibt er sehr kurz und sehr allgemein. „Der erste Satz über die Kirche der Zukunft heißt: Sie soll nicht müde werden, das Evangelium zu verkünden" (aaO, S. 238). Doch was das konkret bedeutet, verschweigt er uns. Ich habe dafür Verständnis. Er will es nicht sein, der die Lunte am Pulverfass Kirche zünden will.

Jörns erwartet, „dass es bald auch in Deutschland keine Seltenheit mehr sein wird, dass Menschen im Laufe ihres Lebens offen den Glaubenstyp, die Konfession oder auch die Religionsgemeinschaft wechseln wollen, weil sie dort, wo sie aufgewachsen und sozialisiert worden sind, nicht mehr die ihnen angemessene religiöse Lebensform finden, sondern anderswo – ohne dabei das Gefühl zu haben, Gott oder gar

‚die wahre Religion' zu verraten. Und die Religionsgemeinschaften werden vor der Frage stehen, wie sie mit solchen temporären Mitgliedschaften umgehen wollen" (aaO, S. 222).

Es sind die Pfarrer, die unsere Glaubensüberzeugungen relativieren, sogar infrage stellen, und damit auch ihre Bindekraft für die Kirche. Sie machen den Weg frei für die theologische „freie Auswahl" und die Beliebigkeit dessen, was wir Menschen glauben. Dann aber können wir es doch auch mal bei der Konkurenz versuchen.

Die Großorganisation Landeskirche hat längst aufgehört, theologische Gemeinsamkeit zu wollen. Wenn also Gläubige wechseln wollen, könnten sie das innerhalb dieses Verbundes und sie könnten dennoch auf einem andern Stern landen. Wenn sie allerdings in größerer Zahl die Konfession oder die Religionsgemeinschaft wechseln, später aber zurückkehren, können sie die beteiligten Religionsgemeinschaften vor beachtliche materielle Probleme stellen. Die Landeskirche müsste zusätzliche Sparbeschlüsse fassen und unter Umständen später wieder revidieren. Das mag noch hingehen. Denn angenehme Nachrichten dieser Art erfreuen. Schwieriger wären solche „Wanderungen" für kleinere Freikirchen abzufedern.

6.
Kirchensteuern

Das Sorgenkind

Die Kirchensteuer ist das zentrale Element der Finanzierung der beiden Großkirchen in Deutschland. Sie ist aber gleichzeitig auch ihr Sorgenkind. Ihre Koppelung an die Lohn- und Einkommenssteuer macht ihren Ertrag abhängig von der staatlichen Steuerpolitik. Steuersenkungen bei dieser direkten Steuer schmälern ihren Ertrag ebenso wie die Höhe der Zahl der Arbeitslosen und die Tatsache, dass Millionen von Sozialrentnern normalerweise keine Einkommenssteuer und damit auch keine Kirchensteuer bezahlen. Die Alten nehmen aber die Betreuung ihrer Kirche in besonderem Maß in Anspruch.

Natürlich könnten die Kirchen den Hebesatz der Kirchensteuer – ihren prozentualen Zuschlag zur individuellen Lohn- und Einkommenssteuer – so erhöhen, dass Einnahmeverluste ausgeglichen werden und eingetretene Erhöhungen der Personal- und Sachkosten finanziert werden können. Doch an dieses heiße Eisen wagt man sich nicht heran. Man hat Angst, dass Kirchensteuerzahler ihre Mitgliedschaft kündigen, wenn ihnen der Staat ganz allgemein mehr Geld abknöpft – quasi um netto in etwa das Gleiche im Portemonnaie zu behalten. Fair ist das nicht, zeigt aber, welchen Stellenwert für sie ihre Kirchenmitgliedschaft noch hat. Wenn aber die Kirchen selbst die Auslöser von Steuererhöhungen wären, würde die Reaktion ihrer Mitglieder weitaus heftiger ausfallen. Dann treten zahlende Mitglieder aus, die sich innerlich bereits von den geistlichen Inhalten der evangelischen Botschaft gelöst, aber den letzten Schritt auf das Einwohnermeldeamt noch nicht getan haben.

Nur ein Drittel der evangelischen Mitglieder zahlen Kirchensteuer. Deshalb ist es in fast allen der 24 Landes-kirchen rechtlich möglich, dass die Gemeinden von Mitglie-dern, die ein eigenes Einkommen beziehen, aber keine Lohn- und Einkommenssteuer zahlen, ein allgemeines Kirchgeld erheben. Übermäßig erfolgreich und energisch wird diese mögliche Einnahmequelle allerdings nicht erschlossen. Soweit es überhaupt Zahlen gibt, wird deutlich, wie nachlässig vor Ort mit diesem bereitstehenden Finan-zierungsinstrument umgegangen wird. Die bisher erzielten Erträge erreichen kaum mehr als zwei Prozent des Kirchen-steueraufkommens. Die Gemeinden wissen ganz genau: Wenn sie ihre Rentner, Arbeitslosen, Bezieher niedriger Einkommen, Studenten angehen, werden diese die Kirche verlassen. Freiwillig zahlen wollen nur wenige.

Die Kirchensteuer ist besonders unbeliebt. Das hat sie mit allen staatlichen Zwangsabgaben gemein. Es ist aber zu erwarten, dass die Aufgabe der Kirchensteuerpflicht und ihre Ersetzung durch freiwillige Beiträge der Kirchenmit-glieder zu entsprechenden negativen Reaktionen der jetzt Zahlenden führen würde. Matthias Horx („Vom Klingel-beutel zum Profitcenter, Strategien und Modelle für das Un-ternehmen Kirche", Verlag Deutsches Sonntagsblatt, 1997, S. 31) kommt zum Ergebnis, dass sich dann die Mitglied-schaft der beiden Großkirchen bei einem Anteil von etwa 15 Prozent an der Bevölkerung unseres Landes einpendeln wird. Derzeit stellt sich die Religionszugehörigkeit in Deutschland so dar: Knapp 33 Prozent sind römisch-katho-lisch, gut 32,5 Prozent landeskirchlich evangelisch. Fast 4 Prozent sind Moslems, gut ein Prozent sind Mitglieder einer evangelischen Freikirche. Gut 29 Prozent sind ohne Bekenntnis. Sollten die Annahmen von Horx eintreten, würden die beiden Großkirchen bei der Abschaffung der Kirchensteuer etwa 75 Prozent ihrer Mitglieder verlieren. Während Horx dadurch eine Revitalisierung der Kirchen durch eine kleine aber engagierte Mitgliedschaft erwartet, lehnen die Theologen solche Überlegungen ab: „Die Mitglieder werden aber nicht dadurch aktiv, dass die Kirchensteuer abgeschafft wird."

„Die Erfahrungen der Kirchen in der DDR zeigen, dass die Schrumpfung der Volkskirche keineswegs eine lebendige Volkskirche entstehen läßt" (Eberhard Winkler, „Gemeinde zwischen Volkskirche und Diaspora", Neukirchen, 1998, S. 21). Es soll also alles so bleiben, wie es ist. Die Landeskirchen schweigen Alternativen zur Kirchensteuer einfach tot, auch wenn sie nicht umhin kommen, ihren Finanzproblemen durch fortlaufende Sparmaßnahmen zu begegnen.

Die Kirchensteuer macht derzeit noch einen Anteil von etwa 55 Prozent am gesamten Finanzaufkommen der Landeskirchen aus. Dazu kommen drei Prozent durch Kirchgeld, Spenden und Kollekten. Staatliche Zuschüsse und Staatsleistungen bringen 15 Prozent des kirchlichen Finanzaufkommens. Der Rest fließt aus Entgelten und Gebühren und aus Vermögenserträgen (Wolfgang Huber, „Kirche in der Zeitenwende", Gütersloh 1999, S. 253). Da die Zahl der Kirchenmitglieder bei den deutschen evangelischen Landeskirchen – Netto-Austritte minus Kircheneintritte – über die Jahre pro annum um ein Prozent zurückgeht (aaO, S. 228), wird das „Standbein" Kirchensteuer weiterhin geschwächt. Denn die „belastungsfreien" Alten bleiben drin. Austritte bedeuten Einnahmeverluste. Vor allem die 40- bis 60- Jährigen, beruflich Aktiven, verlassen die Kirchen. Die beiden großen Kirchen halten am System der Kirchensteuer fest. Es ist grundgesetzlich abgesichert durch den Artikel 140, der entsprechende Regelungen der Weimarer Verfassung übernimmt.

Weltweit unterscheiden wir drei Finanzierungssysteme kirchlicher Arbeit: Durch Spenden und Kollekten, so in den USA, durch Kirchenbeiträge, so in Österreich, durch Kirchensteuern, so in Deutschland. Die Staatskirchen in Skandinavien werden aus dem Steueraufkommen finanziert, so in Schweden. In der Realität vermischen sich diese Systeme. Überall sind die jeweiligen Zahlungen steuerlich absetzbar. Die Kirchen sind bei ihren Aktivitäten und ihren Vermögenserträgen von der Steuer befreit. Sie erhalten Staatszuschüsse für ihre sozialen Aktivitäten, ihre Konfessionsschulen und den Erhalt ihrer Bausubstanz, insbesondere der wertvollen Kirchenbauten. In vielen Ländern Europas finanziert der Staat die theologische Ausbildung an den Universitäten und den Religionsunterricht in den Schulen.

Und dennoch sind die Unterschiede, insbesondere aber die Konsequenzen zwischen den spenden- und den steuerfinanzierten Kirchen beachtlich. Falsch ist die Behauptung, den steuerfinanzierten Kirchen gehe es generell materiell besser als den von Spenden und Kollekten abhängigen Gemeinden und ihren überregionalen Zusammenschlüssen. Das lebendige Christentum in den USA schafft eine freiwillig finanzierte kirchliche Landschaft, die bunt ist, immer neuen Entwicklungen Raum gibt und die Kirchen zum Wettbewerb um ihre Klientel veranlasst. In Frankreich dagegen befindet sich die herrschende katholische Kirche – 94 Prozent aller Franzosen gehören ihr an – in einer finanziellen Notlage.

Dieser Prozentsatz der Kirchenmitglieder ist ohne Aussagekraft, denn eine staatlich registrierte Zahlungspflicht gibt es nicht und damit auch keine verbindlichen Zahlen über die Kirchenmitgliedschaft. Die katholische Kirche Frankreichs muss sich im Wesentlichen aus Spenden und Kollekten finanzieren (75 Prozent). Die restlichen Einnahmen kommen aus dem freiwilligen Kultbeitrag zur Finanzierung des Klerus. Nur im ehemaligen deutschen Elsaß-Lothringen geht es der

Kirche wesentlich besser. Dort gilt weiterhin im Prinzip das deutsche Finanzierungssystem.

Bei uns halten die beiden Großkirchen eisern an ihrem grundgesetzlich geschützten Kirchensteuersystem fest. Die vermuteten theologischen Vorteile dieses Systems werden sehr stark in den Vordergrund gerückt. So gebe es keine Abhängigkeit von reichen Spendern in Glaubensfragen und in der inneren Verfassung der Gemeinden. Die Gemeinden könnten durch das zentralisierte Inkasso der Kirchensteuer gleichmäßig mit Finanzmitteln und mit Personal bedacht werden. Die Pastoren könnten ihre wertvolle und knappe Zeit für die Seelsorge einsetzen und müssten sie nicht mit dem Inkasso und dem Geldeintreiben verplempern.

Das sind nur vorgeschobene Argumente. Ehrlicher wäre es, kühl darauf hinzuweisen, dass unser Kirchensteuersystem die Lauen zum Zahlen bringt. Insbesondere in kleinstädtischen und ländlichen Strukturen wagt man noch nicht den Austritt. Aber freiwillig zahlen würde man auch nicht. Außerdem sind viele Menschen vorsichtig. „Da könnte doch etwas dran sein. Ich will doch nicht den Himmel verspielen und auf Erden Pech haben."

Freunde von mir zahlen, weil sie wollen, dass sie ein Pastor beerdigt. „Die können das besser. Und das ist mir das Geld wert."

Diese passiven Mitglieder sind angenehm. Viel Aufwand verlangen sie nicht. Ihre Kirchensteuerzahlungen fließen regelmäßig. Notfalls treibt der Staat die geschuldete Kirchensteuer im Wege des Verwaltungszwanges ohne vorherige Klageerhebung ein. Mit diesem peinlichen Geschäft haben die beiden Großkirchen nichts zu tun. Das Unangenehme ist, dass die Zahl dieser Mitglieder zwar langsam aber stetig zurückgeht und so die Kirchenleitungen unter einen permanenten Spardruck hält. Denn bisher ist es nicht gelungen, zusätzliche Finanzquellen zu erschließen, die einen halbwegs sicheren Ersatz liefern könnten.

Zahlen ohne Einfluss

Zutreffend ist, dass nur die deutsche Art der Finanzierung den Einfluss der Kirchenmitglieder auf die inneren Strukturen und die Glaubensfragen minimieren kann. Der Zentralismus der römisch-katholischen Kirche könnte deren Druck vor Ort durch die direkt an ihre Gemeinden Zahlenden noch am ehesten widerstehen. Doch selbst sie kommt in einer Bewertung des US-Systems der Kirchenfinanzierung auf freiwilliger Basis zu einem negativen Ergebnis. „Auch können die Geistlichen ... nicht immer all das sagen, was ihnen von ihrem priesterlichen Amt her aufgetragen ist, weil ihnen möglicherweise der Entzug finanzieller Mittel droht" (Aufgaben der Kirche in Staat und Gesellschaft, Gemeinsame Synode der Bistümer in der Bundesrepublik – zitiert nach Heiner Marrè, „Die Kirchenfinanzierung in Kirche und Staat der Gegenwart", Essen 1991, S. 93).

So wird der Eindruck erweckt, als ginge es um die theologische Gewissensfreiheit der (katholischen) Geistlichen. Tatsächlich könnte die Finanzierung der Kirchen über Spenden und Kollekten den Kirchenmitgliedern Hebel in die Hand geben, Reformforderungen geltend zu machen, die Rom nicht will. Der geistliche Zentralismus und die finanzielle Gängelung der Gemeinden in Deutschland durch die zentrale Vereinnahmung der Kirchensteuern und ihre Verteilung nach unten ergänzen sich gut. Denn Gläubiger der Kirchensteuer sind eben nicht die Kirchengemeinden, sondern die Kirchenkreise der Landeskirchen bzw. die Diözesen.

Bemerkenswert ist, dass das Modell der Kirchensteuer empfohlen wird für die Förderung anderer gesellschaftlicher Großgruppen, „wenn diese einen für eine solche intendanturartige Hilfestellung des Staates ‚lohnenden' Mitgliederbestand aufweisen" (Klaus Meyer-Teschendorf, „Staat und Kirche im pluralistischen Gemeinwesen", Tübingen 1979, S. 198). Das wäre eine feine Sache für die Parteien, Gewerkschaften, das Rote Kreuz u.a. Die Höhe des Steuersatzes beschließt der Verband aufgrund seines Finanzbedarfs. Der Staat muss zwar die Höhe des Steuersatzes akzeptieren. Ansonsten kassiert er bei den Mitgliedern des jeweiligen Verbandes anlässlich der Steuereintreibung natürlich gegen Gebühr.

So absurd sich solche Vorstellungen ausnehmen: In der Realität finden wir sie wenigstens in Ansätzen. Die Parteienfinanzierung besteht nicht nur aus einem Festbetrag pro erhaltener Wahlstimme. Auf jeden Spenden- und Beitragsbetrag legt der Fiskus noch einmal die gleiche Summe drauf. Die Parteienfinanzierung – in toto pro annum rund 750 Millionen Euro (Hans Herbert von Arnim, „Die Partei, der Abgeordnete und das Geld", München 1996, S. 186 ff) – macht unsere Politiker und ihre Organisationen auf diese Weise resistent gegen die Überzeugungen und Forderungen ihrer Mitglieder.

In vielen Großbetrieben werden die Gewerkschaftsbeiträge zusammen mit dem Lohn einbehalten und anschließend direkt auf die Gewerkschaftskonten weitergeleitet. Für den Arbeitnehmer ist es allerdings nicht egal, ob sein Bruttolohn neben der Lohnsteuer um Kirchensteuer und Gewerkschaftsbeitrag gekürzt wird. Mitbestimmungsrechte leiten sich daraus für ihn nicht ab. Bezeichnend ist, dass die Mitgliedschaft in der Gewerkschaft beim Ausscheiden aus dem aktiven Berufsleben fast immer endet. Man verliert aus naheliegenden Gründen das Interesse aneinander. Die Gewerkschaft will sich nicht mit dem individuellen Inkasso aufhalten. Der Rentner ist aus seiner Sicht froh, eine Zwangsmitgliedschaft loszuwerden.

All das sind Manifestationen eines Verbändestaates, in dem sich Großorganisationen zu Lasten der individuellen Entscheidungsfreiheit der Bürger Einfluss und als Basis dafür beträchtliche Finanzmittel verschaffen wollen. Naiv wäre es, sich eine demokratische Gesellschaft vorzustellen, die ohne Parteien, Gewerkschaften und andere Großverbände funktionieren könnte. Gefährlich werden sie, wenn ihre inneren Strukturen vor allem dem Machterhalt dienen und ihre Finanzierung so organisiert ist, dass sie sich faktisch lösen kann vom Willen eines beachtlichen Teils ihrer Mitglieder.

Die Menschen verlassen die Kirchen

Nach dem Selbstverständnis der Kirchen ist die Kirchenmitgliedschaft keine Zwangsmitgliedschaft. Durch die Taufe wird der Mensch Teil der Gemeinde, der „Gemeinschaft der Heiligen". Dieser Schritt beruht auch bei der Kindertaufe auf einer freien individuellen Willensentscheidung der Eltern, die der Täufling, religionsmündig geworden, für sich übernimmt. Der Mensch kann diese Bindung an Gott nicht lösen. Die Kirchen kennen aufgrund ihres Selbstverständnisses keine Aufkündigung der Kirchenmitgliedschaft (Marrè, aaO, S. 45). Das Recht, aus der Kirche auszutreten, ist dagegen ein staatliches Institut, das der religiös neutrale Staat seinen Bürgern einräumt, um sie speziell von der Zahlung der Kirchensteuer zu befreien. Was dieser gegenüber den staatlichen Stellen bekundete Wille zum Kirchenaustritt im Innenverhältnis Kirche und Bürger bedeutet, geht den Staat nichts an.

Im Gegensatz zu vielen christlichen Ländern lässt sich in Deutschland der Anteil der „Kirchensteuer-Christen", d.h. die Zahl der Mitglieder der Evangelischen und der Katholischen Kirche im Verhältnis zur Gesamtbevölkerung, ziemlich genau bestimmen. Auch die römisch-katholische Kirche verliert in Deutschland Mitglieder, im langjährigen Durchschnitt pro Jahr etwa 0,5 Prozent ihrer Kirchensteuerzahler. Damit ist ihr Mitgliederschwund nur halb so groß wie der der 24 Mitgliedskirchen der EKD. Das bedeutet zweierlei: Deutschland wird zu einem Land deutlich abnehmender Kirchenbindung. Die Mitgliederzahlen der evangelischen Landeskirchen fallen im Stammland der Reformation hinter die römisch-katholische Kirche zurück.

Die Durchschnittszahlen der Mitgliederentwicklung der Evangelischen Kirche in Deutschland sind wenig aussagekräftig. Drastisch unterschiedlich sind nicht nur die Mitgliedszahlen der evangelischen Kirchen in Ost- und in Westdeutschland. Drastisch sind auch die unterschiedlichen Pro-Kopf-Erträge. Im Jahr 2001 belaufen sie sich in Hessen-Nassau auf DM 382,-. An zweiter Stelle liegt die Württembergische Kirche mit DM 364,-.

Obwohl die Pro-Kopf-Einnahmen in beiden Kirchen seit 1999 leicht zurückgehen, liegen sie bei allen westdeutschen deutlich über den Pro-Kopf-Erträgen der ostdeutschen Landeskirchen. Schlusslicht ist Pommern mit einem Pro-Kopf-Aufkommen im Jahr 2001 von DM 113,-. Die anderen ostdeutschen Landeskirchen sind kaum besser dran. Spitzenreiter ist die Sächsische Landeskirche mit DM 162,-.

Seit 1994 hat sich das Pro-Kopf-Aufkommen der Kirchensteuer bei vielen westdeutschen Landeskirchen kaum erhöht, in einigen Fällen (Bremen, Bayern, Nordelbien ...) ist es zurückgegangen. In Ostdeutschland sind die Pro-Kopf-Einnahmen generell rückläufig.

Von 1994 bis 1999 hat sich der durchschnittliche Bruttomonatsverdienst in Deutschland um fast 13 Prozent erhöht. Wenn die Pro-Kopf-Einnahmen aus der Kirchensteuer in diesem Zeitraum bestenfalls stagnierten, ist das ein Indiz dafür, dass vor allem die Aufsteiger und die Besserverdienenden austreten. Denn die Arbeitslosigkeit hat sich in diesem Zeitraum kaum verändert. Die Konsequenzen der Steuerreform 1999 bis 2002 werden noch nicht voll wirksam. Dennoch behält die Kirchensteuer aus der Sicht der Großkirchen ihren zwar verblassenden, aber immer noch beachtlichen finanzpolitischen Charme. Da fließen jährlich viele Milliarden in die Kassen, ohne dass es einer besonderen Anstrengung bedarf. So angenehm das für die Kirchen ist, so sehr müssen andererseits die mittel- und langfristigen Konsequenzen beachtet werden. Sie sind fiskalischer, vor allem aber innerkirchlicher Art.

Die Kirchensteuer behält aus der Sicht der Großkirchen ihren zwar verblassenden, aber immer noch beachtlichen finanzpolitischen Charme. Da fließen jährlich viele Milliarden in die Kassen, ohne dass es einer besonderen Anstrengung bedarf.

„Mitgliederpflege wird in der Evangelischen Kirche noch immer nur in Ansätzen betrieben. Offen und unterschwellig dominiert noch immer der Gedanke, die Menschen müßten zur Kirche kommen, wenn sie von ihr etwas wollen" (Huber, „Kirche in der Zeitenwende", S. 245). Die Assoziation liegt nahe: Steuerzahlung, Behörde, Leistung. Oder wie uns ein bedeutender Hamburger Seelsorger sagt: Seelsorgerische Fürsorge ist eine Hole-, keine Bringeschuld! Man will die seelsorgerische Arbeit nicht mit dem Beibringen des dafür erforderlichen schnöden Mammons belasten.

Wie falsch das nur ist. Wie will eigentlich der Gemeindepastor erfahren, wie es um seine Gemeindemitglieder steht, wenn er mit ihnen nicht redet, auch nicht über Geld. Als wir in der SPD noch das System der Hauskassierer hatten – auch ich habe so angefangen –, hatten unsere Mitglieder zurecht das Gefühl, sie hätten einen lebendigen Draht zur Partei. Und die Funktionäre mussten sich vieles anhören und beachten. Die anonyme Abbuchung der Beiträge hat viel verändert. Die Mitgliedszahlen gehen drastisch zurück. Die Mitglieder sind draußen vor.

Könnten die Pastoren diese Arbeit überhaupt leisten? Ohne einen Helferkreis ginge es nicht. Sind sie dazu überhaupt in der Lage? Und hier liegt das Problem. Aufgrund ihrer psychischen Strukturen, ihrer Ausbildung und ihrem Beamtenstatus können die meisten von ihnen das nicht. Ich weiß es aus vielfältiger eigener Erfahrung: Von Tür zu Tür zu gehen und für eine dem Gegenüber fremde Sache einzutreten, sogar noch um Geld zu bitten, ist eine harte Herausforderung. Ich habe Respekt vor denen, die uns von den Zeugen Jehovas besuchen. Sie sind ihrer Sache sicher. Ihr Glaube trägt sie. Sie können Menschen überzeugen. Sie sind Menschenfischer. Ihre Finanzen stimmen.

Und die Vertreter der Landeskirchen? Gesehen werden sie selten. Neuzugezogene erhalten nur im Ausnahmefall Einladungen von ihrer Gemeinde. Sie haben sich aus der Fläche zurückgezogen auf sicheres Territorium. Das Geld kommt schließlich vom Finanzamt.

Finanzkrise?

Die Vertreter der Landeskirchen haben ihre Strategien geändert. Führten sie bis vor kurzem bewegt Klage über die Entwicklung ihrer Einnahmen, Bischof Huber spricht wie viele andere von einer Finanzkrise: „Die Krise der Kirche wirkt sich vor allem als Finanzkrise aus", (aaO, S. 14), so wird heute weniger deutlich gejammert. Augenscheinlich halten die Kirchenoberen das Bild von einer Kirche im Finanzkollaps für wenig werbewirksam. Außerdem entspricht es auch nicht der Realität.

Der 17. Subventionsbericht der Bundesregierung vom August 1999 (Bundesdrucksache 14/1500) weist aus, dass der Steuerausfall aufgrund der vollen Abzugsfähigkeit der Kirchensteuer als Sonderausgaben von 1997 bis 2000 von 5,8 auf 6,8 Milliarden DM wachsen wird. Dem steht ein entsprechendes Wachstum der Kirchensteuerzahlungen gegenüber, obwohl die Steuersenkungen der Jahre 1999 bis 2002 bei der Lohn- und Einkommenssteuer auch auf die Kirchensteuerzahlungen zurückwirken. Der 18. Subventionsbericht vom Juli 2001 (Bundestagsdrucksache 14/6748) zeigt die weitere Entwicklung auf: Die Steuermindereinnahmen werden aufgrund des Abzugs der Kirchensteuer als Sonderausgaben von 3,3 Milliarden Euro 1999 (6,5 Mrd. DM) bis 2002 auf 3,6 Milliarden Euro (7 Mrd. DM) wachsen. Dass die schwache Konjunktur und damit auch die hohe Arbeitslosigkeit negativ auf die erwarteten Erträge der Lohn- und Einkommenssteuer und damit auf das Aufkommen der Kirchensteuer wirkt, ist systemimmanent. Nach einer Faustregel führt ein um 1 Milliarde Euro geringeres Aufkommen der Lohn- und Einkommenssteuer zu einem Verlust bei der Kirchensteuer in Höhe von 58 Millionen Euro.

Bundesfinanzminister Hans Eichel beantwortet im September 2000 bewegte Klagen des Evangelischen Arbeitskreises der CSU über ein finanzielles Ausbluten der Kirchen durch die Steuerreform. „Auch nach Inkrafttreten des Steuersenkungsgesetzes steigt das Kirchensteueraufkommen mittel- und langfristig weiter. Auf der Grundlage des neuen Rechts zeigt sich ein Wachstum des Kirchensteueraufkommens von heute (2000) 17,29 Mrd. DM auf rund 20 Mrd. DM in 2006."

Die Bundesregierung tut im Übrigen, was sie kann, um die Ausfälle bei der Kirchensteuer in Grenzen zu halten. Mit zwei Änderungen an der im November 2000 beschlossenen Steuerreform hat der Bundestag die Auswirkungen auf die Höhe der Kirchensteuereinnahmen so verringert, dass das jährliche Minus für die beiden Großkirchen um eine Milliarde DM kleiner wird.

Unser Staat lässt die beiden Großkirchen nicht verkommen. Neben den steuerbegünstigten Kirchensteuereinnahmen können die Geber ihre Spenden steuerlich geltend machen, wenigstens im Rahmen gesetzlich vorgegebener Obergrenzen. Die Einkünfte der Kirchen aus Kapitalvermögen sind steuerfrei. Als Körperschaften des öffentlichen Rechts zahlen sie keine Körperschaftssteuer. Sie zahlen keine Grundsteuer. Für sie gilt eine generelle Befreiung von der Erbschafts- und Schenkungssteuer.

Für ihr weit gespanntes Netz ihrer Sozialeinrichtungen – Kindergärten, Altenheime, Krankenhäuser – zahlen der Staat und die Benutzer bis zu 95 Prozent der anfallenden Kosten. Insofern werden die Kirchensteuerzahler systematisch belogen, wenn ihnen vorgegaukelt wird, nur durch ihre Zahlungen würde die sozialkaritative Arbeit der beiden Großkirchen ermöglicht (Marrè, aaO, S. 60, Eberhard Winkler „Gemeinde zwischen Volkskirche und Diaspora", Neukirchen 1998, S. 203). Pro Jahr erhalten die Kirchen aus den Haushalten von Bund, Ländern und Gemeinden rund sechs Milliarden Euro an Zuschüssen für ihre vielfältigen Aktivitäten. Die Steuerzahler, ob Kirchenmitglieder oder nicht, zahlen. Auf die Verwendung der Mittel haben sie keinerlei Einfluss.

Die beiden Großkirchen besitzen ein Immobilienvermögen von vielen Milliarden Euro. Ein beträchtlicher Teil kann mobilisiert werden, ohne die Arbeit der Kirchen zu behindern. Viele Pastorate werden nicht mehr benötigt. Gemeindesäle, auch Kirchenbauten werden nicht mehr genutzt. Diese Immobilien können umgebaut, abgerissen werden, um einer neuen Nutzung zugeführt zu werden. Bei klugem Management können insbesondere in städtischen Lagen Erträge erwirtschaftet werden, die beträchtlich sind. Allerdings können solche Transaktionen nicht Kirchenvorständen und Pastoren überlassen werden, die die endlose Debatte über drittklassige Fragen gewöhnt sind, aber keine Erfahrungen mit den Immobilienmärkten haben.

Eigentlich müssten die beiden deutschen Großkirchen reich sein, wenigstens im Vergleich zu den anderen Kirchen in der Welt. Ihre Einnahmen sind es nicht, die sie in ihre finanzielle Schieflage bringen. Die Evangelischen Landeskirchen nehmen im Jahre 1999 rund 8,5 Mrd. DM Kirchensteuern ein, 5,6 Prozent mehr als im Vorjahr, ohne allerdings das Niveau von 1995 zu erreichen. Im Jahre 2000 fließen der EKD 8,57 Mrd. DM an Kirchensteuern zu. Dann geht es bergab. Für 2001 sind es weniger als 8 Milliarden DM. Danach wird es noch enger. Die anhaltend hohe Arbeitslosigkeit hinterlässt Spuren.

Die Kirche hält an ihren Verwaltungsstrukturen fest, ohne dass sie einen entsprechenden Beitrag für die Arbeit vor Ort leisten. So wird vor allem dort gespart, wo die Kirche mit den Menschen in Berührung kommt.

Es sind die Ausgaben, die sie nicht in den Griff bekommen. Die westdeutschen Landeskirchen zahlen mit Abstand die höchsten Beiträge für den Weltrat der Kirchen, die Konferenz Europäischer Kirchen, den Lutherischen Weltbund. Sie leisten sich Akademien in großer Zahl und haben viele Millionen verpulvert, ehe sie sich von ihren hochdefizitären Publikationen getrennt haben. Das Deutsche Allgemeine Sonntagsblatt hat bis zu seiner Einstellung im Jahre 1998 rund 200 Millionen DM an Zuschüssen verzehrt. Die Kirche hält an ihren Verwaltungsstrukturen fest, ohne dass sie einen entsprechenden Beitrag für die Arbeit vor Ort leisten. So wird vor allem dort gespart, wo die Kirche mit den Menschen in Berührung kommt.

Die Kosten der EKD und ihrer Landeskirchen bestehen zu mehr als 60 Prozent aus Personalausgaben. Das ist angesichts des Auftrages der Verkündigung von Gottes Wort sicherlich nicht zu viel. Doch ein wesentlicher Teil dieser Mittel wird von Instanzen, Behörden und übergemeindlichen Einrichtungen aufgezehrt. Diese Mittel fehlen vor Ort. „Parkinsons Gesetz hat auch die Kirchenämter erfaßt und alles Bemühen, die Verwaltung der Verkündigung dienstbar zu halten, in Frage gestellt" (Josuttis, aaO, S. 124).

„Das Verhältnis von primären und sekundären Ämtern hat die sachlich vertretbare Balance verloren. ... Der Abbau von Stellen muss auf jeden Fall im Sekundärbereich der Amtskirche beginnen, also in den Landeskirchenämtern, in den übergemeindlichen Einrichtungen, in Fortbildungsinstituten, in Tagungsstätten und Freizeitheimen" (Josuttis, aaO, S. 132). Genau das aber passiert so langsam, dass diese großen Sparpotentiale nicht angepackt werden. Wolfgang Huber widmet diesem Problem in seinem Buch „Kirche in der Zeitenwende" gerade 1 1/2 Seiten und flugs ist er wieder im Bereich der schönen Worte (aaO, S. 232 f).

Die Kirchen sind in einer Zwickmühle. Die Erträge aus der Kirchensteuer werden zwar nicht dramatisch weg brechen. Doch selbst wenn sie nominell wachsen, verlangen sie wegen der Dynamik des Wachstums der Ausgaben, insbesondere der Personalausgaben, einen fortlaufenden Prozess der Einsparungen. Dieser Prozess vollzieht sich derzeit ohne Sachlogik und ohne klare Prinzipien. Das liegt daran, dass die Landeskirchen trotz des horizontalen Finanzausgleichs zugunsten der finanzschwachen Ostkirchen unterschiedlich gut dastehen. Im Osten ist die Not trotz der aus Westdeutschland fließenden Finanzhilfen so groß, dass sie alle Aktivitäten lähmt. Im Westen können manche Landeskirchen noch gut leben.

Hinzu kommt die starke Stellung der Bürokratien. Bisher haben sie es gut verstanden, den Spardruck an die Gemeinden weiterzuleiten. Wesentlicher ist aber, dass der Rückgang der Einnahmen so gering ist, dass sich ein Durchwursteln geradezu anbietet. Dennoch sind die Konsequenzen der aktuellen und der zukünftigen Finanzentwicklung der EKD in einem Punkt spürbar und besorgniserregend. Die Zahl der Studierenden im Bereich Evangelische Theologie geht deutlich zurück. Wohl auch deswegen, weil ihre materielle Absicherung für ihr Berufsleben nicht gesichert ist.

Die Krisenzeichen mehren sich. Jedes Jahr verabschieden

sich mehrere 100.000 Kirchenmitglieder. Der Kirchenbesuch geht zurück. Die Finanzen reichen nicht. Und dennoch nehmen die beiden Großkirchen eine Stellung ein in Staat und Gesellschaft, in den Rundfunkräten, den Kommissionen des Staates, die sie ableiten aus ihrem Anspruch, die große Mehrheit der Deutschen christlich zu vertreten. Auch deshalb werden die Menetekel verdrängt. Für diese anmaßenden Großorganisationen gibt es keine Alternative als die des sich Durchmogelns.

Ertragsstarke Alternativen zur Kirchensteuer werden nicht gesucht. Die immer wieder ins Gespräch gebrachte obligatorische Kultur- oder Sozialsteuer nach italienischem Vorbild gibt den Steuerzahlern das Recht zu entscheiden, wer seine Zahlung erhält: Die Kirchen, das Rote Kreuz oder Greenpeace. Und schon bräche der trügerische Glanz der großen Volkskirchen zusammen. Sie wären finanziell ruiniert. Pastoren sagen uns: Für mein Leben reicht es. Das ist wohl richtig. Und wer denkt schon in längeren Zeiträumen, selbst wenn es um die ewige Kirche geht? Pastoren sind auch nur Menschen.

Doch der Weg ist klar vorgezeichnet: Die Landeskirchen werden nicht nur theologisch zerbröseln. Unter dem löchrigen Dach wird alles möglich. Sie kommen auch finanziell in schwieriges Wasser. Armen Gemeinden mit harten Sparauflagen und Zwangsvereinigungen mit ihren ebenfalls notleidenden Nachbarn stehen bereits heute wohlhabende Gemeinden mit ertragsstarkem Immobilienbesitz gegenüber. Der hochgelobte Finanzausgleich funktioniert längst nicht mehr. Diese Entwicklung wird sich weiter verschärfen. Das Ende ist offen. Wahrscheinlich werden sich Strukturen herausbilden, die denen der Freikirchen nicht unähnlich sind.

Die Freikirchen

Die Freikirchen finanzieren sich ausschließlich aus den Zahlungen ihrer Mitglieder. „Die Kirche erhält sich selbst aus Beiträgen, Kollekten und Spenden ihrer Glieder. Jedes Gemeindeglied mit eigenem Einkommen ist nach Gottes Wort verpflichtet, angemessen dazu beizutragen" (Grundordnung der Selbstständig Evangelisch Lutherischen Kirche, SELK, Art. 9). Diese Formulierungen bedeuten nicht, dass von den Mitgliedern dieser Freikirche ein fester Prozentsatz des Einkommens zu zahlen ist. Wenn überhaupt Anhaltspunkte über die Höhe der Zahlungen angeboten werden, dann durch den Hinweis auf die Höhe der Zahlungen, die für die Landeskirchen fällig würden. Säumigen Zahlern wird auf die Sprünge geholfen. Anhaltende Verweigerung kann zur Trennung führen.

Die Gemeinden müssen pro konfirmiertem Mitglied einen festgesetzten Satz an die Zentrale der SELK abführen. Aus diesen Einnahmen werden auch die Pastoren besoldet, so dass sie einheitlich bezahlt werden – deutlich niedriger als ihre Kollegen bei den Landeskirchen – und so jede direkte materielle Abhängigkeit von ihrer Gemeinde vermieden wird.

Natürlich regeln alle Freikirchen ihre Finanzbeziehungen zu ihren Mitgliedern und innerhalb ihrer Kirche unterschiedlich. Viele von ihnen verlangen von ihren Gliedern ein wesentlich höheres Engagement. Doch allen ist eins gemeinsam: Die finanzielle Opferbereitschaft ihrer Gemeindeglieder ist eindrucksvoll. Unüberwindbare materielle Probleme haben sie nicht. Die Bereitschaft zum Zahlen korrespondiert mit einem großen Engagement, am kirchlichen, insbesondere am Gemeindeleben teilzunehmen. Es ist keineswegs ungewöhnlich, dass weniger als 100 Mitglieder neben den laufenden Kosten ihrer Gemeinde eine Pastorenstelle finanzieren.

Und dennoch stellen Finanzfragen die Freikirchen immer

wieder vor große Probleme. Können sie neue, als notwendig angesehene Aufgaben bewältigen, wenn nicht entsprechend die Mitgliederzahlen steigen und das finanzielle Engagement des Einzelnen wächst? Was macht eine Freikirche, wenn sie von einem ihrer Mitglieder pro Jahr viele Hunderttausende erhält, der seine Millionen als einer der größten Sexanbieter verdient? Soll sie diesen Menschen „anpacken", da er eklatant und seit vielen Jahren gegen ihre moralischen Grundsätze verstößt?

Pecunia non olet. Bei dieser Freikirche ist Kirchenzucht möglich, die bis zum Kirchenausschluss gehen kann. Dazu idea (Ausgabe 26/2002) im Gespräch mit der zuständigen Kirchenleitung: „Im seelsorgerlichen Gespräch werde das beanstandete Verhalten mit dem Ziel erörtert, eine Änderung herbeizuführen. Dabei geht die Kirchenleitung davon aus, dass nach evangelischem Verständnis jeder Christ Sünder und immer auf Gottes Gnade angewiesen sei und man bei prominenten Mitgliedern keine strengeren Maßstäbe als bei anderen Christen anlegen dürfe. ‚Wir lassen uns in unserer Theologie nicht von der Öffentlichkeit beeinflussen.'"

Besonders der letzte Satz verlangt Beachtung. Niemand verlangt doch, dass diese Freikirche ihre strengen Moralvorstellungen modifiziert. Im Gegenteil. Sie ist aufgefordert, um ihrer Glaubwürdigkeit wegen zu handeln. Matthäus 18,15 oder 1. Korinther 1,5 weisen den Weg. Wie sollen Gemeindemitglieder dieses Verhalten verstehen? Und damit hat das Dilemma eine andere Ebene erreicht. Es ist aber nicht verschwunden. Denn Sünde bleibt Sünde. Jede christliche Kirche muss sich an den Vorgaben des Neuen Testaments messen lassen. Das obige Zitat zeigt zudem, dass es eine fatale Neigung gibt, dem Weg der Landeskirchen zu folgen und Probleme einfach wegzuschieben.

„1991 kamen in den deutschen Landeskirchen auf eine besetzte Gemeindepfarrstelle durchschnittlich 1.670 Gemeindeglieder, wobei erhebliche Unterschiede zwischen Stadt- und

Landgemeinden sowie zwischen östlichen und westlichen Kirchen bestanden. Diese Zahl könnte sich bis heute leicht erhöht haben, da Stellen eingespart wurden, doch dürfte sich das durch die weiter schrumpfenden Mitgliederzahlen nahezu ausgleichen" (Winkler, aaO, S. 156).

Eine intensive, selbst eine nur gelegentliche Kontaktaufnahme ist bei solchen Relationen nicht möglich. Das allerdings wird auch nicht erwartet. Bei Beerdigungen soll der Pastor kommen und ihm völlig Unbekannte christlich zur letzten Ruhe begleiten. In Hamburg ist nicht einmal das unabdingbar. Das Friedhofspfarramt schickt anonyme Pastoren zu anonymen Kirchensteuerzahlern, damit sie ihre kirchliche Beerdigung erhalten.

Der Pfarrer der Landeskirche kennt nur wenige seiner Gemeindeglieder. Wenn es 10 von Hundert sind, wäre es viel. Die anderen bleiben sich selbst überlassen. Das können und wollen sich die Freikirchen nicht leisten. Die Finanzierung hat also direkte Konsequenzen für das innerkirchliche Leben.

Die Freikirchen könnten auf das System der staatlich eingezogenen Kirchensteuern umsteigen, wenn sie Körperschaften des öffentlichen Rechts sind. Viele von ihnen haben diesen Status. Auch die Zeugen Jehovas haben ihn in Berlin gerichtlich erstritten. Der Staat verlangt für diesen Service 3 – 4 Prozent Inkassogebühren. Das ist sicherlich wesentlich preiswerter als das aufwendige eigene Inkassoverfahren. Doch die Freikirchen denken nicht daran. Sie stehen für Unabhängigkeit und die Trennung von Kirche und Staat.

Gefährlich und falsch wäre es, die innerkirchliche Situation der Freikirchen zu glorifizieren. Es ist nur gut, wenn der Gemeindepastor auch aus finanziellen Gründen den Kontakt zu seinen Gemeindemitgliedern hält. Nur das gemeinsame Gespräch auch über Geld sichert den Zusammenhalt. Doch was macht ein Gemeindepastor, wenn ihm dabei Geld angeboten wird, das aus trüben Kanälen kommt? Weist er dieses Geld brüsk zurück, obwohl seine Gemeinde bereits fest damit gerechnet hat? Da hat es sein Kollege in der Landeskirche besser. Er muss nicht akquirieren und macht sich deshalb auch nicht die moralischen Finger schmutzig.

Die Behauptung, diese wechselseitigen Beziehungen über den schnöden Mammon würden die Pastoren materiell und damit vor allem theologisch von ihren Gemeindemitgliedern abhängig machen, ist so nicht richtig. Allerdings werden den Pastoren theologische Zügel angelegt. Theologisch geht es in den meisten Freikirchen eher konvervativ zu. Die Mitglieder halten an ihren Glaubenstraditionen fest. Das entspricht durchaus der Grundhaltung ihrer Pastoren. Nur sehr langsam kann es zu Korrekturen kommen. Das kann durchaus Probleme schaffen, insbesondere wenn es darum geht, neue Gemeindeglieder zu gewinnen.

Die eine Großkirche, die römisch-katholische, ist durch ihren theologischen Zentralismus geschützt. Bei der anderen haben die so genannten Liberalen die Macht übernommen. Sie beantworten ihre materielle Unabhängigkeit von den Kirchenmitgliedern und der tatsächlichen Ohnmacht der mehrheitlich konservativ eingestellten Kerngemeinden damit, dass sie das reformatorische Erbe verkommen lassen. Müssten sie sich nach dem Vorbild der Freikirchen aus Mitgliederbeiträgen ihrer Gemeindeglieder selbst finanzieren, dann würden diese Verirrungen schnell verschwinden. So aber können sie sich aus dem Kirchensteueraufkommen gut bedienen und den Eindruck vermitteln, ihre Überzeugungen seien rechtmäßige Früchte am Baum unseres christlichen Glaubens.

Müssten sich Pfarrer nach dem Vorbild der Freikirchen aus Mitgliederbeiträgen ihrer Gemeindeglieder selbst finanzieren, dann würden theologische Verirrungen schnell verschwinden.

Ein neuer Weg?

Eine spezifische Spielart der Finanzierung einzelner Gemeinden der Landeskirchen ist zu erwähnen. Als meine Frau und ich die Nordelbische Kirche verließen, erreichten uns zwei unterschiedliche Angebote mit identischem Inhalt: Ihr beide zahlt unserer Gemeinde den Gegenwert Eurer bisherigen Kirchensteuerabzüge. Wir geben Euch eine Spendenbescheinigung über diesen Betrag. Ihr könnt ihn voll steuerlich geltend machen. Damit ist beiden Seiten mehr als gedient. Ihr finanziert nicht mehr die von Euch abgelehnten Aktivitäten Nordelbiens mit. Wir erhalten die gesamte Summe und nicht nur wie bisher einen verschwindend geringen Anteil (weniger als 100 DM pro Jahr). Da wir Gemeinden nach Eurem theologischen Gusto sind, tut Ihr auch für Euch etwas Gutes, denn wir gewähren Euch die volle theologische Betreuung bis zu Eurer Beerdigung.

Meine Rückfragen haben ergeben, dass dieses Finanzierungsmodell keineswegs ungewöhnlich ist, auch wenn es natürlich nirgendwo erwähnt ist. Ein „Anbieter" hat mir vorgerechnet, dass wir mit unserem Obolus zusammen mit den anderen bereits vorhandenen „passiven Mitgliedern" die zweite Pfarrstelle finanzieren könnten, die, dringend gebraucht, künftig wegfallen werde. So können zentral verordnete Sparmaßnahmen unterlaufen werden und es entstehen Abhängigkeiten von einzelnen Spendern, die Freikirchen nicht völlig fremd sind.

Dennoch zeigen sich bei aller Problematik im Detail Wege auf, die zu neuen Ufern führen könnten. Das einzelne Kirchenmitglied wird auf diese Weise an seine Gemeinde gebunden und kann durch seine Zahlungen Anspruch auf Beachtung seiner Überzeugungen und seiner Sorgen erwarten. Es kann die Gemeinde wechseln. Diese stehen also in einem gewissen Wettbewerb untereinander und zwingen sie, sich an den Bedürfnissen ihrer Gemeindemitglieder zu orientieren. Das kann die Einflussnahmen der Bürokratien bremsen, auch wenn sie an solchen Einnahmen nach ihrer Legalisierung beteiligt werden müssten.

Die Konsequenzen einer solchen Reform können allerdings nicht übersehen werden: Dieser zweite Finanzierungsweg neben der Kirchensteuer würde wegen seiner höheren Attraktivität für die Beteiligten auf Dauer das Kirchensteuersystem aushöhlen. Denn es werden die Gutverdienenden diesen Weg in einem wesentlich größeren Maße einschlagen als die Kirchensteuerzahler mit den kleinen und mittleren Einkommen. Sie werden schwerlich theologischen Firlefanz finanzieren. Die reichen Gemeinden könnten reicher, die armen Gemeinden ärmer werden.

Das aber geschieht sowieso seit Jahren. Die Fiktion einer einheitlichen Landeskirche mit einem Finanzsystem des Ausgleichs unterschiedlichen Aufkommens und damit gleicher Entwicklungschancen aller Gemeinden hält den Realitäten nicht mehr stand.

7.
Pfarrer – Beruf oder Berufung?

Bezahlung

Die materielle Versorgung der Menschen, die ein besonderes Amt in der Gemeinde übernommen hatten, war von Anbeginn an ein schwerwiegendes Problem. Sie waren angewiesen auf die Unterstützung der Gläubigen. „Denn dem Arbeiter steht sein Brot zu" (Matthäus 10, 10). Oder: „Wenn wir unter euch Gaben des Geistes säen, ist es dann zuviel verlangt, wenn wir irdische Gaben von euch ernten?" (1. Korinther 9, 11).

Diese unübersehbaren Abhängigkeiten von der Gemeinde, die Risiken über die Gleichmäßigkeit der Einnahmen und die Höhe der Pfarrerbesoldung werden erst vor gut 100 Jahren durch ein entsprechendes Gesetz in Preußen beseitigt, das dann in Deutschland Schule macht. Die Pfarrerbesoldung wird dem Beamtenstatus angepasst. Für die Pfarrer ist das eine große Befreiung aus materiellen Zwängen. Sie sind nicht mehr von Zahlungen ihrer Gemeinden abhängig. Ihre Besoldung gleicht sich an. Ihre Krankheits- und Altersversorgung ist gesichert. Ein einheitliches Disziplinarrecht sichert ihren Arbeitsplatz.

Die Konsequenzen sind einschneidend. Die Gemeindemitglieder vergessen, dass Kirche auch etwas kostet. Taufe, Konfirmation, Hochzeit, Beerdigung, die Gottesdienste, alles umsonst und durch den Pauschalpreis „Kirchensteuer" abgedeckt. Und die Pastoren müssen sich ihren Unterhalt durch ihre Amtshandlungen nicht verdienen. Wenn sie „gut" sind, freuen wir uns, wenn sie „schlecht" sind, haben wir Pech gehabt und können nur wegbleiben.

Die Pastoren müssen sich gut stellen mit ihrem Kirchenvorstand und ihren kirchlichen Vorgesetzten. Wenn sie dort klarkommen, kann ihnen die Gemeinde ansonsten gleichgültig sein. Um Geld müssen sie niemanden bitten. „Der Pfarrerschaft wird das im Kapitalismus notwendige Training erspart, mit anderen über das eigene Einkommen verhandeln zu müssen. ... Der Rückblick in die Geschichte wie die Erfahrung in der weltweiten Ökumene lehren, dass auch Pfarrer/innen, die in direkter ökonomischer Anbindung leben, kritische Worte nicht scheuen und dass die Gemeinden nicht nur eine Verkündigung erwarten, in der ihnen nach dem Munde geredet wird" (Josuttis, aaO, S. 145).

Der Beamtenstatus der Pastoren hat ihre Entfremdung von ihren Gemeinden und ihren Menschen befördert. Wie sollen sie eigentlich die materiellen und damit auch die seelischen Nöte ihrer Mitmenschen verstehen, wenn sie davon persönlich bestensfalls indirekt betroffen werden? Viele von ihnen, insbesondere in den Kirchenleitungen, stehen unserem Wirtschaftssystem äußerst kritisch gegenüber und äußern sich entsprechend. Revolutionäre mit Pensionsanspruch, eine solche Grundhaltung ist wenig überzeugend.

Der Beamtenstatus unserer Pastoren steht heute auch aus finanziellen Gründen auf dem Prüfstand. „Wenn das zutrifft, was sie auf der Kanzel zu verkündigen haben, dass der Mensch nicht vom Brot allein lebt, dass alles Leben seine Kraft aus der Fülle Gottes gewinnt, dann steht ihre Besoldung in finanziellen Krisenzeiten an erster Stelle zur Disposition" (Josuttis, aaO, S. 146).

„Ohne das Fundament eines beamtenähnlichen Status

wird die tiefste Abhängigkeit der Pfarrer/innen freilich darin bestehen, dass sie ‚Gaben des Geistes' in der Gemeinde säen müssen, um ‚irdische Gaben' von der Gemeinde zu ernten. Sie müssen dann mehr zu leisten vermögen, als Organisation und Milieu heute von ihnen verlangen. Nicht nur hermeneutische Artistik, ordentliche Verwaltung, kommunikative Animation sind dann gefordert, sondern jeder ‚Erweis des Geistes und der Kraft' (1. Korinther 2,4), der die Dynamik des Evangeliums auf dem wachsenden Markt der religiösen Möglichkeiten zur Geltung bringt. Mit den alten Mitteln der Neophilie, mit ein paar neuen Liedern und ein paar neuen Formeln, mit einem Schuß Sinnstiftung und einer Prise Deutungskultur wird man dann nicht auskommen. Es sind dann Menschen gefragt, die wirklich ‚Nachahmer Gottes' sind und in ihrer Schwachheit die Kraft der Gnade darzustellen vermögen. Das schlechthinnige Abhängigkeitsbewußtsein, von dem das neuprotestantische Bürgertum so gern redet, hat dann einen konkreten Ort und einen alltäglichen Test. Wer ist Garant meiner Freiheit, das Geld, die Gemeinde oder der lebendige Gott?" (Josuttis, aaO, S. 148).

Macht es sich Josuttis nicht zu leicht, wenn er über die derzeitige Besoldung der Pfarrer der Landeskirchen urteilt? Die Werbung für ein Theologiestudium durch die Landeskirchen jedenfalls weist fettgedruckt darauf hin: „Pastorinnen und Pastoren wohnen in der Regel in einer (günstigen) Dienstwohnung in der Gemeinde. Ihre Besoldung richtet sich nach der der Gymnasiallehrer" („Theologie studieren, Wege und Perspektiven"). Selbst einzelne Freikirchen, deren Geistliche ein niedrigeres Gehaltsniveau haben, haben Nachwuchsprobleme, obwohl auf sie ein pralles und eindeutiges Glaubens- und Gemeindeleben wartet. Nur die höheren Löhne und die niveaugesicherte Bezahlung der Pfarrer der Landeskirchen kann Nachwuchs anlocken; quasi als Gegenleistung für Frust und geistliches Chaos, das auf sie wartet.

Es ist in jedem Falle unsinnig, dringend gebotenen Reformen mit Maximalforderungen zu begegnen. Sie machen es den Gegnern jeder Veränderung zu leicht, sie als utopisch beiseitezuschieben. Die derzeitige Besoldung der Pfarrer ist ein Ärgernis, weil sie keinerlei materielle Anreize bietet, den Gemeindedienst mit besonderem persönlichen Einsatz zu leisten und sich mit der entchristlichten Umwelt außerhalb der Kirchenmauern zu beschäftigen. Der eine Pfarrer ist umtriebig, er kann nicht anders. Der andere zieht sich in sich zurück und beschränkt sich auf das Notwendige. Doch beide erhalten im Prinzip das gleiche Salär.

Ob ein Pfarrer seine Gemeindearbeit mit großem Einsatz leistet oder ob er sich auf das Allernotwendigste beschränkt: sein Salär bleibt gleich.

Die Landeskirchen beantworten ihre Finanzprobleme u.a. damit, dass sie bestehende Pfarrstellen nicht wieder besetzen oder in Halbtagsstellen umwandeln. Eine Antwort auf die Frage, ob die Pfarrer ihren Verpflichtungen zum Erhalt und zur Verbreitung der Glaubensgrundlagen nachkommen, ist das nicht. Das sollen diese Maßnahmen auch nicht sein. Wie wäre es, wenn die Pfarrer nur ein für alle vergleichbares geringeres Grundgehalt erhielten, aber Zuschläge bis zu einer festgelegten Obergrenze aus der jeweiligen Gemeindekasse erhalten könnten? Dann gäbe es ein deutliches Eigeninteresse, durch individuelle und gemeindliche Aktivitäten die eigene Finanzkraft zu stärken und damit auch die Präsenz der Kirche bei den Kirchenmitgliedern und den Kirchenfernen zu erhöhen.

Ihr berufliches Umfeld

Manfred Josuttis macht einen Teil der bedrohlichen Entwicklung in den Landeskirchen an der Ausbildung unserer Theologen fest. Unsere Pfarrer werden nur noch ausnahmsweise als Geistliche bezeichnet. „Durch Schulbildung und Studium sind sie akademische Experten für Theologie. Theologie ist aus einer doctrina sacra zu einer durch und durch profanen Wissenschaft geworden, die mit Methoden operiert, wie sie auch in allen anderen wissenschaftlichen Disziplinen üblich sind. Und das Theologiestudium hat sich dementsprechend aus dem spirituellen Kontext überlieferter Kirchlichkeit gelöst. Dem Lebensstil und der Gestaltungskraft des Einzelnen bleibt es in der Gegenwart überlassen, die wissenschaftliche Arbeit durch persönliche Frömmigkeit zu ergänzen" (aaO, S 75).

Es gibt keine tiefenpsychologischen Untersuchungen, wes Geistes Kind unsere evangelischen Vikare und unsere jüngeren Pfarrer sind. Vieles spricht dafür, dass sie Kinder unserer Zeit sind. Sie haben sich von vielen Glaubensinhalten ihrer Kirche verabschiedet. Die Kirchenleitungen nehmen das gelassen zur Kenntnis, „weil die allermeisten von ihnen mit einem Bild konfrontiert (werden), in dem sie sich mehr oder minder gut haben wiederfinden können" (Jörns, aaO, S. XV).

„Gottesdienst wird dann ein religiöses Ritual mit symbolischen Bedeutungsgehalten, die durch Belehrung vermittelt werden und als Lebenshilfe gemeint sind. Alles, was darin abläuft, ist bewußtseinsorientiert und will verstanden werden. Verhaltenselemente, deren Sinn dem Alltagsbewußtsein verborgen ist, müssen getilgt, Aussagen, die den Modernitätsstandards widersprechen, müssen vermieden, Wirkungen, die transrational erfolgen, können nicht realisiert werden. Wie soll man den Geist, der sich in einem solchen Gottesdienst artikuliert, von der biblischen Tradition her charakterisieren?

Gibt es hier noch eine tragfähige Basis für das Wirken von Heiligem Geist? Oder droht hier die Gefahr, daß in einem solchen Gottesdienst andere Geister zu Wort kommen, Geister theologischer Gelehrsamkeit, persönlicher Frömmigkeit, zwischenmenschlicher Nettigkeit, moralischer Entschiedenheit?" (Josuttis, aaO, S. 75).

Pfarrer sollen umgänglich und pflegeleicht für die Gemeinde sein. Da empfiehlt es sich nicht, mit der Härte und Eindeutigkeit der Postulate und Forderungen unseres Herrn, die Gemeinde, speziell einzelne Gemeindemitglieder zu überfallen, sie zu messen und zur Umkehr aufzufordern. Kommt es dann zu Kontroversen, ist der Konflikt öffentlich geworden, „dann ist es nahezu unmöglich, dass der Pfarrer in der Gemeinde bleiben kann – selbst dann nicht, wenn er eher im Recht zu sein scheint als die andere Seite" (E. Lohse, „Kleine evangelische Pastoralethik", Göttingen 1985, S. 162).

Eine größere Anzahl von Pfarrern hat das am eigenen Leibe erlebt. Sie verlieren ihr Amt. Es ist kaum möglich, eine neue Stelle zu erhalten. Sie gehen in den vorzeitigen Ruhestand mit einer Pension, von der sie nicht leben können.

Die gesellschaftliche Stellung des Pfarrers hat sich in den letzten Jahrzehnten stark verändert. Die meisten Gemeindemitglieder kennen ihn nicht, in Stadtgemeinden oft nicht einmal seinen Namen. Sein Einfluss auf das kommunale Leben geht gegen Null. Seine Kinder, seine Frau und er leben in einer entchristlichten Welt. Als Pastor Torgerson (einer der vier Pröpste der Selbständig-Evangelisch-Lutherischen Kirche) und ich vor unserem Mittagsmahl in einer Berliner Gastwirtschaft ein Tischgebet sprechen, halten alle anderen Maulaffen feil. Meine Rostocker Studenten merken es nicht, wenn ich die Bibel zitiere. Christen werden nicht einmal mehr verbal angegriffen. Man nimmt sie einfach nicht zur Kenntnis. Bestenfalls hält man sie für wunderlich. Da ist es nicht erstaunlich, dass die evangelischen Pfarrer in ihrem Lebenszuschnitt, vor allem aber in ihren theologischen Überzeugungen „vielen Menschen innerhalb und außerhalb der Kirche näher stehen als den Lehrgebäuden der Kirchen und ihren – sei's auch noch so modernen – theologischen Interpreten" (Jörns, aaO, S. XVII).

Das Pfarrhaus

Das lutherische Pfarrhaus spielt über Jahrhunderte eine zentrale Rolle in der Glaubensvermittlung und in der Bindung der Gemeinde und ihrer Bewohner an die Kirche. Der Pfarrer und seine Ehefrau sind nicht nur sittliches Vorbild, von beiden gehen auch die Aktivitäten aus, die das gemeindliche Leben ausmachen. Dabei sind die Aktivitäten der Ehefrau, wenn auch vor allem weltlicher Natur, so im Alten- oder Frauenkreis, ebenso unverzichtbar wie die Rolle des Pfarrers als dem theologischen Leiter der Gemeinde.

Der Pfarrer hat noch im frühen 19. Jahrhundert normalerweise allein aufgrund seiner beruflichen Formation einen beachtlichen Bildungsvorsprung. Nur in den Städten muss er ihn teilen mit dem Arzt, dem Advokaten, dem Apotheker und wenigen anderen akademisch Ausgebildeten. Der Pfarrer wirkt zumindest über den Religionsunterricht in die Schulen hinein. Bis zum Jahre 1875 werden in Deutschland alle Ehen, auch die der radikalen Sozialisten und Atheisten, nur durch ihn geschlossen. Seine Amtsautorität ist beachtlich. Seine gesellschaftliche Stellung ist hervorgehoben. Sie kann allerdings von den Aufsichtsbehörden, letztendlich vom Landesherrn als dem Chef im Kirchenregiment, gebrochen werden. Wahrscheinlich ist dies der zentrale Grund dafür, dass die protestantische Pfarrerschaft überwiegend auch nach dem Ende der Monarchie bis weit in die Nazizeit hinein politisch rechts steht und Adolf Hitler als den völkischen Retter begrüßt.

In wenigen Jahrzehnten brechen die Stützen der Amtsautorität der Pfarrer weg. Die zunehmende Ausbreitung der akademischen Ausbildung sowohl quantitativ wie auch qualitativ beseitigen ihren Bildungsvorsprung. Die zunehmende Verstädterung löst die überschaubaren Gemeindegrenzen auf. Die Anonymität nimmt zu. Die Nachwirkungen eines über die Jahrhunderte quasi obligatorischen Gottesdienstbesuches lösen sich auf. Die Kirche wird am Sonntagmorgen immer leerer. Der Weg von der Bekenntnisschule zur Gemeinschaftsschule entzieht dem Pfarrer Einfluss. Der Pfarrer hört auf, quasi automatisch Amtsperson zu sein.

Nur Einzelne spielen aufgrund ihrer außerkirchlichen Aktivitäten in der Politik oder in Vereinen und Verbänden eine Rolle in der Öffentlichkeit. Ob sie dabei auch ihre ureigene Botschaft rüberbringen können, ist fraglich. Generell ist ein Rückzug der Pfarrer aus der Öffentlichkeit in den Bereich der Kirche zu konstatieren.

Von dieser Entwicklung ist auch das Pfarrhaus und seine Rolle in der Gemeinde betroffen. Aus dem Zentrum des örtlichen Lebens verdrängt, kann es seine Vorbildfunktion nicht mehr sichtbar machen, auch nicht mehr aufrecht erhalten in einer Gesellschaft mit pluralem Lebensanspruch und Lebenszuschnitt. Das Pfarrhaus wird zur Dienstwohnung, wie es für andere Berufe auch gilt.

Wesentlicher ist aber, dass die Pfarrfrau und die Kinder mitspielen müssen, wenn die besondere Rolle des Pfarrhauses vorgeführt werden soll. Dabei kommt es nicht allein darauf an, ob im Pfarrhaus regelmäßig gebetet, gesungen und in der Bibel gelesen wird. Diese Haltung muss nach außen wirken, muss sichtbar werden. Und da beginnt schon im Alltag, im akirchlichen Umfeld das Problem. Sollen die Pfarrerskinder vor dem gemeinsamen Essen im Kindergarten oder während der Klassenfahrt hörbar für sich allein beten? Sollen sie nicht wirkungsvoll zurückschlagen, wenn man sie verprügeln will?

Was erzählen sie, wenn ihre Freunde von ihren Vätern und ihren Berufen erzählen? Aus vielen Gesprächen weiß ich, welche Probleme sich ergeben können. Können es Kinder ertragen, wenn sich die familiären Riten so deutlich von denen außerhalb des Pfarrhauses unterscheiden?

Wesentlich komplizierter wird aber die Rolle der Pfarrfrau. Unabhängig davon, dass sie seit einigen Jahrzehnten selbst den Beruf der Pfarrerin ergreifen kann – inzwischen sind 28 Prozent aller Pfarrer mit stark steigender Tendenz Frauen – steht die Ehefrau des Pfarrers vor der zentralen Frage, ob sie noch bereit sein kann, die ihr von der Tradition zugewiesene Rolle anzunehmen? Unsere jungen Frauen sind selbstbewusst und normalerweise gut ausgebildet. Es kann mit gutem Grund vermutet werden, dass viele Theologiestudenten ihre späteren Ehepartner während ihrer akademischen Ausbildung kennen lernen. Wenn beide Theologen sind, kann das die künftigen Probleme lindern. Anderenfalls erwartet die junge Frau im Pfarrhaus eine Reihe von Überraschungen. Wenn sie ihrer eigenständigen Erwerbs-arbeit in einem nichtkirchlichen Bereich nachgeht, fehlt sie Zuhause.

Noch im Jahre 1963 sah das Pfarrergesetz der Vereinigten Evangelisch-Lutherischen Kirche Deutschlands (VELKD) vor, dass ein Pfarrer mit einem Amtszuchtverfahren bedroht werden konnte, wenn er eine Ehe trotz dienstaufsichtlichem Einspruch einging (siehe Winkler, aaO, S. 206). Wie anachronistisch das heute wirkt. Inzwischen hat die Zahl der Ehescheidungen in den Pfarrhäusern so zugenommen, dass Disziplinarmaßnahmen nur noch im Ausnahmefall eingeleitet werden. Der Zusammenhalt in der Gemeinde muss dadurch nachhaltig gestört sein. Diese Zunahme der Ehescheidungen hat sicherlich auch mit dem gewandelten Selbstverständnis der Partner zu tun und ihren Vorstellungen von Ehe, die sich immer stärker denen unserer Gesellschaft angleichen (Jörns, aaO, S. 208f). In jedem Falle ist spätestens im Moment der Ehescheidung die spezielle Rolle dieses Pfarrhauses beendet.

„Mit dem Wegfall des Pfarrhauses als vorbildlicher Lebensform für Evangelisch-Sein, einer in ihrer sozialisatorischen Bedeutung vor Ort kaum zu überschätzenden Entwicklung, verändern sich die Konturen des Pfarrerberufs" (Christian Grethlein, „Pfarrer(in) sein als christlicher Beruf" in Zeitschrift für Theologie und Kirche, Bd. 98 (2001), S. 378). Eine Vielfalt von gesellschaftlichen Entwicklungen wirken auf das Selbstverständnis der Pfarrer von ihrem Beruf ein: Seine „Randbedeutung" für die ihn umgebende Gesellschaft, die Infragestellung unserer biblischen Überzeugungen während seiner akademischen Ausbildung und in der täglichen Arbeit, die Relativierung aller moralischen Wertmaßstäbe auch in der Kirche.

Die Erwartungen der Gemeinde

Nach einer Erhebung im Frühjahr 1998 in der Evangelischen Kirche im Rheinland über „Pfarrbild, Pfarrberuf und Pfarrhaus" fordern „unverkennbare" Mehrheiten der Ehrenamtlichen und der Gemeindemitglieder von den Pfarrern einen „herausgehobenen, ja einen exemplarischen und vorbildlichen Charakter (ihrer) Lebensführung. Der Pfarrer und die Pfarrerin sollen glaubwürdig sein, ihr Handeln soll mit ihrer Predigt übereinstimmen, sie sollen für die christlichen Wertmaßstäbe einstehen und sich daran auch in ihrem eigenen Lebenswandel halten."

Die Mehrheiten der befragten Pfarrer und Pfarrerinnen selbst sehen das anders. Für sie sind das Einstehen für die so genannten „christlichen" Wertmaßstäbe und ein vorbildlicher Lebenswandel nicht im Vordergrund ihrer beruflichen Identität. Beides erscheint ihnen vielmehr problematisch:

was wirklich biblisch-christliche Werte sind, ist für sie umstritten. Was den vorbildlichen Lebenswandel betrifft, so fühlen sich die Pfarrer und Pfarrerinnen in ihrer Mehrheit nicht als „bessere Menschen". Im Gespräch verweisen sie darauf, dass sie genauso wie jeder andere bewusste Christ immer zugleich „gerechtfertigt und sündhaft" sind und bleiben. Durch die Vorbild-Rolle fühlen sie sich überfordert und eingeengt. Es sind andere Aspekte, die sie in den Vordergrund ihrer eigenen beruflichen Identität stellen: sie wollen kompetent darin sein, die Glaubensfragen fachgerecht zu beantworten; sie möchten so vertrauenswürdig sein, dass die Gemeindeglieder ihnen ihre persönlichen Sorgen anvertrauen können; sie möchten die traurigen und freudigen Ereignisse im Leben (Trauerfall wie Geburt) in einem wahrhaft christlichen, das heißt menschlichen Sinne gestalten und sie dadurch vertiefen und verarbeiten helfen.

Im Detail werden diese Unterschiede zwischen den Ehrenamtlichen und den Pfarrern noch deutlicher. „Allein der Vorgabe ‚Glaubensfragen fachgerecht beantworten zu können' wird von beiden Gruppen erste Priorität für den Pfarrerberuf eingeräumt. Für die Ehrenamtlichen folgt dann ‚Für christliche Wertmaßstäbe einstehen' und ‚Im Lebenswandel Vorbild für die Gemeinde', bei den Pfarrerinnen und Pfarrern belegen diese Vorgaben nur die Rangplätze 8 und 9; für diese ist dagegen vorrangig, ‚Ihm meine Sorgen anvertrauen können' bzw. ‚Kasualien angemessen gestalten zu können'.

Besondere Differenzen zeigen sich hinsichtlich der Bedeutung der Pfarrfamilie. Die Frage ‚Soll EhepartnerIn von PfrIn aktiv in Gemeinde mitarbeiten' bejahen nur 27% der Pfarrer bzw. Pfarrerinnen, aber 61% der Ehrenamtlichen; hinsichtlich der Pfarrerskinder sieht das Ergebnis ähnlich aus (18% zu 43%)" (Grethlein, aaO, S. 388).

Sollen Pfarrer und Pfarrerin gegebenenfalls auch „einseitig seine/ihre theologische Position zum Ausdruck bringen?"

57 Prozent der befragten Pfarrer bejahen das, 71 Prozent der Ehrenamtlichen lehnen das ab (Grethlein, aaO, S. 389). Das korrespondiert mit den Ergebnissen von Jörns (aaO, S. 226 ff).

Die Mehrheit der Pfarrer hat die überkommenen Glaubensinhalte ihrer Kirche längst hinter sich gelassen und reklamiert ohne Risiko für sich das Recht, davon auch öffentlich Zeugnis abzulegen. Doch wen interessiert das eigentlich noch? Die auf einen kleinen Kern geschrumpften Ortsgemeinden können solche Extravaganzen nicht beurteilen und sind zufrieden, wenn alles einigermaßen läuft. Die Kirchenleitungen haben längst vor diesen zentrifugalen Kräften kapituliert.

In den nächsten Jahren wird etwa ein Drittel der Pfarrer aus dem aktiven Dienst ausscheiden. Da von Pfarrern, die unter 45 Jahre alt sind, „progressive oder unkonventionelle Vorstellungen deutlicher artikuliert (werden) als unter den älteren" (Karl Wilhelm Dahm, „Pfarrberuf zwischen Selbstbild und Gemeindeerwartung", Hauptergebnisse einer Erhebung (Frühjahr 1998) in der EKiR), werden die Spannungen zu den Ehrenamtlichen zunehmen, weil ihr „Pfarrerbild" über Alters- und Geschlechtsunterschiede hinweg festgefügt ist.

Der Pfarrerberuf wird zu einer normalen Profession. Natürlich ist der Pfarrer als solcher in der Kerngemeinde immer noch als der gefragt, zu dem er in seiner persönlichen religiösen Sozialisation und durch seine Ausbildung wurde. Der Konfirmandenunterricht kann zur Arbeit in der Kerngemeinde kaum noch gerechnet werden. Denn die Konfirmierten werden hinterher nicht mehr gesehen. Auch eine Reihe von Gemeindeveranstaltungen gehört nicht dazu, weil sie mit christlicher Verkündigung und unserem Glauben nichts zu tun haben (Gustav A. Krieg, „Gefangene Gottes, Auf der Suche nach pastoraler Identität", Stuttgart 2000, S. 15).

Was stellt der Pfarrer außerhalb dieses begrenzten Feldes genuin christlicher Arbeit dar? Gustav A. Krieg bietet eine

Reihe von Tätigkeitsfeldern an: Kultpraktiker, Verwaltungs-fachmann, Therapeut, Sozialarbeiter, Animateur (aaO, S. 15). Es können weitere Bereiche genannt werden: Umweltaktivist, Friedenspolitiker, Kämpfer für die Gleich-berechtigung der Geschlechter. Mit solchen Aktivitäten können die Gemeinderäume gefüllt werden. Ein Gemeinde-fest, ein Grillabend, eine Jugenddisko sind allemal attrak-tiver als ein Bibelwochenende. Und es ist sicherlich geboten, überall die Netze auszuwerfen und zum „Menschenfischer" zu werden.

Doch zweierlei ist zu bedenken: Für diese Aktivitäten sind unsere Pfarrer nicht ausgebildet. Ihr Wissen in der Ökologie, der Sicherheitspolitik, der Gleichberechtigung von Mann und Frau konkurriert mit denen der Spezialisten. Die Fachleute der Wochenendunterhaltung sind den Pfar-rern bis hin zum Würstchenbraten sowieso überlegen.

„In dem Maße, in welchem einerseits tradierte Bereiche der Gemeindearbeit an Bedeutung verlieren, während etwa Sozial- und Kulturangebote zunehmend mehr akzeptiert werden, zeigt sich zugleich seine Austauschbarkeit mit anderen gesellschaftlichen Funktionsträgern. ... Und das bedeutet oft genug: Die Verunsicherung von Pfarrerin und Pfarrer in ihrer Praxis korrespondiert zunehmend (mit) ein(em) Unbehagen an ihrer eigenen Wertigkeit. Es ist bis-weilen die Erfahrung, dafür gebraucht zu werden, was andere ebenso gut leisten können, und dafür nicht gebraucht zu werden, wozu man ausgebildet ist und was sich als Erinnerung von den kirchlich-gemeindlichen Traditionen her inhaltlich immer wieder ins Spiel bringen will, ohne doch zum Zuge zu kommen" (Krieg, aaO, S. 16). Der Pfarrer wird immer mehr zum Dienstleister für die Kirchen-mitglieder, zum Multifunktionär im innerkirchlichen Betrieb. Vielleicht kann diese Hektik die konzentrierte Langeweile, die geistige Leere, die zwangsläufige Einsam-keit mancher Pastoren überdecken.

Die eigentliche Ursache für diesen theologischen Abstieg ist darin zu finden, dass das in Bibel und Bekenntnis begründete Christentum vergeht. Es wird in den Gemeinden nur von wenigen getragen. Sie ärgern sich zwangsläufig über einen Pfarrer, der zum Würstchenbrater wird. Sie sehen darin eine Selbstentwertung. Die Pfarrer können ihrerseits diesen Zumutungen nicht ausweichen und dürften sich bei ausreichender Selbstkritik auch nicht beschweren. Die große Mehrheit unter ihnen hat mit den zentralen Glaubenslehren gebrochen. Es kann offenbleiben, ob sie das tun, um bei der Mehrheit der Kirchenmitglieder zu bleiben, oder ob sie selbst die Schrittmacher für diese Entwicklung sind. Doch wenn es für sie nicht mehr um die Auferstehung, das jüngste Gericht, die Ehe als Gottes Stiftung, um zentrale Glaubensfragen geht, dann landen sie zwangsweise – nolens, volens – beim Würstchenbraten als Synonym für den geistlichen Niedergang ihrer Kirche.

Sein Selbstverständnis

Etwa 30 Prozent der Pfarrer besetzen so genannte „Funktionspfarrstellen", haben also mit den Gemeindpfarrern kaum etwas gemein. Sie arbeiten im Schuldienst, als Krankenhauspfarrer, bei der Polizei, in den Gefängnissen, der Erwachsenenbildung, bei der Bundeswehr. „Es ist mittlerweile kein Geheimnis mehr und sollte aufhorchen lassen, dass nicht wenige Gemeindpfarrer und -pfarrerinnen solche Funktionsstellen anstreben und dass viele Inhaber und Inhaberinnen von ihnen keine Neigung haben, in das Gemeindpfarramt zurückzukehren" (Grethlein, aaO, S. 384).

Man hat seine geregelte Arbeitszeit. Eine klar umrissene Aufgabe mit einer funktionalen Ausrichtung, lebt räumlich getrennt von seinem Arbeitsplatz und hält die vielfältigen Belastungen eines Gemeindepfarrers weit von sich weg.

Die hohe Zahl von Funktionspfarrstellen ebenso wie der wachsende Anteil von Pfarrerstellen mit Teilzeitarbeit (Teildienstverhältnisse), von 1984 ein Prozent auf 1997 dreizehn Prozent, verändert die traditionelle Rolle des Pfarrers zusätzlich. Sie wird zunehmend als seperater Teil des persönlichen Lebens verstanden. Konkret heißt das, dass sich der Pfarrer außerhalb seiner Dienststunden und der ihm übertragenen Aufgaben frei fühlen will von den traditionellen lebenslangen und umfassenden Vorgaben des Pfarrerseins. In der Gegenwart verzeichnen wir einen Übergang vom Pfarrersein als Lebensform zum Pfarrersein als Berufsform (Grethlein, aaO, S 386 f). Damit wird der Dienst eines Pfarrers anderen akademisch vorgebildeten Berufen immer ähnlicher. Von keinem praktischen Arzt wird verlangt, dass er sich an die therapeutischen Vorgaben hält, die er seinen Patienten ans Herz legt. Natürlich fahren Verkehrsrichter in der Innenstadt manchmal schneller als erlaubt und parken im Halteverbot. Warum soll das dann auf Dauer bei den Pastoren anders sein? Das fragen sie sich vor allem selbst.

Damit soll allerdings nicht in Zweifel gezogen werden, dass sich der Arzt außerhalb seiner Sprechstunden nicht seiner spezifischen Berufsethik verantwortlich fühlt und im Notfall nicht hilft. Er will aber nicht unbeschränkt im Dienst sein und seinen Feierabend und seinen Jahresurlaub möglichst ungestört genießen können.

Zweifelsohne hat die Verbeamtung der Pfarrer und ihre entsprechende Besoldung viel dazu beigetragen, schrittweise die Rolle des Pfarrerseins zu einer Profession üblicher Art zu entwickeln. Doch entscheidender scheint zu sein, dass dem evangelischen Pfarrer seine Ansprechpartner in unserer Gesellschaft zunehmend abhanden gekommen sind. Die zurückgehende Akzeptanz pastoraler Tätigkeit unterminiert ihr Selbstverständnis. Ihre gesellschaftliche Randposition bedrückt sie. Warum sollen sie in einer grundlegenden Krise ihrer pastoralen Existenz an den jahrhundertealten Vorgaben des Pastorseins festhalten, wenn sie im Sinne einer Profession, einer Dienstleistunng am Menschen, Menschen taufen, konfirmieren, verheiraten und beerdigen, sonntags predigen und die Gemeinde in Gang halten, ohne dass das die Gesellschaft im Einzelnen besonders goutiert, ohne auf den christlichen Grund des Heilsgeschehens zu kommen? Dazu muss das ganze Leben und das der Familie mit klaren moralischen Vorgaben, quasi als christliches Vorbild für die christliche Gemeinde nicht mehr eingebracht werden. Denn die christliche Gemeinde gibt es nicht mehr. Sie ist eben nicht identisch mit der Zahl der Kirchensteuerzahler.

Bemerkenswert und schwerlich zu erklären ist die Tatsache, dass das Ansehen des Pfarrers in der Gesellschaft anhaltend hoch ist. Bei einer Allensbachumfrage vom Juli 2001 über das Ansehen der Berufsgruppen in Deutschland landen die Pfarrer mit 38 Prozent auf dem zweiten Platz hinter den Medizinern mit 74 Prozent. Die Institution Kirche, für die die Pfarrer stehen, genießt dagegen kein Vertrauen. Stets landen die Kirchen zusammen mit den politischen Parteien auf dem letzten Platz.

Der theologische Nachwuchs

Das Interesse an einem evangelischen Theologiestudium in Deutschland nimmt weiter ab. Mitte der achtziger Jahre bereiteten sich mehr als 11.000 Studierende auf den Pfarrberuf vor. Kurz vor der Jahrtausendwende waren es noch 5.000 Studierende. Diese Zahl ist inzwischen unter 3.500 Frauen und Männer gefallen. Die offiziellen Erklärungen für diesen Rückgang sind unterschiedlich. Die einen weisen darauf hin, dass die Jugendlichen unsicher sind, ob ihnen angesichts der rückläufigen Kirchensteuereinkünfte später eine Pfarrerstelle zugewiesen werde. Bischof Knuth ist dagegen davon überzeugt, dass „maßlos überzogene Kritik" an der Kirche und ihren Pfarrern einer der Gründe für das Desinteresse am Theologiestudium sei (idea Nr. 26/2001 vom 28.2.2001).

Knuth verwechselt Ursache und Wirkung. Die Kritik – ob sie „maßlos überzogen" ist, kann dahingestellt werden – kommt doch nicht aus heiterem Himmel. Wenn es die Kirchenleitungen nicht mehr schaffen, in ihren Landeskirchen theologische Ordnung zu schaffen und alles möglich wird, müssen wir Bekenntnischristen aufbegehren. Wenn Pastoren meinen, sich ein christlich fundiertes Urteil über den Kampf gegen den internationalen Terrorismus zu erlauben, das vor allem antiwestlich ist, muss ihnen widersprochen werden. Ansonsten leidet die Evangelische Kirche doch nicht an zu viel öffentlich kritischer Begleitung. Sie ist normalerweise in den Medien schlicht inexistent.

Wenn heute ein junger Mensch, der nicht aus einem traditionell christlichen Elternhaus kommt, vor seiner Berufswahl steht, kann er davon ausgehen, dass ihm, falls er fleißig und gut ist, angesichts der demographischen Entwicklung alle Türen offen stehen. Warum soll er Pfarrer werden wollen mit all den psychischen Belastungen, der zu erwartenden Marginalisierung seines beruflichen Einsatzes, wenn er als Lehrer genauso viel verdienen kann und ihm seine Einstellung lebenslang sicher ist? Das ist für die Theologen erst ab 2007/2008 zu erwarten. Und damit sind wir bei der zentralen Frage, was wir vom Pfarrer erwarten, vor allem aber, was den angehenden Pfarrer in seinen Beruf zieht?

Was wir Christen erwarten, ist nicht nur abhängig von unseren Bindungen an die Kirche, sondern auch von unserem Lebensalter. Denn unsere Ansprüche an den Seelsorger bleiben im Laufe unseres Lebens nicht konstant. Die regelmäßigen Gottesdienstbesucher erwarten sicherlich vor allem den ihnen bekannten Ablauf. Dabei ist die Predigt Teil des Ritus. Wenn ihre Qualität nicht hinreicht, wird sie dennoch ertragen. Bei den Kasualien erwarten wir „Qualität". Insbesondere bei der Beerdigung geht es um Trost und Verheißung, auch wenn letztere für das Leben der meisten Teilnehmenden nicht weit trägt. Gemeindeveranstaltungen sollten frei sein von penetranten Elementen christlicher Missionierung.

Bei persönlichen Begegnungen regiert der „small talk" (Krieg, aaO, S. 47 ff). Denn nur wenige Gemeindemitglieder kennen ihren Katechismus und das Evangelium so gut, dass ein echtes Gespräch über Glaubensfragen zustande kommt. Angesichts des breit aufgefächerten Angebots von Lebenshilfen in unserer Gesellschaft hat es der Pfarrer schwer, sich Gehör zu verschaffen.

Wir leben in einer Wettbewerbsgesellschaft, nicht nur politisch und ökonomisch, sondern auch weltanschaulich. In diesen Wettbewerb wird der Pfarrer hineingestellt. Entscheidet er sich für Luthers Lehre heute, auch in abgeschwächter Form, dann begrenzt er seine Wirksamkeit auf pastorale Binnenkirchlichkeit. Außerhalb dieser Kerngruppe kann sein Wirken in der Bewertung der Kirchenfernen zu klerikalem Gerede verkommen. Es sei denn, sie nehmen sein Gehabe und seine Formeln als Teil einer heiligen Zeremonie hin, die sie ertragen, aber nicht verstehen.

Basiert dagegen sein Tun vor allem auf einer gesellschaftlich akzeptierten Unchristlichkeit, dann wird er in seinem Umfeld gut ankommen, aber sich fragen lassen müssen, wo bei ihm die eine Wahrheit unseres Herrn geblieben ist. Die Gesellschaft kennt viele Wahrheiten, viele Antworten, unser Glaube kennt nur eine. Und genau darauf darf er nicht verzichten, will er sich nicht selbst aufgeben. Versucht er gesellschaftlich zu wirken, um Christentum zu verbreiten, dann muss er um seine ihm vom Glauben vorgegebenen Grenzen wissen. Als Missionar seines Glaubens braucht er Mut, Geduld und Standhaftigkeit.

Der Pfarrer muss, will er dem ihm gegebenen Auftrag gerecht werden, mindestens zwei Rollen gerecht werden, vor allem der „des ‚Funktionärs', der archaische Riten performiert und sich archaischer Sprachspiele bedient, um zusätzlich noch sozialen und kulturellen Praktiken nachzugehen, die sich gewisser Beliebtheit erfreuen" (Krieg, aaO, S. 95). Doch wozu soll das gut sein? Um die Institution Volkskirche im Markt und damit im Geschäft zu halten? Um des Broterwerbs wegen? Wohin soll diese Reise gehen? Welche Rolle spielen dabei die Pfarrer? Wann werden sie überflüssig?

Überzeugende Antworten gibt es nicht. Krieg verweist auf die „Außenseiter-Rolle" des Pfarrberufs (aaO, S. 119). Er trägt in sich die Bilder, die über die Geschichte hinaus weisen. Er ist Träger „eines Wissens um die Außenseite der Welt" (aaO, S. 120). Doch wer will davon noch etwas erfahren? Wen beeindruckt eine solch elitäre Anmaßung? Und so ist die Ratlosigkeit über die innere Bestimmung des Pfarrberufs allgegenwärtig. Sie ist ein Reflex über die Zukunft der Kirchen. Praktische Ratschläge und Rezepte für die Bewältigung einzelner Aufgaben der Pfarrer gibt es in Hülle und Fülle. Ansonsten werden Floskeln angeboten, die wohlfeil sind. Aber sie beantworten nicht die Frage, warum junge Menschen den Beruf eines Pfarrers ergreifen sollen.

In einer Werbebroschüre „Theologie studieren" weist Bischöfin Maria Jepsen darauf hin, dass das Theologiestudium „spannend, anspruchsvoll und sehr befriedigend" sei. „Es ist ein Studium mit Möglichkeiten, die wunderbar sind, denn es lenkt den Blick immer neu auf Gott und Jesus Christus und die Kirche." Natürlich kann eine Werbebroschüre nicht die Untiefen und persönlichen Herausforderungen künftiger Pastoren ausleuchten. Aber Glanzpapier und viele bunte Bilder reichen nicht, um eine solche Berufswahl ernsthaft und für die Dauer zu empfehlen.

8.
Feministische Theologie

Frauenordination

Hans Küng kommt in seinem Werk „Das Christentum, Wesen und Geschichte" (3. Auflage, München 1995) zum Ergebnis, dass die Frauen die Verlierer in der Geschichte des Christentums sind. „Lange Zeit hat man wie selbstverständlich die kirchlich gewünschte Unterordnung der Frauen als göttliche Offenbarung und heilige Tradition legitimiert" (aaO, S. 193). Küng zitiert zeitgenössische Quellen und Untersuchungen aus unserer Zeit, nach der die Frauen bei der Entwicklung des frühen Christentums jedoch eine wichtige, eine unübersehbare Rolle gespielt haben (aaO, S. 195 ff).

Er erklärt die Männerherrschaft in der Kirche des Mittelalters bis in unsere Zeit hinein vor allem mit dem Eheverbot für die Kleriker, in den östlichen Kirchen allerdings nur für Bischöfe (aaO, S. 202). Luther schafft das Klosterleben ab, ebenso das Eheverbot für Priester. „Die Pfarrerehe eröffnet der Frau in der konkreten Gemeinde ein völlig neues Betätigungsfeld" (aaO, S. 692 f). Doch an der kirchlichen Struktur und an der Rolle der Frau in Kirche und Gesellschaft ändert sich ansonsten nichts. Das Patriarchat wird nicht angetastet.

Erst nach dem Ersten Weltkrieg gelingt es, das Frauenwahlrecht in den führenden Industrienationen durchzusetzen. Es dauert weitere Jahrzehnte, bis die Frauen ihrer Gleichstellung mit den Männern nahe kommen. Nun kämpfen auch die Frauen in den Kirchen für ihre Rechte. In der Sozialarbeit kommen sie schneller voran. Den Zugang zum Pfarramt können sie sich in der EKD erst in den Jahrzehnte nach dem Zweiten Weltkrieg öffnen.

Beim Streit um die Ordination von Frauen in das Pfarramt ging und geht es im wesentlichen um zwei Bibelzitate: „Wie in allen Gemeinden der Heiligen sollen die Frauen schweigen in der Gemeindeversammlung, denn es ist ihnen nicht gestattet zu reden. ..." (1. Korinther 14, 34). „Denn ihr seid alle durch den Glauben Gottes Kinder in Jesus Christus. ... Hier ist nicht Jude noch Grieche, hier ist nicht Sklave noch Freier, hier ist nicht Mann noch Frau, denn ihr seit allesamt einer in Christus Jesus" (Galater 3, 26 und 28).

Die einen legen den Schwerpunkt darauf, dass die Ordination zum Pfarrer nach biblischem Befehl den Männern vorbehalten bleibt. Die anderen interpretieren unser Evangelium so, dass die Frauenordination möglich ist. Ich bin für die Frauenordination, werde mich aber in den Streit unterschiedlicher theologischer Begründungen nicht einmischen. Ich kann deshalb auch mit folgender Stellungnahme der Selbständig-Evangelisch-Lutherischen Kirche aus dem Jahre 2000 zur Frage der Ordination von Frauen wenig anfangen: „1. Die Ordination von Frauen zum Amt der Kirche widerspricht dem gesamtbiblischen Zeugnis. 2. Die Ordination von Frauen zum Amt der Kirche ist kein Adiaphoron (Mittelding), das der Ordnung durch die Kirche überlassen sei. Unter einem Adiaphoron versteht man in der theologischen Diskussion ein sogenanntes ‚Mittelding‘. Gemeint sind Dinge, die Gott weder geboten noch verboten hat und die die Kirche daher nach ihrem Gutdünken ordnen kann. Ist die Ordnung, nur Männer zu ordinieren, aus der Heiligen Schrift begründet, so kann die Frauenordination nicht als Adiaphoron oder Mittelding bezeichnet werden. Die Kirche hat nicht die Freiheit, hier von der neutestamentlichen Ordnung abzuweichen. Darum geht es in dieser Auseinandersetzung auch um einen Konflikt, der die Kirche spalten kann. Das erweist sich insbesondere auch darin, dass in Kirchen, die die Frauenordination eingeführt haben, alsbald die Ablehnung der Frauenordination als Irrlehre bezeichnet wird und Gegner der Frauenordination mit Konsequenzen bis hin zum Ausschluß aus der Kirche bedroht werden. Auf dem Spiel steht bei der Einführung der Frauenordination schließlich auch die Frage der Heilsgewißheit, da eine letzte Gewißheit darüber fehlt, ob Amtshandlungen, etwa die Feier des Heiligen Abendmahls oder der Zuspruch der Sündenvergebung, die von ordinierten Frauen vollzogen werden, ,gültig und wirksam' sind" (aaO, S. 7).

Allerdings wirft die Ordination von Frauen eine Grundsatzfrage auf. Wird eine wichtige Weichenstellung in der Gesellschaft wie die Gleichstellung der Geschlechter von der Kirche lediglich nachvollzogen? Verändert die Kirche ihre Grundposition nur deshalb, damit sie den zeitgenössischen Wandlungen der gesellschaftlichen Verhältnisse entspricht? Wenn die Kirche durch ihr theologisches Handeln ihre Grundpositionen entsprechend anpasst, kann ihre Basis, das Evangelium, zur beliebigen Manövriermasse werden. Und dann stellt sich die Frage, wieweit dieser Prozess der Anpassung kirchlicher Überzeugungen an neue gesellschaftliche Entwicklungen gehen kann, mit welcher Geschwindigkeit der nacheilende theologische Gehorsam die Kongruenz mit den neuen Erscheinungen außerhalb der Kirche herstellt?

In jedem Falle besteht mancherorts die berechtigte Sorge, die Frauenordination habe vor allem die Konsequenz, vielleicht sogar die Funktion eines theologischen „Türöffners", der dann den Einzug weiterer „Irrlehren" zur Folge habe. So werde dann Gottes Wort zum theologischen Spielmaterial. Das Bild der Kirche müsse sich weiter verunklaren.

Die römisch-katholische Kirche und eine Reihe von Freikirchen versuchen sich in einem Kompromiss. Weibliche Pastoralreferenten soll es geben mit einer vollwertigen theologischen Ausbildung. Sie können ihren Dienst in den Gemeinden tun. Geweiht bzw. ordiniert aber werden sie nicht. Und damit bleibt ihnen zumindest die Verwaltung der Sakramente verschlossen. Solche Tricks helfen auf die Dauer nicht weiter. Es war und bleibt richtig, den Frauen im Bereich der EKD den Zugang zum Beruf des Pfarrers geöffnet zu haben. Dass ein solcher Schritt auch Folgen hat, kann nicht übersehen werden.

Kampf gegen den Mann

Konsequenzen ergeben sich dadurch, dass die Frauenordination hineingestellt ist in den Kampf der Frauen um die tatsächliche gesellschaftliche und politische Gleichberechtigung auf allen Ebenen bis hinein in den privaten, sehr persönlichen Bereich. Im Kern geht es darum, „die normativen Konstruktionen von Geschlechterdifferenz-Vorstellungen vom ‚Wesen der Frau‘ und vom ‚Wesen des Mannes‘ – toto genere zu verabschieden. ... Die Begriffe ‚Mann‘ und ‚Frau‘ dürfen nicht länger als Kategorien der sozialen Ordnung verwendet werden" (Herta Nagel-Docetal, „Egalität und Differenz", S. 41, in „Was verändert feministische Theologie?", Graz 1999).

Die Gleichberechtigung der Frauen werde aber so keineswegs erreicht. Strukturen müssen so verändert werden, dass Frauen die volle Chancengleichheit erhalten. Frauenförderpläne können unabweisbar sein.

Ob das für den Bereich der Landeskirchen noch erforderlich ist, ist nicht sicher. In der Evangelisch-Lutherischen Kirche Nordelbiens sind 1.061 Pastoren und 341 Pastorinnen tätig (Dezember 1999). Zwei ihrer drei Bischöfe sind Frauen. Die Leitungen der Diakonischen Werke in Schleswig-Holstein und Hamburg und das Präsidentenamt der Nordelbischen Synode werden ebenso von Frauen wahrgenommen wie das des Landeskirchenamtes in Kiel. Sieben der acht Nordelbischen EKD-Synodalen sind Frauen. Eine stolze Leistung in den letzten 35 Jahren nach Öffnung des Pfarramtes für Frauen in Schleswig-Holstein im Jahre 1966. Kritiker sprechen von einer „Kaderschmiede" im Nordelbischen Frauenwerk. Interessant ist, dass sich die theologisch-ideologische Orientierung dieser Frauen gleicht. Es kommt ganz augenscheinlich kaum auf das Geschlecht an, sondern auf die „rechte" Überzeugung.

Mein Eindruck ist, dass sich in vielen Landeskirchen vergleichbare Entwicklungen abspielen, wenn auch nicht in dieser Radikalität. Ende 1996 betrug der weibliche Anteil an den Theologiestudenten etwa 40 Prozent, der Pfarrerinnen 20 Prozent. Aufgrund der aktuellen Anteile der weiblichen Theologiestudenten von 48 Prozent kann ihr Anteil in diesem Jahrzehnt auf 50 Prozent wachsen. Lediglich 4,3 Prozent der Theologieprofessoren waren Frauen (idea 128/96 vom 4.11.96, idea Spektrum 15/2002).

Das hat auch Rückwirkungen auf theologische Inhalte. Es geht eben nicht nur darum, die Rolle bedeutender Frauen in der Geschichte des Christentums sichtbar zu machen, sie aus der Anonymität herauszuholen. Es geht um die Frage, „ob sich der Befreiungskampf von Frauen gegen alle Formen patriarchaler Unterdrückung und christlicher Glauben vereinbaren lassen. Denn die Lehre von Jesus, dem Christus, dem Messias, dem Erlöser der ganzen Welt und der einzigartigen Inkarnation Gottes ist nicht nur das Zentrum christlicher Theologie, sondern ebenso jene christliche Doktrin, die in den Augen vieler feministischer TheologInnen am meisten zur Unterdrückung von Frauen beigetragen hat" (Hedwig Meyer-Wilmes, „Jesus-trouble", S. 63). Im Kern geht es einer Reihe feministischer Theologinnen weniger darum, Jesus sein Mannsein abzusprechen, sondern die sich daraus ergebenden Konsequenzen

zu vermeiden. Menschensohn, Gottessohn, Herr, fleisch-
gewordenes Wort, das seien die Titel für Christus mit entsprechenden negativen Konsequenzen für das andere Geschlecht. Die feministische Theologie will die Ursachen der
Diskriminierungen der Frauen in der Kirche überwinden.

Dabei scheut sie auch vor extremen, eigentlich absurden
Positionen nicht zurück. So vergleicht Eleonor Mc Langhin
Jesus mit einem Transvestiten: „Jesus handelt wie ein Trans-
vestit, wenn er von der religiösen Außenseiterin, der samari-
tanischen Frau, etwas zu trinken annimmt oder wenn er sich
wie eine Sklavin hinkniet, um seinen Jünger/Innen die Füße
zu waschen" (zitiert nach Meyer-Wilmes, aaO, S. 73). Gisela
Matthiae spricht in ihrem Buch „Clownin Gott" so: „Es ist
die clowneske oder närrische Gestalt, die selbst während der
heiligen Zeremonien Verwirrung und Unordnung stiftet und
gerade so neue Tiefen menschlicher Existenz jenseits herr-
schender Kategorien zu erschließen vermag" (aaO, S. 74).

Man könnte achselzuckend zur Tagesordnung übergehen,
wenn die feministische Theologie nicht auch innerhalb der
Landeskirchen ihre Wirkungen hat. So streicht die evangelische Frauenhilfe in Bremen den Namen Jesus Christus aus
ihrer Satzung, weil sich aus dem Namen Christus ein
männlicher Herrschaftsbegriff ableiten lasse (idea, Nr. 13/96
vom 27.11.96). Dorothee Sölle erklärt Ende Juni 2000 in
Berlin: „Jesus und Buddha werden Brüder sein, wenn wir
Geschwister werden" (idea 80/2000 vom 29.6.2000).

Generell geht es der feministischen Theologie darum, die
„einseitige" maskuline Vorherrschaft in der Kirche und in
der Theologie zu brechen und eine entsprechende Gegen-
kultur aufzubauen. Dazu muss die Rolle der Kirchen-
Mütter aufgedeckt und gewürdigt werden. Die Bibel
muss befreit werden von allen Elementen, die die maskuline
Herrschaft begründen. Dazu dient die feministische Hermeneutik. Dabei geht es darum, die biblische Überlieferung
überaus kritisch zu bewerten. Elisabeth Schüssler-Fiorenza

fordert eine kritische Hermeneutik des Misstrauens. Dabei geht es darum, allen Bibeltexten „die Positionen der Unterdrückung festschreiben, ihren Anspruch auf Autorität und Legitimität zu bestreiten" (Berg, aaO, S. 259).

Die Erfolge bleiben nicht aus. Eine neue „gerechte" Bibelübersetzung wird seit dem Reformationstag des Jahres 2001 begonnen. Die Evangelische Akademie Arnoldshain und das Gütersloher Verlagshaus kooperieren. Sie soll den Frauen helfen, sich in der Bibel wiederzufinden. Aber auch andere Zwecke sollen erreicht werden: die Ausmerzung rassistischer, militaristischer, diskriminierender Sprache. Augenscheinlich geht es kaum noch um den biblischen Urtext, sondern um ein Machwerk, dem eine gewisse Ähnlichkeit mit der Bibel nicht abgesprochen werden kann.

Es wäre naiv, von der feministischen Theologie im Allgemeinen und dieser neuen Bibelübersetzung im Besonderen keine nachhaltigen Wirkungen zu erwarten. Theologie schafft, wenn sie Aufmerksamkeit gewinnt und Unterstützung in der Kirche findet, Tatsachen, die fortwirken. Denn Glaube ist nichts Statisches. Er entwickelt sich weiter. Die feministische Theologie wirkt auf diese Weise, umso mehr als sie anknüpft an die Emanzipation der Frauen in unserer Zeit und damit auch Schwungkraft für ihre Überzeugungen in der Kirche gewinnen kann. Deshalb muss auch die Frage gestellt werden, wohin die Reise geht. Generell gilt: Es geht in der Theologie nicht um abstraktes Buchwissen, sondern vor allem darum, Menschen in ihrem Leben zu helfen. Hilft also die feministische Theologie den Frauen, um einen krisenfreien Zugang zu unserem Glauben zu finden, ohne seine Basis so zu verändern, dass etwas anderes entsteht? Und die Frage muss gestellt werden, was die feministische Theologie bei den vielen Christen auslöst, die an ihrem Glauben mit seinen überkommenen Formen hängen. Sie verlieren ihre Heimat. Doch wen interessiert das schon.

Konsequenzen für unseren Glauben

Die feministische Auslegung der Bibel verletzt immer wieder die Grenzen biblisch begründeter Theologie. Die feministische Theologie verletzt absichtlich den Lehrkonsens in der Kirche. Sie findet dabei durchaus Unterstützung bei Frauengruppen. In den evangelischen Fakultäten findet sie zunehmend Verankerung. Und damit muss die Kirche Stellung beziehen: Soll es weiterhin ihr Ziel sein, dass alle Pfarrer und Pfarrerinnen einer Landeskirche das gleiche Wort Gottes predigen? Oder soll es geschlechtsspezifische Ausnahmen geben? Sie muss ferner den Gefahren entgegentreten, dass die feministische Theologie Elemente in sich aufnimmt, die auch beim besten Willen nicht mehr auf biblische Bezüge zurückzuführen sind. „Die Göttin trägt manchmal doch eher die Züge der Astarte oder der Diana als die der Sara oder Maria" (Berg, aaO. S. 269).

Feministische Theologie „ist umgeben von einer Grauzone, in der sich auch Sektiererisches und Häretisches ansammelt. Ich will das Sektiererische folgendermaßen kurz beschreiben. Es stimmt nicht, dass unter denjenigen, die sich im Besonderen mit feministischer Theologie beschäftigen, die Verständigungsbereitschaft zwischen Männer und Frauen besonders groß ist. Wir haben im Fakultätsrat jetzt schon zweimal den Antrag abweisen müssen, dass an feministischen Lehrveranstaltungen männliche Studenten nicht teilnehmen dürfen. Sie können sagen, das sei ein falsches Verständnis von feministischer Theologie, das sage ich auch. Aber jedenfalls geht daraus hervor, dass es eine Art und Weise gibt, feministische Theologie zu betreiben, die zum Sektiererischen im Sinne des Sich-Abspaltens führt. Auch die Tendenzen zum Häretischen kann man grob beschreiben. Es gibt zum Beispiel die Tendenz in bestimmten Richtungen der feministischen Theologie, über die Verherrlichung von Göttinnenkulten und Frucht-

barkeitskulten die Auseinandersetzung der alttestamentlichen Propheten zwischen dem Gott Israels und den
kanaanäischen Gottheiten Baal und Astarte sozusagen zurückzudrehen. In der Bibel heißt es: Gott schuf den Menschen nach seinem Bilde als Mann und Frau. Sie wissen,
dass Feuerbach (Ludwig Feuerbach, deutscher Philosoph,
1804–1872) das umgekehrt hat: Der Mensch schuf Gott
nach seinem Bilde. Gott sei eigentlich nur eine Projektion.
Ich bitte Sie, nehmen Sie das ernst: Wenn jemand ein
weibliches Gottesbild fordert, dann soll er oder sie sich
fragen, ob sie nicht Feuerbacherianer geworden ist. Dann
steht sie in der Gefahr, Feuerbach zu bestätigen. Wenn
feministische Theologie als eine Kampfeslehre für Frauenemanzipation verstanden wird, dann erinnern mich solche
Konzepte an den Marxismus-Leninismus als einer Kampfeslehre der Arbeiterklasse. Immer dann, wenn die Wahrheitsfrage der Machtfrage unterworfen wird, steht es um
die Theologie nicht gut" (Richard Schröder, idea 131/96
vom 7.11.96).

Inzwischen ist es ruhiger um die feministische Theologie
geworden. Aber sie kommt voran. Im Januar 2001 erklärt
Präses Kock die Erkenntnisse der feministischen Theologie
als einen Segen für die Kirche (idea 4/2001 vom 10.1.2001).
Im September 2001 veröffentlicht die Evangelische Landeskirche in Württemberg eine Broschüre, um der einseitigen
sprachlichen Fixierung im Gottesdienst entgegenzuwirken
(„So seid nun nicht mehr Gäste und Fremdlinge").

Auf 63 Druckseiten wird gezeigt, wie die männlichen
Bilder von Gott aus der Bibel und in der Gebetssprache –
König, Hirte, Vater, Herr, Richter, Schöpfer, Weltenlenker,
Allmächtiger Gott ... – vermieden werden können. So in der
Einsetzungsformel zum Abendmahl und im Dankgebet
nach der Austeilung. „In der Nacht, nachdem Jesus von
einer namenlosen Frau zärtlich gesalbt und von einem namhaften Freund verraten wurde, nahm er das Brot, dankte,

brach's und gab's seinen Jüngern und Jüngerinnen und sprach..." (aaO, S. 51).

„Gott, unsere Freundin, indem wir das Mahl mit dir geteilt haben, bist du uns ganz nahe gekommen, hast deine Kraft unter uns lebendig werden lassen. ..."(aaO, S. 53).

Poetisch und sprachlich modern mögen diese Texte vielleicht sein, vor allem aber akzeptabel für Feministinnen. Doch wozu soll das gut sein? Natürlich wird kein Kirchenmitglied gezwungen, an einem solchen Abendmahl teilzunehmen. Im Grußwort zu dieser Broschüre heißt es: „Der Menschenfreundlichkeit Gottes wollen wir durch eine menschenfreundliche Sprache entsprechen." Wie kann ein leibhaftiger Oberkirchenrat einen solchen theologischen Schwachsinn formulieren? Will er damit ausdrücken, dass die 2000 Jahre alten Formeln menschenfeindlich sind? Wohl kaum. Sichtbar wird nur eins: Den Mangel an theologischer Führungskraft und den Kotau vor dem Zeitgeist finden wir auch in der Württembergischen Kirche.

9.
Ehe und andere Partnerschaften

Die christliche Ehe

„Die Ehe ist von Gott gewollt." Diese Aussage ist eines der unverrückbaren Fundamente christlicher und kirchlicher Überzeugung in den Jahrtausenden. „Die Brautleute bekennen sich zur Ehe als einer Ordnung, die im Willen Gottes ihren Grund und Maßstab hat" (Evangelischer Erwachsenenkatechismus, 2. Auflage 1975, S. 573). Dazu gehört das 6. Gebot „Du sollst nicht ehebrechen."

Jesus spitzt dieses Gebot in der Bergpredigt zu, indem er bereits die Begierde, den Wunsch nach einem Ehebruch, der Tat gleichsetzt. Er lässt aber auch Milde walten gegenüber einer des Ehebruchs angeklagten Frau (Johannes 8, 2-11). Martin Luther weiß um unsere Schwachheit. Er weist darauf hin, „wie ich mein Lebtag gegen dieses Gebot gesündigt habe mit Gedanken, Worten und Werken ..., sondern auch wohl gegen Gott gemurrt habe, dass er solche Zucht und Keuschheit geboten und nicht allerlei Unzucht und Büberei frei und ungestraft gelassen habe" (Martin Luther, Ausgewählte Schriften, Band 2, Frankfurt 1995, S. 286).

Stets quälen sich die Menschen und die Kirchen herum, wie sie mit diesem Gebot klarkommen sollen. Die römisch-katholische Kirche hält an ihrer Lehrmeinung fest. Die kirchliche Eheschließung ist für sie im Gegensatz zu uns

Protestanten eines der Sakramente. Auch deshalb scheidet für sie jede theologische Bewegungsfreiheit aus. Staatliche Ehescheidung und kirchliche Wiederheirat sind nicht möglich.

Das ist für die Protestanten anders. Sie vertreten eine andere Beziehung des Menschen zu Gott. Der sündige Mensch muss sich unmittelbar vor Gott rechtfertigen, seine Sünden ernsthaft bereuen und um Gottes Gnade und Vergebung bitten. Und dennoch bleibt es die Aufgabe seiner Kirche, ihm den Weg zu weisen, ihn vor Sünden zu bewahren. Die Kirche muss dabei die tatsächliche Welt, in der wir Menschen leben, erkennen. Sie muss an ihren Grundpositionen festhalten, denn sonst wäre sie nicht mehr als der moralose Notar gesellschaftlicher Strömungen und Modetrends, die sie in theologische Gewänder kleidet.

Der Münchner Theologieprofessor Trutz Rendtorff (Ethik, Band 1, S. 113 f) macht diese Spannweite sichtbar. „Eine Ethik, die sich allein auf Tradition und Konvention beriefe, wäre in der Tat völlig unzureichend, wenn sie auf äußerlich vorgegebene und äußerlich bleibende Autoritäten der Lebensführung verweisen würde" (aaO, S. 113). Doch – und darauf macht Rendtorff mit Nachdruck aufmerksam – bedeutet das nicht, dass der Tradition bei einer etwaigen Fortentwicklung von Ethik nicht eine besondere Rolle zukommt. „Die Tatsache, dass jemand auf der Grundlage von historischen Vorgaben handelt und sein Leben führt, erlaubt nicht den grundsätzlichen Verdacht, er handle nicht aus guten ethischen Gründen, sondern nur aus Konvention" (aaO, S. 114).

Er verweist auf Luhmann und Lübbe, den er zitiert: „H. Lübbe hat dafür eine eigene Beweislastregel aufgestellt. Sie lautet: Im Falle der Forderung von neuen Maßstäben, die in unsere tatsächliche Lebensführung und die sie tragenden Institutionen eingreifen, hat nicht die bisherige Tradition die Beweislast für ihre Richtigkeit zu tragen, sondern derjenige, der neue Regeln aufstellt. Denn zunächst einmal besteht die Vermutung, dass die bisherigen Maßstäbe deswegen gelten, weil sie sich bewährt haben, was von den neu vorgeschlagenen Maßstäben oder Regeln (noch) nicht bekannt ist (H. Lübbe, Traditionsverlust und Fortschrittskreie, in: ders., „Fortschritt als Orientierungsproblem", 1971, S. 343).

Rendtorff wendet dies auf die kirchliche Form religiöser Traditionsbildung an. Er verweist auf den Abschnitt 7 der Confessio Augustana („Zur wahren Einheit der Kirche ist es genug, dass man übereinstimme in der Lehre des Evangeliums und in der Verwaltung der Sakramente. Es ist nicht notwendig, dass die menschlichen Traditionen und die Riten und die Zeremonien, welche von Menschen eingeführt wurden, sich überall gleichen") und kommt zu folgendem Schluss: „Mitteilung, Weitergabe und Erneuerung des Glaubens sind auf Formen der Stetigkeit religiöser Praxis angewiesen, an denen sich die selbständige Bildung von Glauben und Frömmigkeit orientieren kann" (Ethik 2, S. 114).

Was bedeutet das für die christliche Ehe? Der Anteil der Ehescheidungen an den geschlossenen Ehen wächst. Viele Menschen heiraten nicht und leben als Singles. Die Zahl der alleinerziehenden Frauen und Männer hat drastisch zugenommen. Der Staat hat seine Ehe- und Steuergesetzgebung verändert. Doch das Leitbild von Ehe und Familie unseres Grundgesetzes wird nicht angetastet. Und dennoch steht es tatsächlich im Wettbewerb mit den anderen Lebensformen. Gleichgeschlechtliche Paare genießen einen staatlichen Rechtsstatus, der bis an Regelungen für die Ehe heranreicht.

Was bedeutet das für ethische Grundlagen der christlichen Ehe? Rendtorff scheut sich nicht, sehr nüchtern die Bedingungen für das Gelingen aber auch das Scheitern einer Ehe zu analysieren (Ethik 2. S. 41ff, S. 65ff). Vorehelicher Geschlechtsverkehr wird von ihm dann bejaht, wenn er zur Ehe hinführt, also mehr ist als Promiskuität (S. 69). Die Auflösung einer Ehe impliziert Schuld (S. 45). Er lehnt die kirchliche

Segnung homosexueller Paare ab (S. 70). Für Rendtorff ist „die Ehe im ethischen Grundsinn eine Lebensgemeinschaft, in der Menschen vermittels der Beziehung des Mannes zur Frau und der Frau zum Manne an einer Wirklichkeit gemeinsamen Lebens Anteil gewinnen, die keiner für sich selbst alleine hat und haben kann und die keinem für sich selbst und alleine zur Verfügung steht. Die Ehe ist die immer neue elementare Realisierung dessen, dass der Mensch, der sich selbst nur als Mann oder Frau gegeben ist, auf Gemeinschaft hin bestimmt ist, d.h. auf eine gegenseitige Ergänzung. Die Ehe ist exemplarische Lebensgemeinschaft" (aaO, S. 16).

Die EKD hat in den letzten Jahrzehnten immer wieder zu den Grundfragen von Ehe und Familie Stellung genommen. In der „Denkschrift zu Fragen der Sozialethik" von 1971 kommt die EKD zur Erkenntnis, dass vorehelicher Geschlechtsverkehr in einer festen Partnerschaft akzeptiert werden kann, dass Ehen endgültig scheitern können. Homosexualität wird als sexuelle Fehlform erklärt. „Zur Empfängnisregelung stehen verschiedene Mittel und Methoden zur Verfügung. Sie wirken auf den Menschen als Gesamtpersönlichkeit und beeinflussen das Miteinanderleben. Darum erfordert ihre Anwendung das andauernd freie Einverständnis ihrer Partner" (aaO, S. 30).

Im Jahre 1985 nimmt der Rat der EKD Stellung zu „Ehe und nichteheliche Lebensgemeinschaften". Einerseits wird daran festgehalten, dass „die Ehe als Gottes Stiftung und Mandat die Grundgestalt ist, in der Mann und Frau in gegenseitiger frei eingegangener Bindung ein Leben lang verbunden sein sollen und die Kinder Schutz und Geborgenheit erfahren" (aaO, S. 22). Aber: „Mit der Zunahme nichtehelicher Lebensgemeinschaften müssen nicht zugleich Treue, Liebe und Verläßlichkeit an Wertschätzung verloren haben. Sie können auch eine nichteheliche Lebensgemeinschaft prägen – nicht nur dann, wenn diese Gemeinschaft eine spätere Ehe anstrebt. In einer Ehe, die etwa nur um äußerer

Vorteile willen vorübergehend zustande gekommen ist, können sie ganz fehlen" (aaO, S. 6 f).

Die Konsequenzen sind klar: Die Ehe bleibt im Zentrum. Die kirchliche Segnung nichtehelicher Lebensgemeinschaften darf nicht erfolgen (aaO, S. 13). Die Thematik homosexueller Partnerschaften wird nicht angesprochen.

Die Segnung gleichgeschlechtlicher Paare

Für mich verdeckt die breite öffentliche Debatte über die Homosexualität, der vieltausendfache Exhibitionismus an den „Christopher Street Days", die Tatsache, dass es schwierig sein muss, zu einer Minderheit zu gehören. Fröhlich kann das nicht machen. Deshalb wohl wird Homosexualität so provokant zur Schau gestellt. Allerdings nur von einer kleinen Gruppe, die den Ton angibt und öffentliche Aufmerksamkeit einfordert.

Für die Kirche gilt das genauso. Natürlich haben die Pfarrer auch gegenüber Homosexuellen und homosexuellen Paaren ihre seelsorgerischen Aufgaben wahrzunehmen. Das Problem entsteht erst dann, wenn daraus Ansprüche gegenüber der Kirche abgeleitet werden, die öffentlich dokumentieren sollen, dass christliche Ehe und gleichgeschlechtliche Partnerschaft vor Gott einen vergleichbaren Stellenwert haben. Dabei soll das Lebenspartnergesetz des Staates für homosexuelle Partner den Druck auf die Kirche weiter erhöhen. Vorerst, so der Rat der EKD im Herbst 2002, werden sich daraus aber keine kirchlichen Konsequenzen ergeben. Es bleibt bei der bisherigen Haltung.

Im Jahre 1996 veröffentlicht der Rat der EKD eine „Orientierungshilfe" zum Thema „Homosexualität und Kirche (Mit Spannungen leben)". Den unveränderbar homosexuell geprägten Menschen „ist zu einer vom Liebesgebot her gestalteten und damit ethisch verantworteten gleichgeschlechtlichen Lebensgemeinschaft zu raten. Die Kriterien, die für sie gelten, sind – mit einer wesentlichen Ausnahme – dieselben, die für Ehe und Familie gelten: Freiwilligkeit, Ganzheitlichkeit, Verbindlichkeit, Dauer und Partnerschaftlichkeit" (aaO, S. 35).

Die Leitbildfunktion von Ehe und Familie wird hochgehalten. Dennoch ist eine deutliche Veränderung der Position der EKD unverkennbar. Eine etwaige Gesetzgebung des Staates zur rechtlichen Besserstellung homosexueller Paare wird insoweit akzeptiert, als sie nicht die besondere Rolle der Ehe tangiert. Das ist allerdings eine Selbstverständlichkeit, denn Art. 6 unseres Grundgesetzes macht deutlich, dass Ehe und Familie unter dem besonderen Schutz des Staates stehen. Zum kirchlichen Segen gleichgeschlechtlicher Paare gibt es ein kräftiges sowohl als auch. Der Wunsch nach kirchlichen Segnungshandlungen wird als legitim angesehen. Der Segen dürfe aber kein Mittel sein, um kirchliche und gesellschaftliche Anerkennung für gleichgeschlechtliche Paare zu erlangen. Deshalb könne er öffentlich in einem Segnungsgottesdienst analog einer kirchlichen Eheschließung nicht zugelassen werden. Diese Position wiederholt eine Stellungnahme des Kirchenamtes der EKD im Jahre 2000, weil sonst die Leitbildfunktion der Ehe undeutlich werde oder sogar verloren gehe.

Im Februar 1997 beschließt die Synode der Nordelbischen Evangelisch Lutherischen Kirche, öffentliche, kirchliche Segnungshandlungen gleichgeschlechtlicher Paare zuzulassen. Der Rat der EKD widerspricht diesem Beschluss mit dem Hinweis auf seine Orientierungshilfe. Ein bisher einmaliger Vorgang. Die EKD muss Bibel und Bekenntnis in Erinnerung rufen und kirchliche Gemeinsamkeit einfordern. Nordelbien beeindruckt das nicht. Die Präsidentin der Synode Elisabeth Lingner erklärt am 2. Februar 2001: „Endlich haben wir uns einmal nicht als diejenigen erwiesen, die gesellschaftlichen Entwicklungen hinterherlaufen, japsend wie ein Hund, der ‚ich auch, ich auch' bellt – wie Kurt Tucholsky in einem sehr bösen Statement die Kirche beschrieben hat. Wir hatten die Kraft, unsere eigene Position im Vorfeld gesellschaftlicher Regelungen zu finden."

Dieses Zitat aus ihrem Zwischenbericht zum Thema „Ehe, Familie und andere Lebensformen" macht deutlich, um was es geht: Gesellschaftspolitische Strömungen aufzugreifen und kirchlich durchzusetzen ohne Rücksicht auf die biblische Basis. Mit ihr hält sich die Nordelbische Kirche nicht lange auf. In einer von der Landeskirche und dem Schleswig-Holsteinischen Ministerium für Justiz, Frauen, Jugend und Familie gemeinsam herausgegebenen Broschüre („Vorbild für Vielfalt? Homosexualität, Pluralisierung der Lebensformen und ihre Bedeutung für die Arbeit mit Kindern und Jugendlichen in der Kirche", Dezember 2001) machen es sich die Autoren ganz einfach. Auf wenigen Zeilen wird festgehalten, dass eine Bibelauslegung, nach der Homosexualität Sünde ist, unlutherisch ist (aaO, S. 7). Basta! Diejenigen, die das anders sehen, sind ewiggestrige, uneinsichtige, vielleicht sogar gefährliche Fundamentalisten. So einfach ist das.

Für Nordelbien geht es darum: „Noch stärker als bisher gesellschaftliche Entwicklungen zur Kenntnis nehmen, sie aufgreifen und reflektieren müssen" (aaO, S. 9). Also auch die Homo-Ehe. Die Verfasser benötigen dazu eine biblische Basis. Sie zitieren das Alte Testament (1. Mose, 2, 18). „Und Gott der Herr sprach: Es ist nicht gut, dass der Mensch allein sei; ich will ihm eine Gehilfin machen, die um ihn sei." Eva!

Doch diese Bibelübersetzung ist für die Autoren unrichtig. Es muss heißen: „… ich will ihm eine Hilfe schaffen, die ihm entspricht." Und damit ist „das Zusammenleben gleichgeschlechtlicher Paare … nach denselben ethischen und moralischen Grundsätzen zu gestalten und zu bewerten, die aus der Heiligen Schrift generell für das Zusammenleben von Menschen zu ersehen sind" (aaO, S. 7).

Anfang 2000 gibt die Synode der Evangelischen Kirche im Rheinland grünes Licht für eine gottesdienstliche Begleitung gleichgeschlechtlicher Lebensgemeinschaften. Präses Kock vermeidet eine klare Stellungnahme. Kirchenpräsident Peter Steinacker spricht sich im Dezember 2001 vor der Synode der Evangelischen Kirche in Hessen und Nassau für die kirchliche Segnung gleichgeschlechtlicher Paare aus. Er stellt sich die Frage, ob ein wesentlicher Unterschied zwischen einer Ehe und einer gleichgeschlechtlichen Verbindung – die Möglichkeit zur leiblichen Elternschaft – nicht durch neue technische Möglichkeiten (Reproduktionsmedizin) entkräftet werde. Da Homosexualität in der Natur bei Tieren und auch bei Menschen vielfach vorkomme, also durchaus in der „Schöpfung" sei, entfalle wohl das Argument der Unabänderlichkeit biblischer Aussagen dazu (idea Nr. 11/2002 vom 24.1.02). Der Widerstand in der Evangelischen Kirche in Hessen und Nassau ist groß – nicht nur in der Sache, sondern auch wegen dieser flachen Argumentation ihres Kirchenpräsidenten, die völlig unangemessen ist.

Doch Kirchenpräsident Steinacker geht seinen Weg. Am 4. Dezember 2002 beschließt seine Synode – sie repräsentiert eben nicht die christlichen Grundüberzeugungen der Mehrheit der Mitglieder der Evangelischen Kirche in Hessen und Nassau – die kirchliche Segnung homosexueller Paare. Die Proteste der Vielen sind an ihm abgeprallt. Was schert ihn sein Kirchenvolk und die Heilige Schrift.

Die Reaktionen sind heftig. Der Einzug des Antichristlichen in diese Kirche wird festgestellt. Die Kirche treibe sich von Christus weg. Eine Austrittswelle kündigt sich an. Steinacker kümmert das nicht. In ideaspektrum (50/2002) erklärt er, wer wegen dieser Entscheidung austrete, habe „von der Freiheit des Evangeliums und der

Bandbreite der Lebensstile unter dem Evangelium nichts verstanden".

So ist das also: Wir sind christliche Hohlköpfe. Aber Steinacker hilft uns. Wann wird er sich angesichts „der Bandbreite der Lebensstile unter dem Evangelium" einsetzen für die kirchliche Segnung der „Ehe zu Dritt"?

Was treibt Steinacker um? Augenscheinlich nicht die Sorge um die Einheit der Kirche und ihr Ansehen beim Kirchenvolk. Auch nicht die Fürsorge für homosexuelle Paare. Sie legen auf die kirchliche Segnung, wie alle Zahlen zeigen, keinen Wert.

Steinacker selbst gibt in einem Interview (ideaspektrum 1/2 2003) zu seinen Motiven keine Auskunft. Er verspricht allerdings, „ganz neu darüber nachzudenken, was heute Sexualität, Ehe und Familie heißt". Reichlich spät, Herr Kirchenpräsident!

Es verwundert übrigens nicht, dass Bischof Huber die Berlin-Brandenburgische Kirche im hessischen Windschatten in die gleiche Sackgasse treibt. Auch die Kirche der Pfalz folgt diesem Weg.

Die theologisch biblische Begründung

Um was handelt es sich beim kirchlichen Segen während der evangelischen Trauung? „Unter Handauflegung – und das heißt leiblich spürbar – wird dem Paar der Segen Gottes zugesprochen: Gott will ihnen die Kraft geben, die sie von ihm erbeten haben" (Evangelischer Erwachsenenkatechismus, S. 573). Und Gott segnet ihren Bund, weil auch diese Ehe von ihm gewollt ist. Die Forderung nach einer Segnung eines gleichgeschlechtlichen Paares in einem öffentlichen Gottesdienst soll also das Gleiche erreichen. Es stimmt: Die Ehe ist tatsächlich bereits vorher im Standesamt geschlossen worden. Ähnliches ist für gleichgeschlechtliche Paare möglich. In der Kirche soll nun die Gleichbehandlung erzwungen werden. Eine Segnung ohne Öffentlichkeit durch den Pfarrer reicht den Gleichgeschlechtlichen aus nahe liegenden Überlegungen nicht.

Ernsthafte Befürworter der Segnung gleichgeschlechtlicher Paare im öffentlichen Gottesdienst müssen sich folgerichtig mit der Bedeutung des „Segen Gottes" bei der Trauung auseinander setzen. Wenn diese Segenshandlung in ihrer Bedeutung relativiert werden kann, so dass sich das Handeln Gottes bei diesem Segen tatsächlich in Luft auflöst und zu einem Feld-, Wald- und Wiesensegen wird, dann könnten auch gleichgeschlechtliche Paare wie Eheleute kirchlich gesegnet werden. Die Argumentationskette liegt offen: Der Ehe die Leitbildfunktion für die Kirche absprechen, auf die vielen Defizite in der Ehe hinweisen, Kriterien für die dauerhaften Beziehungen von Menschen in der Zweisamkeit aufstellen – gegenseitige Liebe, Treue, Verbindlichkeit, Respekt, Gewaltlosigkeit, Fürsorge. Und dann ist es soweit: „Einer homosexuellen PartnerInnenschaft den Segen Gottes zu verweigern ... widerspricht dem Wesen des Segens, der ja gerade unser fragmentarisches Leben mit den Möglichkeit Gottes anreichert" (Andrea Bieler/Kerstin Söderblum, „Segnungsgottesdienste für gleichgeschlechtliche Paare" in: Siegfried Keil „Gleichgeschlechtliche Lebensgemeinschaften", Neukirchen 2000, S. 95).

Die „Orientierungshilfe" der EKD von 1996 zur Homosexualität basiert ihr Urteil auf das biblische Zeugnis: „Im Zentrum des Interesses steht allein die homosexuelle Praxis als solche, die – in Übereinstimmung mit den allgemeinen biblischen Aussagen zum Menschenbild und zur Sexualität – als dem ursprünglichen Schöpferwillen Gottes widersprechend qualifiziert wird. Die negativen Aussagen bedeuten aber im Lichte des Evangeliums, d.h. unter der

Zusage der Gnade Gottes keinen definitiven Ausschluß aus der Gottesgemeinschaft und beziehen sich im übrigen nur auf die homosexuelle Praxis als solche, nicht jedoch auf deren ethische Gestaltung" (aaO, S. 21).

Was soll mit dieser Formulierung im Klartext ausgesagt werden? Wir bleiben bei der in der Bibel getroffenen Beurteilung von Homosexualität. Homosexuelle bleiben aber Teil unserer Gemeinschaft mit Gott. Ihre Partnerschaften können nicht mit dem Bezug auf die Bibel beurteilt d.h. verurteilt werden.

Für diejenigen unter den Theologen, die eine Gleichbehandlung Gleichgeschlechtlicher und ihrer Verbindungen mit der kirchlichen Eheschließung erreichen wollen, geht es darum, die biblischen Aussagen zur Homosexualität infrage zu stellen. „Es ist auffallend, dass gerade bei dem Thema ‚Homosexualität' das Kriterium der Schriftgemäßheit eine zentrale Rolle bekommt, während bei anderen kirchlichen Stellungnahmen, z.B. zum Thema Wirtschaft, nicht von einzelnen Schriftworten her konkrete Positionen gewonnen werden. In der ‚Orientierungshilfe' des Rates der EKD ‚Mit Spannungen leben' zum Thema ‚Homosexualität und Kirche' wird in einer für andere Stellungnahmen und Denkschriften unüblichen Weise die grundlegende Frage der Bedeutung der Schrift für ethische Urteilsbildung thematisiert. Dabei wird eine Position übernommen, die vertritt, dass es gerade beim Thema Homosexualität ‚um Grundfragen des christlichen Glaubens und des kirchlichen Bekenntnisses' gehe. Die Bearbeitung eines ethischen Themas wird dramatisierend in den Rang des Prinzipiellen erhoben. Nichts Geringeres stehe zur Diskussion als ‚der Umgang mit den auf homosexuelle Praxis bezogenen Aussagen der Bibel', und damit geht es um das angemessene Schriftverständnis, ja um das ‚sola scriptura'" (Michael Haspel, „Homophober Biblizismus" in „Gleichgeschlechtliche Lebensgemeinschaften", aaO, S. 129).

Die Stoßrichtung ist klar: Das Sola-Scriptura-Prinzip relativieren; erst durch ihre Auslegung wird die Bibel mit ihren historischen Festlegungen für unsere Zeit ethisch verwendbar; die Bibel ist kein Gesetzbuch. Deshalb kann ein „prinzipieller autoritativer Anspruch biblischer Texte in normativen Fragen nicht begründet werden" (Haspel, aaO, S. 148). Das gilt insbesondere für die „Bewertung von Homosexualität und gleichgeschlechtlichen Lebensgemeinschaften". Und so wird der Weg theologisch frei geräumt. Als wenn es darum letztenendes geht. Es handelt sich um eine simple Machtfrage, um die Bereitstellung einer Ideologie, die mithelfen soll, die Kirche in dieser Frage den Partikularinteressen zu unterwerfen.

Die Debatte um die kirchliche Segnung gleichgeschlechtlicher Paare macht deutlich, wozu einzelne Theologen fähig sind: Sie beweisen im Zweifel alles. Und es geht vor allem um sie selbst. Präses Kock hat mitgeteilt, dass in zwei Jahren in der Rheinischen Kirche fünf Segnungen dieser Art stattgefunden haben. In der Nordelbischen Kirche soll es jährlich zu zehn solcher Feierlichkeiten kommen.

Es sind die Theologen selbst, die dieser Segnung bedürfen. Eine Unterschriftenaktion württembergischer Theologen hat ergeben, dass ein Drittel der Pfarrerschaft schwule und lesbische Geistliche als Bereicherung ansieht. Sie sollen in ihrer Partnerschaft auch im Pfarrhaus angstfrei leben können (idea Nr. 49/2001 vom 30.4.2001). Nur noch für eine Minderheit der Pfarrer ist die Ehe von Gott gewollt. Ein beachtlicher Prozentsatz spricht sich dafür aus, dass auch gleichgeschlechtliche Paare heiraten können (Jörns, aaO, S. 239).

Doch wie halten es homosexuelle oder lesbische Pfarrer mit der Ausübung ihrer Dienstpflichten? Eine von der Landeskirche in Württemberg eingesetzte Arbeitsgruppe „Homophilie"stellt fest: „Niemand darf wegen seiner sexuellen Orientierung benachteiligt werden."

Homosexuelle Pfarrer sollten aber wie alle anderen Amtsträger „Ehe und Familie bejahen und dies in der Gestaltung ihrer Amtsführung zum Ausdruck bringen" (idea 113/2000 vom 18.9.00).

So weit sind wir inzwischen gekommen! Die Pfarrer werden nicht mehr verpflichtet, in ihrer Gemeinde Vorbild zu sein. Sie üben einen der darstellenden Kunst ähnlichen Beruf aus. Auch wenn sie sich als Homosexuelle geoutet haben, müssen sie „in der Gestaltung ihrer Amtsführung" in der Lage sein, „Ehe und Familie (zu) bejahen". Die Verlogenheit erreicht ihren Gipfel, wenn ein solcher Pfarrer ein Ehepaar nach den Vorgaben seiner Kirche traut.

Die biblische Botschaft wird dem Zeitgeist in der Kirche zum Fraß vorgeworfen. Deshalb wird der Kampf um diese Frage so hart geführt: Es geht um die Zerstörung traditioneller Gläubigkeit mit dem Ziel der Eroberung der Kirche durch eine gut organisierte Gruppe gleichgeschlechtlicher Theologen. Keineswegs geht es um das Seelenheil homoerotischer Menschen. Sie sind, wie die meisten Menschen, so kirchenfern, dass sie an solchen Aktionen sowieso kein Interesse haben. Für sie kann die staatliche „Homo-Ehe" von Nutzen sein. Welchen „Senf" die Kirche dazu gibt, ist für sie ohne Belang.

Das unterscheidet sie von den gleichgeschlechtlichen Theologen und den hauptamtlichen kirchlichen Mitarbeitern. Sie wollen ihrer Arbeit nachgehen mit Gottes Segen und einem guten christlichen Gewissen. Sie biegen das Evangelium so lange hin, bis es ihnen passt.

Die Segnung der Ehescheidung

Nur aus solch persönlichen Motiven lässt sich eine weitere Initiative erklären, die seit einiger Zeit in den Landeskirchen herumgeistert. Es geht um ein neues kirchliches Ritual, einen Scheidungsgottesdienst, in dem die Betroffenen in einem öffentlichen Akt vor der Gemeinde bekennen, dass ihre Ehe gescheitert ist. Das Trennungsritual solle ein Schuldbekenntnis vor Gott sein, aber auch Dank für gemeinsames Glück und etwaige Kinder umfassen. Schließlich können sie für ihre getrennten Wege in die Zukunft gesegnet werden.

Die „normale" Ehescheidung ist für alle Beteiligten, nicht nur für die trennungswilligen Eheleute, auch für ihre Verwandten und Freunde, eine grausame, dauerhafte Erfahrung. Fremdgehen und Fremdwerden, Lüge und Betrug, der Kampf um die Kinder, um die materiellen Güter und um den Unterhalt bestimmen die Scheidungsprozedur. Wenn es gut geht, können die beiden Seiten im Voraus die strittigen Fragen so weit abklären, dass das Familiengericht die Ehescheidung behutsam durchführen kann. Wenn die Beteiligten großes Glück und Bereitschaft zur Versöhnung haben, kann nach der Ehescheidung eine Art modus vivendi gefunden werden, der insbesondere für die gemeinsamen Kinder wichtig ist. Doch mindestens einer der nun geschiedenen Ehepartner bleibt seelisch, oft auch materiell stark beschädigt zurück. Offen bleibt, ob solche Wunden überhaupt heilen können. Seelsorge kann diesen Menschen vielleicht auf ihrem späteren Lebensweg helfen.

Meine Erfahrungen als Wahlkreisabgeordneter sagen mir allerdings, dass die Menschen in kritischen Lebenslagen immer weniger bereit sind, bei einem Pfarrer seelische Hilfe zu suchen. Die Kirche und ihre Diener sind längst bei solchen individuellen Krisen aus dem Gesichtsfeld der Betroffenen verschwunden.

Auch wenn die Scheidungsraten in Deutschland kontinuierlich wachsen, im Jahre 2001 auf knapp 40 Prozent, in den Großstädten teils über 50 Prozent, bedeutet das doch nicht, dass sich hier ein „Markt für christliche Eheaussegnungen" auftut. Die Institution der Ehe wird in unserer Zeit fortlaufend relativiert. Ihr Wert und damit auch ihre Aufrechterhaltung wird von der Mehrheit der Verheirateten längst nicht mehr mit theologischen und damit kirchlichen Maßstäben bewertet. Es geht um die irrige Vorstellung, um fast jeden Preis individuelles Glück und persönliche Autonomie zu verwirklichen. Wenn dabei Bindungen im Wege stehen, können sie auch aufgegeben werden.

Es geht um die irrige Vorstellung, um fast jeden Preis individuelles Glück und persönliche Autonomie zu verwirklichen. Wenn dabei Bindungen im Wege stehen, können sie auch aufgegeben werden.

Es ist schwer vorstellbar, wie diese Menschen nach ihren Erfahrungen mit ihrer Ehe die Kirche um ein Scheidungsritual bitten sollen. Meinungsumfragen sollen aber ein wenn auch bescheidenes Interesse an einem solchen Ritual signalisieren, nachdem Margot Käßmann, die Bischöfin der Evangelisch-Lutherischen Landeskirche Hannovers Ende 2000 (idea Spektrum 44/2000) diese Idee aufgegriffen hat:

„Ich kenne Paare, die unter ihrer Scheidung leiden. Beide sagen: Wir wollen zusammen bleiben, aber es gelingt uns nicht. Wir trennen uns besser. Solche Paare sind oft in Gewissensnöten, weil sie Christen und Christinnen sind. Sie wollen auch ihr Scheitern vor Gott bringen. Ich meine, dafür müßte eine Form gefunden werden. Auch für die Kinder kann es hilfreich sein, wenn sie von ihren Eltern hören: Wir haben uns geliebt, wir wollten eine gelingende Ehe miteinander gestalten, und wir wollten auch euch Kinder.

idea: Eine Art Reueritual?

Käßmann: Vielleicht eine Beichthandlung. Es muss ja nicht ein öffentlicher Gottesdienst sein. Womit ich wirklich Mühe habe, ist, dass wir Evangelische ein zweites Mal kirchlich trauen. Das heißt, dass ein zweites Mal ein Eheversprechen vor dem Traualtar gegeben wird und über das erste gar nicht mehr gesprochen wird. Wenn eine geschiedene Frau sieht, wie ihr früherer Mann ein zweites Mal verspricht, ‚in guten und in schlechten Zeiten, bis dass der Tod euch scheide‘ seiner Frau beizustehen, dann kann sie leicht zynisch werden und sagen: ‚Das hat er mir doch auch schon vor Gott versprochen.‘ Ich will das Ritual nicht so verstanden wissen, dass damit Scheidungen legitimiert werden. Ich leide sehr unter den gescheiterten Ehen, auch von Pastoren.“

Auch wenn Margot Käßmann durchaus nuanciert argumentiert, hat die Debatte zur Einführung eines Scheidungsrituals damit bischöfliche Weihen erhalten. Schließlich hatte sie bereits vorher vor ihrer Synode entsprechend argumentiert. Vorschläge für ein Scheidungsritual unter dem Titel „Das Ende als Anfang“ von Münchner Theologen liegen seit Anfang 2001 vor. Unter anderem könnten die Ex-Eheleute sich vor dem Altar ihrer Eheringe entledigen und auf einen Teller legen, den der Pfarrer ihnen reicht (idea Spektrum, 10.2001).

Um was geht es hier eigentlich? Kirchlichen Mitarbeitern und Pfarrern die Prozedur der Ehescheidung seelisch und theologisch zu erleichtern und vor der innerkirchlichen Öffentlichkeit zu rechtfertigen, das 6. Gebot – Du sollst nicht ehebrechen – zu relativieren? Oder geht es darum, neue Arbeitsfelder zu entwickeln? Wie auch immer. Keine Kirche kann ohne ein klares, erkennbares Profil auskommen. Wenn sie absegnet, was die Menschen wollen, verliert ein solcher Segen jeden Bezug zu Gott und wird damit wertlos. Eine solche Kirche macht sich auf die Dauer selbst überflüssig.

Keine Kirche kann ohne ein klares, erkennbares Profil auskommen. Wenn sie absegnet, was die Menschen wollen, verliert ein solcher Segen jeden Bezug zu Gott und wird damit wertlos. Eine solche Kirche macht sich auf die Dauer selbst überflüssig.

10.
Anmaßung Friedenspolitik

Der Streit um die Atomwaffen

Nach der Gründung der Bundesrepublik Deutschland versuchen alle gesellschaftlichen und politischen Kräfte, für den Neubeginn einer zweiten deutschen Republik grundsätzliche Konsequenzen aus ihren Fehleinschätzungen und ihrem Fehlverhalten, ihren Versäumnissen in der Zeit des Nationalsozialismus zu ziehen. Gleichzeitig wollen sie ihre Entscheidungen zu den aktuellen politischen Grundsatzfragen so fassen, dass die erzwungene deutsche Teilung dadurch nicht vertieft und die erwartete Wiedervereinigung nicht erschwert werden.

Keine der Streitfragen in den ersten Jahren der jungen Bundesrepublik treibt die Beteiligten so um, wie die Debatte um die deutsche Wiederaufrüstung. Nur mit Mühe gelingt es, über die Frage der theologischen Legitimation der Aufrüstung die Einheit des deutschen Protestantismus zu bewahren. Die Auseinandersetzungen gewinnen eine neue Qualität, als die neue Problematik der Atomwaffen, ihre mögliche Stationierung auf dem Boden der Bundesrepublik, die etwaige Ausrüstung der Bundeswehr mit diesen Waffen, das politische und damit auch das theologische Klima anheizt.

Ich stelle zwei der vielen kontroversen, ja unversöhnlichen Standpunkte gegenüber. Helmut Gollwitzer erklärt 1958: „Die neuen Waffen erlauben als Kriegsziel nur die Vernichtung des Gegners, die sie durch Überfall zu bewirken suchen, sie erlauben keine andere Forderung als die der bedingungslosen Kapitulation. Sie entsprechen einer Gesinnung, die dem Gegner das Lebensrecht abspricht und außer dem Schema des Freund-Feind-Verhältnisses keine andere Sehweise mehr anerkennt, die also jede menschliche Beziehung zum Gegner, jede Verantwortung auch für ihn ableugnet, jede Relativierung des Gegensatzes schon als Verrat ansieht. Es ist die Gesinnung des Menschen, der nur noch sich selbst und darum die Vernichtung der Gegenwelt will. ... Die neuen Waffen machen uns in unserer Gesinnung alle zu Mördern; denn nur in mörderischer Gesinnung kann man sie herstellen und anwenden" (Helmut Gollwitzer, „Die Christen und die Atomwaffen", Januar 1958, in: „Atomwaffen und Ethik", München 1981, S. 53).

Helmut Thielicke hält dagegen: Wir haben nicht das Recht, uns durch den Verzicht auf Atomwaffen sowjetischen Drohungen und möglichen Angriffen mit ihren entsprechenden Waffen auszusetzen. „Es kann zwar sehr wohl mein persönlicher Auftrag sein, einem anderen Menschen nicht Gleiches mit Gleichem zu vergelten, sondern im Ertragen seines Angriffes, also in der Setzung eines neuen Anfanges und in der Initiative der Liebe die Chance entstehen zu lassen, dass wir beide aus dem Teufelszirkel des Vergeltungsprinzips herausfinden. Ich kann dieses Wagnis der Liebe aber nicht zum Prinzip der Weltordnung und also der Politik werden lassen. Denn in diesem Bereiche trage ich nicht nur die Verantwortung für mich selbst, sondern auch für die Ordnung als solche und außerdem für Menschen und Güter, die mir anvertraut sind. Hier würde ich durch ein bloßes Ertragen nur das Recht des Stärksten und des Zynischsten triumphieren lassen. Der biblische Gedanke, dass der Staat eine göttliche Ordnung und dass er mit Macht ausgerüstet sei, um zu wehren und zu schützen, ist die schärfste Antithese gegenüber diesem ideologischen

Pazifismus ... Wir dürfen die Welt nicht anders sehen wollen, als sie ist. Und sie ist eben ein Zustand zwischen Sündenfall und Jüngstem Gericht. Wer sie zur Hölle macht – und das könnte ja durch eine ungesteuerte Atomrüstung geschehen –, vergreift sich ebenso an diesem ihrem Wesen wie derjenige, der sie vorzeitig zu einem Himmel machen möchte, wie das der pazifistische Träumer tut. Der eine dient dem Götzen der Angst und der andere dem Götzen der Illusion" (Helmut Thielicke, „Was heißt Verantwortung im Atomzeitalter?" (aaO, S. 46).

Der Kampf gegen die Wiederbewaffnung, insbesondere gegen die Atomwaffen im westlichen Bündnis hat schlussendlich keinen Erfolg. Das hat viel mit der brutalen Sowjetisierung Mittel- und Osteuropas zu tun, aber auch damit, dass sich die Wähler bei jeder Bundestagswahl mit eindeutigen Mehrheiten für die Parteien entscheiden, die Garanten für die politische und die militärische Westbindung der Bundesrepublik sind. So wird auch die SPD in ihrer Militär- und Sicherheitspolitik zu einer drastischen Kurskorrektur gezwungen, nachdem sie drei Bundestagswahlen – 1949, 1953, 1957 – verloren hatte. Die Heidelberger Thesen vom Herbst 1959 sollen auch für die Evangelische Kirche zu einer Art inneren Friedensschluss führen (in: „Atomwaffen und Ethik", München 1981, S. 142 ff). Sie sind vom Inhalt her nichts anderes als ein schwaches Sowohl-als-Auch.

So heißt es in These 3: „Der Krieg muss in einer andauernden und fortschreitenden Anstrengung abgeschafft werden."

These 6: „Wir müssen versuchen, die verschiedenen im Dilemma der Atomwaffen getroffenen Gewissensentscheidungen als komplementäres Handeln zu verstehen."

These 7: „Die Kirche muss den Waffenverzicht als eine christliche Handlungsweise anerkennen."

These 8: „Die Kirche muss die Beteiligung an dem

Versuch, durch das Dasein von Atomwaffen einen Frieden in Freiheit zu sichern, als eine heute noch mögliche christliche Handlungsweise anerkennen."

These 11: „Nicht jeder muss dasselbe tun, aber jeder muss wissen, was er tut."

Die Autoren dieser 11 Thesen wissen, dass sie eine die Kirche zerfetzende Debatte mit dieser Arbeit nur deshalb wenigstens vorläufig beruhigen können, weil sie im Jahre 1959 ihren Höhepunkt bereits überschritten hatte. Sie wird bei Gelegenheit wieder aufbrechen und die Kirche in neue Zerreißproben stürzen.

Dieser latente Friede dauert zwei Jahrzehnte. Dann löst der Nato-Doppelbeschluss erneut eine krisenhafte Zuspitzung der öffentlichen Debatte über die Grundlagen der deutschen Sicherheits- und Verteidigungspolitik aus. Die Evangelische Kirche kommt in ganz besondere Bedrängnis. Sie hatte die vergangenen 20 Jahre nicht genutzt, um ihre sicherheitspolitischen Positionen wetterfest zu machen.

Manche Kirchenführer lassen ihren emotionalen Argumentationen freien Lauf, nicht zuletzt auch wohl deshalb, weil der Zulauf aus der explosionsartig wachsenden Friedensbewegung reiche Ernte verspricht. Hunderttausende sind ab Mitte der achtziger Jahre schnell wieder verschwunden. (Die Kirche in der DDR macht nach dem Erreichen der deutschen Einheit ähnliche Erfahrungen). Die Kirche aber zahlt drauf. Christen verlassen die Kirche, weil ihr Eintreten für unsere demokratische Grundordnung auch durch militärische Absicherung immer wieder in massiven Misskredit gebracht wird. Pazifisten finden zwar in vielen Gemeinden und kirchlichen Organisationen Gleichgesinnte und insofern materielle Hilfe für ihre Anliegen. Doch die Kirche können sie nicht „erobern".

Christliche Panikmache

Als ich die vielfältigen Veröffentlichungen und Debattenbeiträge dieser Jahre für dieses Buch nochmals nachlese, wird mir deutlich, welche Gespensterdebatte damals ablief. Die Annahmen und die Verdächtigungen der Gegner des Nato-Doppelbeschlusses wirken aus heutiger Sicht nicht nur absurd, sondern geradezu bösartig. Für Erhard Eppler „wird der dritte Weltkrieg immer wahrscheinlicher". Oder: „Wenn von oben (der Bundesregierung) kein Friede mehr zu erwarten ist, versucht man ihn von der Basis her zu erzwingen", so auf dem Hamburger Kirchentag 1981.

Wolfgang Huber, heute Bischof von Berlin-Brandenburg, fällt mir besonders auf. Ich nehme als Bundesverteidigungsminister am 19. Juni 1981 an einer Podiumsdiskussion auf dem Hamburger Kirchentag teil. Dort redet auch Huber. Er erklärt, für ihn ist „der Gedanke, man könne Frieden und Freiheit oder das Selbstbestimmungsrecht unseres Volkes mit dem Einsatz atomarer Waffen verteidigen, ethisch unerträglich". Sie haben für Huber „den Charakter von Angriffswaffen".

Huber fordert „die Umrüstung der Bundeswehr derart, dass sie zu einem Angriff über ihre Grenzen hinweg von ihrer Struktur her ... unfähig ist" (Kirchentag 1981, Dokumente, S. 292 f). Da jubeln ihm die vielen Tausend zu.

Wir haben nun die wesentlichen Argumente zusammen, die den Beifall der Friedensbewegung auslösen müssen. Unterschlagen wird die Strategie der gegenseitigen Abschreckung, die über die Jahrzehnte auch durch das Vorhandensein von Atomwaffen den Frieden sichert. Sie sind deshalb auch keine Angriffswaffen. Sie waren und sind stets politische Waffen, die die Großmächte zwingen, Konflikte nur noch auf dem Verhandlungswege lösen zu können. Ebenso wie die Bundeswehr, ebenso wie die Nato zu keinem Zeitpunkt etwas anderes war als eine defensive Wehr in einer Verteidigungsallianz.

Im Mai 1987 vertritt Wolfgang Huber zusammen mit Altbischof Kurt Scharf Thesen, die kirchliche Gruppen vorgelegt haben. Brücken der Verständigung zur Sowjetunion werden gefordert. These 5 bezeichnet den Antikommunismus in Kirche und Gesellschaft als „eine Wurzel der Unversöhnlichkeit und ein Haupthindernis für Frieden und Verständigung mit der Sowjetunion".

These 6: „Statt der Verwirklichung von Freiheit, Gerechtigkeit und Frieden in der Welt zu dienen, sind die Menschenrechte zu einer Waffe im kalten Krieg gemacht worden. Ein Neuanfang mit der Sowjetunion kann nur gelingen, wenn wir die unterschiedlichen Ursprünge und Ausprägungen der Menschenrechtstradition in Ost und West anerkennen, die Menschenrechte als Herausforderung für uns alle begreifen. ..."

Wolfgang Huber verteidigt diese These. Man müsse zwischen den individuellen und den gesellschaftlichen Menschenrechten unterscheiden. Der Westen poche immer nur auf die individuellen Menschenrechte, übersehe aber die Verletzung der gesellschaftlichen Menschenrechte im eigenen Lager wie die Diskriminierung der Schwarzen. Er will damit den Eindruck erwecken, sie seien im kommunistischen Lager gewährleistet (idea, 41/87 v. 18.5.87). Noch im Jahre 1989 behauptet er in seinem Buch „Friedensethik", dass das Konzept der nuklearen Abschreckung „mit dem Abbau von Unfreiheit" letztlich „in Konflikt" stehe (Frankfurter Allgemeine Sonntagszeitung v. 4.11.01, „Ein wendig-standhafter Kirchenmann" von Michael Innacker).

Heute (idea Spektrum 44/2001) spricht er sich dafür aus, dass die PDS nach der Wahl zum Berliner Abgeordnetenhaus nicht mitregieren sollte, weil sie sich noch nicht klar von ihrer SED-Vergangenheit distanziert habe. Zum Einsatz der Bundeswehr gegen den internationalen Terrorismus: „Wenn wir um eine Beteiligung der Bundeswehr von den Amerikanern gebeten werden, werden wir uns dieser Bitte nicht entziehen. Aber der Hauptakzent dieser Beteiligung muss in anderen Bereichen liegen."

Warum soll aus einem Saulus kein Paulus werden? Die Apostelgeschichte berichtet von seiner Bekehrung. Paulus spricht davon in seinen Briefen an die Gemeinden. Huber dagegen wirft mit dem Zusammenbruch des Kommunismus seine bisherigen Überzeugungen weg, ohne seinen Meinungswechsel zu begründen, ihn aufzuarbeiten. Was ist das Wort eines solchen Kirchenmannes wert? Oder verkörpert er den Protestantismus in unserer Zeit, der Zeitströmungen aufnehmen will, um im religiösen „Geschäft" zu bleiben?

Huber heute: „Das Zeitalter, das sich mit atomaren und chemischen Waffen Vernichtungspotentiale angeeignet hat, die für frühere Generationen unvorstellbar gewesen wären, muss auch neue Instrumente entwickeln, um internationale Konflikte gewaltfrei beizulegen und dem Frieden eine dauerhafte institutionelle Basis zu verleihen. Diese Aufgabe hat nach dem Ende des kalten Krieges keineswegs an Dringlichkeit verloren" (Wolfgang Huber, „Gerechtigkeit und Recht", 2. Auflage, Gütersloh 1999, S. 22).

Zurück zu den Achtzigerjahren. Während es auf den offiziellen Veranstaltungen der evangelisch geprägten Friedensbewegung meist noch halbwegs gesittet zugeht, auch wenn ich immer wieder am Reden gehindert werde und Eier und Farbbeutel fliegen, wird vor Ort immer wieder auch von guten Christen hemmungslos polemisiert. Massive Störungen sind an der Tagesordnung nach dem Motto: „Eine Bombenstimmung auf unserer Friedensfete." Die immer wieder angekündigte Friedensdenkschrift der EKD wird überfällig.

Sie wird im Herbst 1981 vorgelegt und hat vor allem den Zweck, die Evangelische Kirche Deutschlands beisammen zu halten. Auf 93 Druckseiten breitet die Denkschrift der EKD mit dem Tiel „Frieden wahren, fördern und erneuern" ihre Positionen aus. In den Kernfragen kommt es nicht zu einer Übereinstimmung. In der Analyse der damaligen Situation folgt die Denkschrift stärker den Vertretern der Friedensbewegung. „Bemühungen, die Eskalation der Rüstung durch politische Vertrauensbildung, Offenlegung der Waffenpotentiale und vereinbarte Kontrollmechanismen zu verhindern, sind bisher gescheitert" (S. 13).

„Die inzwischen verfügbaren Atomwaffen lassen sich zielgenau und in ihrer Wirkung eingegrenzt auf Punktziele von strategischer Bedeutung richten" (S. 17).

„In dieser Situation wird die Funktion dieser Waffen für die Abschreckung wie auch das Konzept der Abschreckung selbst problematisch" (S. 13).

„Zu vertrauensbildenden Maßnahmen können ... auch einseitige Vorleistungen ... zählen" (S. 24).

Doch der gespitzte Mund setzt nicht zum Pfeifen an. So heißt es in der Denkschrift: „Die Kirche muss auch heute, 22 Jahre nach den Heidelberger Thesen, die Beteiligung am Versuch, einen Frieden in Freiheit durch Atomwaffen zu sichern, weiterhin als eine für Christen noch mögliche Handlungsweise anerkennen" (S. 58).

Das kann die Hubers und Epplers keineswegs zufriedenstellen. Für Eppler vollziehen sich die Auseinandersetzungen in der Kirche auch zur Friedensfrage in einem „atemberaubenden Provinzialismus" (Bändigung der Macht, Beiträge zur Friedenspolitik, Herford 1986, S. 73). Augenscheinlich fehlt ihm der große Wurf, der seine Gegner theologisch stigmatisiert, wie das in den Erklärungen anderer nichtdeutscher reformierter Kirchen passiert.

Auch zum Gebot der Feindesliebe nimmt die Denkschrift Stellung. Sie „fordert nicht, dass wir uns unterwerfen oder anbiedern, sondern dass wir auch den Gegner annehmen als einen – wie wir selbst sündigen von Hoffnungen, Ängsten und Aggressionen getriebenen – Menschen". Die Kirche lehrt mit den Worten Jesu aus der Bergpredigt gerade nicht den Verzicht auf „verantwortliches Handeln" (S. 48).

Wesentlich ist, dass sich die Kirche in ihrer Denkschrift nicht auf einen eindeutigen Standpunkt festlegen lässt.

Ihre für mich erstaunliche Grundthese scheint zu sein: „Wer den christlichen Glauben bekennt, ist zu vernünftigen Erwägungen und Entscheidungen in der Lage, die für ideologisch Befangene so nicht möglich wären." So Hans-Gernot Jung, stellvertretender Vorsitzender des Rates der EKD im Jahre 1985 im Rückblick (Bändigung der Macht, S. 71).

In jedem Falle beendet die Friedensdenkschrift der EKD nicht die massiven Auseinandersetzungen innerhalb und mit der Kirche. Es sind die Zeitläufe. 1983 setzt Helmut Kohl im Bundestag trotz massiver Proteste den Nato-Doppelbeschluss durch. Ab 1986 gewinnen die Rüstungskontrollverhandlungen an Dynamik. Im Jahre 1987 schließen die Sowjetunion und die USA eine Vertrag über den vollständigen Abbau der Mittelstreckenwaffen bis zum Jahre 1991. Der Nato-Doppelbeschluss hat sich als voller Erfolg erwiesen. Die Argumente der Friedensbewegung werden belanglos. 1989 kommt es zur deutschen Einheit.

Die Deutsche Einheit

Die Kirche steht vor einer neuen Situation. In den Jahren 1993/94 werden daraus gewisse Konsequenzen gezogen. Unter dem Titel „Schritte auf dem Wege zum Frieden" werden 1994 ohne viel Aufhebens bisherige Positionen geräumt. Der Rat der EKD erklärt: „Unter den Bedingungen des bipolaren Systems nuklearer Abschreckung herrschte in Europa relative politische Stabilität. Die Möglichkeit gegenseitiger Vernichtung wirkte hier als Zwang zum Gewaltverzicht. Die Existenz der nuklearen Abschreckung hat dazu beigetragen, dass es zu keinem Einsatz militärischer Gewalt im Ost-West-Konflikt gekommen ist."

Neue Herausforderungen werden erkannt: die weltweite Armut, die Zerstörung der natürlichen Grundlagen des Lebens, die Errichtung einer internationalen Ordnung des Friedens. Sie kann nicht allein militärisch definiert werden. Doch um die Beantwortung dieser Frage kommt im Detail niemand herum: Wann darf zur Friedenssicherung militärische Gewalt durch wen eingesetzt werden? Sie wird von der EKD als ultima ratio akzeptiert. Was ist originell am konditionierten Ja von Bundeswehreinsätzen im Rahmen der internationalen Friedensordnung? Wie fällt die Entscheidung der EKD im Einzelfall aus? Unsicherheit im Urteil über die Bewältigung der Friedensbrüche im ehemaligen Jugoslawien, in Nachfolgestaaten der Sowjetunion, in Somalia, in Kambodscha und anderswo beherrscht die Debatte.

Am 7./8. September 2001 legt der Rat der EKD eine Fortentwicklung der „Schritte auf dem Weg des Friedens" vor mit dem Titel „Friedensethik in der Bewährung". Präses Kock präsentiert dieses Dokument am 25.9.2001 und bezieht dabei auch die terroristischen Angriffe am 11. September 2001 auf die USA ein. Neues hat diese Fortentwicklung nicht zu bieten, obwohl spätestens der Einsatz militärischer Macht im Kosovo in der Kirche zu beträchtlichen Reaktionen geführt hatte. Akademische Analysen über die Befugnisse der UNO, die Rolle der Nato und über die etwaige Form einer eigenständigen europäischen Sicherheitspolitik, die neue Rolle der Bundeswehr beherrschen diesen Beitrag. Sie helfen niemandem. Das sind keine Beiträge zur Friedensethik, die diesem Anspruch gerecht werden. Das ist Stoffhuberei ohne Originalität.

Zum Schluss heißt es: „Der Kosovo-Krieg hat – in der evangelischen Kirche, aber auch weit darüber hinaus – die kontrovers geführte Debatte neu angefacht, ob es ausreicht, durch die Entwicklung und strikte Anwendung ethischer Kriterien für eine Begrenzung der Anwendung militärischer Gewalt zu sorgen, oder ob es im Gegenteil darauf ankommt, der Anwendung militärischer Gewalt überhaupt die ethische Legitimation zu entziehen. ... Auf der Ebene der grundsätzlichen ethischen Diskussion ist die Kontroverse unentschieden und wohl auch unentscheidbar. Viele Anzeichen deuten allerdings darauf hin, dass die Veränderung der politischen Verhältnisse heute zu einer Situation geführt hat, in der faktisch der Einsatz militärischer Gewalt durch eingeschränkte Erfolgsaussichten charakterisiert ist."

„Militärische Fähigkeiten sind auch in Zukunft keineswegs entbehrlich." Im Blick auf die Konfliktherde „der Welt gibt es eine Reihe von Beispielen, an denen deutlich wird, dass ohne das Dazwischengehen bewaffneter Gewalt dem Haß, der Zerstörung und dem Morden überhaupt nicht Einhalt geboten werden könnte."

Und dann die Gegenposition: „Allerdings zeigt sich in diesen Fällen auch, dass die herkömmlichen militärischen Mittel nur sehr begrenzt einsatzfähig und wirksam sind."

Daraus folgt: „Die Politikgestaltung muss vielmehr vorrangig mit Strategien verfolgt werden, die durch die Förderung von Demokratie und Wirtschaft und solchen Lebensbedingungen, die den Interessen der Menschen dienen, deren Fähigkeit zur friedenstauglichen Konfliktbearbeitung stärken. Für das kommende Jahrzehnt kommt es darauf an, mehr Klarheit darüber zu gewinnen, in welchen konkreten Kontexten welche Mittel zur Konfliktbearbeitung und Konfliktüberwindung angemessen und wirkungsvoll sind. Der Leitbegriff des gerechten Friedens dient dabei als Wegweiser für alle künftigen Schritte auf dem Weg des Friedens."

Solche Formulierungen sind wohlfeil und helfen nicht weiter. Vielleicht sollen sie die Kirche aus Debatten herausführen, für die sie keine Antworten finden kann. Sicherlich sollen sie die Kirche zusammenhalten.

Doch täuschen wir uns nicht. Das pazifistische und gleichzeitig antikapitalistische Potential in der Kirche bleibt beachtlich. Sein Hauptgegner sind die USA. Die Irak-Krise macht das erneut deutlich. Die Kirche hat inzwischen weiter an Kraft und an Einfluss verloren. Das aber hat auch für Systemgegner und weltfremde Pazifisten den Vorteil, sich noch leichter der Maschinerie der Kirche für ihre Zwecke zu bedienen.

Nicht einmal mehr ein Verbalkompromiss

Die römisch-katholische Kirche hat eine klare und eindeutige Haltung: Der Verteidigungskrieg ist erlaubt. ABC-Waffen zur Abschreckung und somit zur Selbstverteidigung können hingenommen werden. Dabei muss allerdings ihre Gefahr für die Menschheit jedermann klar sein. Massenvernichtung als Folge des totalen Krieges ist ein Verbrechen. Der Friede verlangt zu seiner Sicherung Abrüstung. Er ist durch Waffengewalt auf Dauer nicht zu sichern. Der Rüstungswettlauf ist ein „Skandal", weil ein schreiendes Missverhältnis besteht zwischen den Resourcen, die in den Dienst des Todes gestellt werden und dem wenigen, was dem Leben diesen soll. Umkehr ist notwendig. Sicherlich ist diese zwangsläufig flüchtige Skizzierung nicht hinreichend, um die Positionen und die Fortentwicklung der katholischen Friedensethik genau zu beschreiben. Sie macht aber eins deutlich: Während die Katholische Kirche dank ihrer auf Rom konzentrierten Willensbildung den brandenden Sturmwellen der Friedensbewegung standhalten und ihre Aussagen zur Friedenspolitik bedacht fortentwickeln kann, wird die Evangelische Kirche von ihnen mitgerissen und so auch zum Teil selbstentfremdet. Die EKD kann nur noch versuchen, Schlimmeres zu verhindern. Eine theologische Orientierung geht von ihren Stellungnahmen nicht aus.

Die Synode der EKD schafft es auf ihrer Tagung Anfang November 2001 nicht, zum Angriff des internationalen Terrorismus am 11. September und zum Krieg in Afghanistan eine sinnvolle und gemeinsame Position zu entwickeln. Der Präses der EKD-Synode, Jürgen Schmude, kommentiert diesen Vorgang so: Es sei das Wesen des Protestantismus, in solchen Fragen kein Lehramt zu beanspruchen. Das ist sicherlich nicht falsch. Aber warum versucht sich dann die EKD immer wieder an dieser Problematik? Warum fällt der EKD diese Grundposition erst dann ein, wenn es ihr nicht einmal mehr gelingt, ein kräftiges Sowohl-als-Auch zu formulieren?

Eine Grundfrage bleibt offen: Sind Theologen überhaupt in der Lage, zu zentralen Fragen der nationalen und internationalen Sicherheitspolitik Stellung zu nehmen? Ihre Ausbildung und ihre Berufserfahrung haben sie darauf nicht vorbereitet. Und sie vergessen ihren eigentlichen Auftrag: Uns Menschen auf den Sinn unseres Lebens zu verweisen. Welchen Sinn haben solche Arbeiten für uns Christenmenschen? Ohne außen- und sicherheitspolitischen Sachverstand können ihre Stellungnahmen dann zur theologischen Anmaßung werden, wenn sie sich von den Realitäten lösen, insbesondere aber so tun, als könnten sie wahre Überzeugungen vermitteln. Selbst die Begründung solcher Stellungnahmen auf unseren christlichen Glauben ist für uns Protestanten eine unzulässige Anmaßung. Im Gegensatz zur römisch-katholischen Kirche steht die Kirche nicht weisend zwischen mir und meinem Gott. Ich muss mein Verhalten direkt vor ihm verantworten. Kirchliche Stellungnahmen zu den großen Fragen unserer Zeit – Frieden, Gerechtigkeit, Bewahrung der Schöpfung – gehen von einer Weltsicht, einer vorausgesetzen Wahrheit aus, die nicht objektiv, sondern subjektiv fundiert ist (siehe dazu Trutz Rendtorff, „Ethik", Band 1, S. 40 ff). Das Evangelium lässt zu diesen Grundfragen keine Schlussfolgerungen zu, die zwangsläufig und damit verbindlich der Politik und den Politikern den Weg weisen.

Die EKD will dieser Problematik dadurch entgehen, dass sie auch im Falle ihrer Stellungnahmen zur Friedenspolitik den Begriff „Denkschrift" verwendet. Damit wendet sich die Kirche an das Denken und die eigene Urteilsfähigkeit ihrer Mitglieder und an die Öffentlichkeit. Einen unreformatorischen Gewissenszwang kann es so nicht mehr geben (Rendtorff, aaO, S. 57).

In der tagespolitischen Auseinandersetzung werden solche Begrenzungen immer wieder übersehen. Dann heißt es: „Die Kirche fordert ..." Natürlich kann der Kirche aus solchen Verkürzungen in der öffentlichen Debatte kein Vorwurf gemacht werden. Es kann auch aus den wachsenden Schwierigkeiten der EKD, zu dringenden Grundfragen unserer Zeit eindeutig zumindest hilfreich für die Meinungsbildung Stellung zu nehmen, nicht der Schluss gezogen werden, die Kirche möge sich auf ihr ureigentliches Feld der Seelsorge zurückziehen. Jede Predigt ist in ihrem Selbstverständnis öffentliche Rede. Doch Bescheidenheit im Anspruch täte ihr gut. Die Menschen dürstet es nach Trost und Wegweisung. Eine weitere Stimme im Streit, eine Stimme, die mit sich selbst uneins ist, führt nicht weiter.

Diese Stoffhuberei, nicht nur im Bereich der Sicherheitspolitik sondern in allen Politikbereichen – die EKD lässt fortlaufend politische Stellungnahmen für alle Politikfelder auf uns herabregnen – soll auch ihre Unfähigkeit verdecken, sich über zentrale Fragen unseres protestantischen Glaubens einig zu werden. Sie sind damit auch ein Stück Beschäftigungstherapie, deren Ergebnisse sich immer weniger in den Medien widerspiegeln.

Die fortlaufenden politischen Stellungnahmen der EKD sollen auch darüber hinweg täuschen, dass die EKD unfähig ist, sich über zentrale Fragen des protestantischen Glaubens einig zu werden.

II.

Unsere Wirtschafts- und Gesellschaftsordnung

In „Weimar" rechts

Grundfragen der deutschen Wirtschafts- und Gesellschaftsordnung spielen innerhalb der Landeskirchen bereits vor
der Revolution der Jahre 1918/19 eine gewisse Rolle. Doch
die Leitungen der Landeskirchen mit dem jeweiligen
Landesherren als Inhaber des Kirchenregiments sorgen
schon dafür, dass etwaige aufrührerische Meinungen privat
bleiben.

Das ändert sich nach dem verlorenen Ersten Weltkrieg.
Die religiösen Sozialisten melden sich zu Wort. Paul Tillich
fordert 1920, dass sich Christentum und Sozialismus fortentwickeln und eins werden müssen „in einer neuen Welt-
und Gesellschaftsordnung, deren Ethos eine Bejahung jedes
Menschen um deswillen, dass er Mensch ist, und deren
religiöser Gehalt ein Erleben des Göttlichen in allem
Menschlichen des Ewigen in allem Zeitlichen ist"
(„Christentum und Sozialismus", S. 29).

Otto Dibelius fordert 1926 von der Evangelischen Kirche
Antwort auf die Fragen: „Gibt es eine Grenze für den
Gewinn, den der Produzent aus seiner Ware herausholt?
Wie verhält sich das Recht des Kapitals zum Recht des
Arbeiters? („Das Jahrhundert der Kirche", S. 228 f).

Doch tiefgreifende Konsequenzen hat das nicht. Während die Katholische Kirche in der Zentrumspartei ihren politischen Arm hat mit gemäßigt progressiven Überzeugungen, die auch in die Kirche zurückwirken, finden SPD und Protestantismus nicht zusammen. „Dabei hatten die evangelischen Wähler bei den Reichstagswahlen im Januar 1919 trotz aller Warnungen in großer Zahl SPD gewählt. Doch die Kirchenleitungen suchten ihr Heil in der Stärkung der Rechten" (Klaus Scholder, „Die Kirchen und das Dritte Reich", Band 1, Frankfurt 1997, S. 22).

Nach 1945: Leitbild soziale Marktwirtschaft

Nach dem totalen Zusammenbruch 1945 verhindert der kalte Krieg eine nüchterne und tiefgreifende Standortbestimmung der wirtschafts- und gesellschaftspolitischen Positionen der Evangelischen Kirche in Deutschland. 1947 hatte Otto Dibelius einen neuen Weg zwischen Sozialismus und Kapitalismus eingefordert, da beide Ordnungsmodelle vor den Forderungen des Evangeliums nicht bestehen könnten. Seine konkreten Forderungen weisen den Weg zur Konzeption der sozialen Marktwirtschaft. Sie gewinnt zunehmend Raum in der Kirche (Traugott Jähnichen, in: Kirchlicher Dienst (Hg), „Gerechtigkeit ist unteilbar", S. 17f). Verwunderlich ist das nicht, denn das sozialistische Zerrbild, das sich in der DDR entwickelt, liefert zusammen mit der dort praktizierten atheistischen Staatsideologie negative Argumente. Die soziale Marktwirtschaft feiert Triumphe und löst die massiven sozialen Spannungen nach 1945 augenscheinlich auf Dauer auf. „Wohlstand für alle", heißt die Parole in Westdeutschland.

Die SPD in Westdeutschland gibt spätestens 1959 mit ihrem Godesberger Grundsatzprogramm ihre sozialistischen Grundpositionen auf und agiert nun auf der Basis der gegebenen Wirtschafts- und Gesellschaftsordnung. Die Grundpositionen der beiden Volksparteien gleichen sich an. In Abwandlung einer Waschmittelreklame für Persil heißt es in diesen Jahren, die SPD sei die beste CDU, die es je gab. Die kontroverse christliche Debatte über die gerechte Wirtschafts- und Gesellschaftsordnung findet vor allem in Südamerika statt. In Westdeutschland sind die protestantische Sozialethik und das Konzept der sozialen Marktwirtschaft eng miteinander verbunden.

Hat sich das geändert? Huber weist darauf hin („Kirche in der Zeitenwende", S. 119 f), dass zwar der Zusammenbruch der kommunistischen Wirtschaftsordnung die Überlegenheit der Marktwirtschaft bewiesen habe. „Doch mit dem Sieg dieses Wirtschaftssystems steigt auch die Zahl seiner Opfer. Massenhafte Arbeitslosigkeit führt zur Ausgrenzung einer großen Anzahl von Menschen aus den Möglichkeiten gesellschaftlicher Mitwirkung. Eine beträchtliche Zahl junger Menschen verliere bereits während der Phase zwischen Schule und Beruf jede Zukunftsperspektive" (aaO, S. 120). Hier taucht die monokausale Zuordnung von aktuellen Schwierigkeiten auf, die in dieser pauschalen Darstellung zu keinem Zeitpunkt den Realitäten unserer Gegenwart gerecht wird. Huber will das marktwirtschaftliche System nicht abschaffen. Es soll „sozial- und umweltverträglich" gemacht werden. Doch man muss wohl genau hinschauen, ob die Kirchen außer Schlagworten im Detail Neues und Besseres zu bieten haben als die Politik. Die evangelischen Pfarrer sind in jedem Fall in ihrer überwältigenden Mehrheit stramme Antikapitalisten. Fast 90 Prozent halten unser Weltwirtschaftssystem dafür verantwortlich, dass die Kluft zwischen den armen und den reichen Ländern so groß ist. Fast 70 Prozent behaupten, dass die reichen Länder auf Kosten der Dritten Welt leben. Rund 85 Prozent sind davon überzeugt, dass die Wirtschaft die politische Entwicklung in unserem Lande bestimmt (Jörns, aaO, S. 252 f).

Die Deutsche Einheit und die Überwindung der Spaltung unseres Kontinents hatten Hoffnungen und Erwartungen freigesetzt, die schon bald in Enttäuschungen und Perspektivlosigkeit umschlagen. Die EKD veröffentlicht in diesem Klima im Jahre 1991 ihre Wirtschaftsdenkschrift „Gemeinwohl und Eigennutz". Sie fordert eine Fortentwicklung der sozialen Marktwirtschaft vor allem durch eine verstärkte Handlungsbereitschaft und Handlungsfähigkeit der Politik national und mehr noch international.

Diese Jahre nach der deutschen Einheit sind dadurch gekennzeichnet, dass sich die wirtschafts- und sozialpolitischen Vorstellungen der Wissenschaft, der Verbände und der politischen Parteien immer weiter von den Sorgen und Befürchtungen einer wachsenden Minderheit der Deutschen, insbesondere der Ostdeutschen, entfernen. Unter dem Druck der Europäischen Integration, dem wachsenden Wettbewerb im Binnenmarkt, der Globalisierung der Wirtschafts- und Finanzbeziehungen werden öffentliche Unternehmen und ihre Dienstleistungen privatisiert, wird dereguliert, verlieren viele Menschen ihre Arbeit. Deutschland muss sich den neuen Herausforderungen stellen, wenn es mithalten will. So heißt es. Und das stimmt.

Doch wo sind die Stimmen, die die Sorgen der Betroffenen aufnehmen und politisch artikulieren? Da wartet unser Land auf seine beiden Großkirchen. Sie aber wollen eine platte antikapitalistische Argumentation vermeiden, national wie international.

Das ist ein, wenn auch sicherlich nicht der einzige Grund für einen langen und aufwendigen Konsultationsprozess der beiden Kirchen auf dem Wege zum „Wort des Rates der Evangelischen Kirche in Deutschland und der Deutschen Bischofskonferenz" zur wirtschaftlichen und sozialen Lage in Deutschland mit dem Titel „Für eine Zukunft in Solidarität und Gerechtigkeit". Im Jahre 1994 legen beide Kirchen eine gemeinsame Diskussionsgrundlage vor als Basis für einen möglichst breit angelegten Konsultationsprozess in Kirche und Gesellschaft. Damit werden die gesellschaftlichen Analysen und die Antworten vorgegeben, die den Diskussionsprozess durchlaufen und ihn auch weitgehend unbeschädigt überstehen.

Es findet ein wechselseitiger Prozess der geistigen Befruchtung statt, der auf Seiten der Kirchen ihre Argumentationsweise verbreitert, nicht aber im Kern verändert. Der Vorsitzende der Deutschen (katholischen) Bischofskonferenz, Bischof Dr. Karl Lehmann spricht vom innerkirchlichen Wagnis dieses Konsultationsprozesses. Der badische evangelische Landesbischof Engelhardt sagt zu diesem Vorhaben: „Der Weg ist das Ziel" (Wissenschaftliches Forum, 12.9.1995, S. 14 f).

Das ist nicht negativ zu werten. Wissenschaft, Politik, Gewerkschaften und Arbeitnehmerverbände lernen die kirchlichen Argumente zur Wirtschafts- und Sozialpolitik kennen und verstehen. Die Kirchen nehmen die von ihren Dialogpartnern vertretenen auch widersprüchlichen Überzeugungen auf, können aber weitgehend bei den von ihnen bereits vertretenen mittleren Positionen bleiben. Sichtbar wird in den vorgelegten Papieren über die vielfältigen Konsultationen, wie weit die Meinungen auseinander gehen. Das zu erwartende „Wort" der Kirchen kann also nur einen prekären und nur begrenzt belastbaren Konsens bringen. Und er wird im Rahmen unserer Wirtschafts- und Sozialordnung bleiben, manche durch Einzelforderungen ärgern, die Systemkritiker und Veränderer aber keineswegs zufrieden stellen.

Im Februar 1997 legen der Rat der Evangelischen Kirche in Deutschland und die Deutsche Bischofskonferenz ihr abschließendes Wort zur wirtschaftlichen und sozialen Lage in Deutschland vor (Für eine Zukunft in Solidarität und Gerechtigkeit). Der Begriff „Wort" soll augenscheinlich von vornherein die Bedeutung ihrer Aussagen relativieren.

Dennoch ist ein „Wort" unserer beiden Großkirchen zu diesen zentralen Herausforderungen von großem Gewicht und bedarf deshalb einer genauen Analyse. Trotz des durchaus positiven Echos von Seiten der Politiker, ihrer Parteien, der Verbände und Institutionen muss geprüft werden, ob sich dieses „Wort" einsetzen lässt zur Verbesserung der wirtschaftlichen und sozialen Lage, ob es neue Ansätze für eine bessere, vor allem aber gerechtere Politik aufzeigt. Oder ob es sich vor allem um die Formulierung von Grundpositionen handelt, deren Umsetzung in die politische Arbeit kaum möglich ist.

Die beiden Großkirchen unterstreichen, dass Solidarität und Gerechtigkeit notwendiger denn je sind. Sie „genießen heute keine unangefochtene Wertschätzung. Dem Egoismus auf der individuellen Ebene entspricht die Neigung der gesellschaftlichen Gruppen, ihr partikulares Interesse dem Gemeinwohl rigoros vorzuordnen. Manche würden der regulativen Idee der Gerechtigkeit gern den Abschied geben. Sie glauben fälschlicherweise, ein Ausgleich der Interessen stelle sich in der freien Marktwirtschaft von selbst ein.

Für die Kirchen und Christen stellt dieser Befund eine große Herausforderung dar. Denn Solidarität und Gerechtigkeit gehören zum Herzstück jeder biblischen und christlichen Ethik." („Für eine Zukunft in Solidarität und Gerechtigkeit" – Gemeinsames Wort des Rates der Evangelischen Kirche in Deutschland und der Deutschen Bischofskonferenz zur wirtschaftlichen und sozialen Lage in Deutschland, 1997. S. 7).

Gerechtigkeit und Solidarität bedingen, dass die Volkswirtschaft das erwirtschaftet, was verteilt werden soll. „Wird dieser Tatbestand ignoriert und das gesamtwirtschaftliche Leistungsvermögen dauerhaft durch einen überproportionalen Anstieg der vom Staat vorgenommenen Umverteilung überfordert, dann werden die finanziellen Fundamente der sozialen Sicherung unterspült. ... Das Leistungsvermögen der Volkswirtschaft und die Qualität der sozialen Sicherung sind wie zwei Pfeiler einer Brücke. Die Brücke braucht beide Pfeiler. Heute ist die Gefahr groß, dass die Wettbewerbsfähigkeit auf Kosten der sozialen Sicherung gestärkt werden soll. Nicht nur als Anwalt der Schwachen, auch als Anwalt der Vernunft warnen die Kirchen davor, den Pfeiler der sozialen Sicherung zu untergraben" (aaO, S. 9).

Eindrucksvoll sind diese Grundpositionen keineswegs. Es fällt mir schwer, mir eine politische Partei oder einen Verband vorzustellen, der diese Aussagen in ihrer Allgemeinheit nicht akzeptieren könnte. Der Teufel steckt im Detail. Außerdem ist die Behauptung falsch, dass die Gefahr bestünde, die Wettbewerbsfähigkeit könnte auf Kosten der sozialen Sicherheit gestärkt werden. Die Abgabenquote – zu unterscheiden von der Steuerquote – in Prozenten des Bruttoinlandsproduktes ist seit Mitte der neunziger Jahre konstant. Es geht nicht um die Kürzung der Sozialausgaben, es geht um den Umbau des Sozialstaates zugunsten der tatsächlich Bedürftigen. Dem stimmt das „Wort" ausdrücklich zu.

Die beiden Großkirchen wollen unsere Wirtschaftsordnung weiterentwickeln „zu einer sozial, ökologisch und global verpflichteten Marktwirtschaft". Binnenwirtschaftlich stellt sich als zentrale Aufgabe die Überwindung der Massenarbeitslosigkeit. Sonst ist eine „zuverlässige Konsolidierung des Sozialstaates" nicht möglich. „Priorität hat nach wie vor die Schaffung wettbewerbsfähiger Arbeitsplätze." Daneben fordern die beiden Kirchen arbeitsmarktpolitische Maßnahmen wie Teilzeitarbeitsplätze, den Abbau eines Teils der Überstunden zugunsten neuer Arbeitsplätze.

Das „Wort" stellt fest, dass es einen „Königsweg" zur Überwindung der Massenarbeitslosigkeit nicht gibt. Aber die „soziale Marktwirtschaft muss beweisen, dass sie ein Problem wie die lang anhaltende Massenarbeitslosigkeit lösen kann und damit einer Wirtschaftsordnung ohne soziale Verpflichtung überlegen ist."

Die dazu einzuschlagenden Wege sind nach der Meinung der Großkirchen vielfältig: Lohn- und Gehaltszuwächse sollten sich am Produktivitätsfortschritt orientieren und die Lohnstückkosten nicht erhöhen. Eine umfassende Reform der Steuer- und Abgabensysteme soll die Belastungen reduzieren, das System arbeitsplatzfördernder und sozial gerechter machen. Bildung und Ausbildung sind eine lebenslange Aufgabe. Selbstständigkeit und unternehmerische Initiative müssen gefördert werden.

Von vergleichbarem Zuschnitt sind die Aussagen zur Reform des Sozialstaates, der Familienpolitik, dem sozialen Wohnungsbau. Sie sind mild progressiv: Die Sozialhilfesätze sollten nicht „eingefroren" werden. Das Wohngeld sollte regelmäßig und zeitnah angepasst werden. Eine stärkere Eigenbeteiligung der Beamten an ihrer Altersversorgung ist erforderlich. Ehepaare oder Alleinstehende mit Kindern dürfen nicht schlechter gestellt werden als kinderlose Steuerzahler...

Die ungleiche Vermögensverteilung wird ebenso beklagt wie wachsende Kapitaleinkommen gegenüber den Arbeitseinkommen. Deshalb fordert das „Wort" neue Aktivitäten zur breiteren Streuung des Produktivkapitals. Nur indirekt wird die Wiedereinführung der Vermögenssteuer gefordert. Der Steuerhinterziehung und der Steuerflucht wird der Kampf angesagt. „Veränderungen und Anpassungen des Sozialstaates dürfen nicht nur und auch nicht in erster Linie den geringer Verdienenden, den Arbeitslosen und den Sozialhilfeempfängern zugemutet werden."

Solidarität und Gerechtigkeit müssen weltweit eingefordert werden. „Das ist von besonderer Aktualität zu einem Zeitpunkt, an dem die Weltwirtschaft von Globalisierungsschüben erfaßt ist. Diese Globalisierung ereignet sich jedoch nicht wie eine Naturgewalt, sondern muss im Rahmen der Wirtschafts- und Finanzpolitik gestaltet werden. Sie kann zahlreichen wirtschaftlich wenig entwickelten Ländern neue

Chancen geben. Die Chancen bestehen freilich nur so lange, wie die reichen Länder bereits sind, ihre Märkte offenzuhalten und weiter zu öffnen. Das verlangt den Menschen in Deutschland Umstellungen ab und ist für manche Wirtschaftszweige mit Einbußen verbunden. Die Kirchen treten in dieser Situation dafür ein, auch eine solche Entwicklung zu bejahen und zu fördern" (aaO, S. 16).

Mir reichen diese Allgemeinplätze nicht. Die beiden Großkirchen wissen sicherlich genau, um welche nationalen Wirtschaftszweige es geht, die im Rahmen der Arbeiten der Welthandelsorganisation in große Bedrängnis kommen: die Familienbetriebe der Landwirtschaft, die Textil- und Lederindustrie, die Spielwarenindustrie, der Steinkohlebergbau, um nur einige Branchen zu nennen. Wird die deutsche Wirtschaftspolitik die Unterstützung der beiden Großkirchen bekommen, wenn wir durch unsere Zustimmung zu entsprechenden handelspolitischen Beschlüssen der EU die erwarteten „Einbußen" auslösen?

Was sollen wir tun, um die globalen Herausforderungen bestehen zu können? Die Antworten sind dürftig. Die nationale Wirtschafts- und Sozialpolitik stößt an ihre Grenzen. „Damit wächst die Bedeutung einer gemeinsamen Verantwortung der Völkergemeinschaft, Globalisierung ereignet sich nicht wie eine Naturgewalt, sie verlangt nach politischer Gestaltung ... Erste Ansätze dazu gibt es in der Tätigkeit der Vereinten Nationen, der Weltbank, des Weltwährungsfonds und vor allem der Welthandelsorganisation (WTO). Sie müssen ausgebaut werden, vor allem durch Regeln für eine fairen wirtschaftlichen Wettbewerb und durch soziale Mindeststandards. Diese Regeln und Standards durchzusetzen wird nur möglich sein, wenn „die weltweit tätigen staatsähnlichen Institutionen mit ordnungspolitischer Kompetenz ausgestattet werden."

Zur Entwicklungshilfe findet man nur wenig: Es sei ein gefährlicher Trend, dass sie nach dem Ende der Ost-West-

Konfrontation gekürzt werde. Kein Wort zu dem Ziel, den Anteil dieser Mittel am Bruttosozialprodukt auf mindestens 0,7 Prozent festzulegen. Deutschland ist davon weit entfernt. Im Übrigen: Im Diskussionsentwurf von 1994 wurde auf dieses schwerwiegende Versäumnis noch nachdrücklich hingewiesen.

Die beiden Großkirchen begründen ihre Forderungen mit dem Doppelgebot der Gottes- und der Nächstenliebe. „Die christliche Nächstenliebe wendet sich vorrangig den Armen, Schwachen und Benachteiligten zu."

Es geht um „soziale Gerechtigkeit". Sie bedarf für ihre Verwirklichung der Solidarität der Gesellschaft mit den Bedürftigen und der Beachtung des Prinzips der Subsidiarität. „Gerade die Schwächeren brauchen Hilfe zur Selbsthilfe."

Damit tauchen Kernpunkte der katholischen Soziallehre aus dem 19. Jahrhundert auf. Marktwirtschaft pur wird abgelehnt, soziale Marktwirtschaft angemahnt. Leonardt will im „Wort" des Jahres 1997 „eine unübersehbare Verstärkung des marktskeptischen Akzents" (Rochus Leonardt, „Das Gemeinsame Wort der Kirchen von 1997 in: „Wieviel Armut verträgt die Demokratie?", Rostock 2001, S. 103) gegenüber der Stellungnahme der EKD von 1991 sehen.

Die 1994 vorgelegte Diskussionsgrundlage umfasst insgesamt 52 Seiten. Der Text wird bis zu seiner Verabschiedung im Jahre 1997 doppelt so lang. Präziser wird er nicht. Wehtun wird er niemandem. „Der Weg ist das Ziel" hieß es 1995. Das „Wort" spiegelt dies wider. Vielleicht bin ich zu hart, vielleicht auch ungerecht, denn was sollen die beiden Großkirchen eigentlich zu diesen aktuellen Grundfragen anderes fordern als das, was die große Mehrheit der Verantwortlichen in Politik, Gesellschaft und Wirtschaft akzeptieren können? Und nur, wenn sie im Allgemeinen verharren, gefährden sie diesen Konsens nicht. Außerdem wirkt natürlich die Beteiligung der Katholischen Kirche dämpfend auf den Forderungskatalog. Doch was bringt ein solches „Wort" Neues? Wozu diese große Anstrengung? Die Kirchen können sagen: Wir haben profund Stellung genommen. Ihr „Wort" kann in die Archive gehen, bestenfalls als intellektueller Steinbruch Reden und Stellungnahmen durch passende Zitate schmücken.

Gegenrede

1997 erscheint eine Veröffentlichung des Kirchlichen Dienstes in der Arbeitswelt (KDA) als Sammelband unter dem Titel „Gerechtigkeit ist unteilbar" (Bochum 1997) mit einer Reihe von Beiträgen „zum Wirtschafts- und Sozialwort der Kirchen". Im Vorwort erklären die Herausgeber: „Wir verstehen das Wirtschafts- und Sozialwort als eine Gegenrede gegen die vorherrschende neoliberale Wirtschaftspolitik. Dies muss in der gesellschaftlichen Debatte deutlich herausgestellt werden. Der enge Zusammenhang von Glaube und Weltgestaltung ist der Grund dafür, weiter die aktuellen politischen Folgerungen zu bedenken, die sich aus dieser Einschätzung ergeben. Gerechtigkeit ist unteilbar. Wir stellen darum die Frage der gerechten Verteilung der Güter innerhalb der jetzigen Generation neben die Aufgabe, auch mit zukünftigen Generationen gerecht zu teilen und ihnen eine lebenswerte Umwelt zu erhalten" (aaO, S. 7).

„Mit ihrem gemeinsamen Wort haben die Kirchen einen wichtigen Diskussionsbeitrag geleistet. Es kommt nun darauf an, die vertretenen Grundpositionen in die aktuellen Politikfelder hinein auszuformulieren" (aaO, S. 7).

Und damit sind die Voraussetzungen geschaffen, um das „Wort" so zu interpretieren, dass es für die Tagespolitik nutzbar wird. Zur Verstärkung ihrer Argumentationen werden wirksame Zitate aus entsprechenden Erklärungen anderer Kirchen und des Ökumenischen Rates der Kirchen eingefügt.

Es ist hier nicht der Ort, um sich mit den insgesamt 21 Beiträgen dieser Veröffentlichung auseinander zu setzen. Sie enthalten manche Verdächtigung, kapitalismus-kritische Analysen, die Ablehnung des Neoliberalismus und Beschreibungen von materiellen Notlagen – Armut, Massenarbeitslosigkeit, Umweltzerstörung –, national wie international. In einzelnen Beiträgen werden die Kirchen aufgefordert, sich noch aktiver in die Weiterentwicklung der gesellschaftspolitischen Grundlagen unserer Zeit einzuschalten. Das aber haben die beiden Großkirchen augenscheinlich nicht vor. Deshalb wird dieses „Wort" auch die kirchlichen Gruppen der Globalisierungsgegner, Umweltschützer, der Kernenergiegegner, der Gegner unserer Wirtschafts- und Sozialordnung nicht erreichen. Ihnen schaudert es, wenn sie im „Wort" lesen: „Es ist aber kein Wirtschaftssystem in Sicht, das die komplexe Aufgabe, die Menschen materiell zu versorgen und sie sozial abzusichern, ebenso effizient organisieren könnte wie die Soziale Marktwirtschaft" (aaO, S. 58). Der kirchliche Kampf geht weiter mit Bibelzitaten als Garnitur ihres weltlichen Kampfes.

Das „Wort" der beiden Großkirchen mag, gemessen an den in unserer Gesellschaft vorhandenen restaurativen Tendenzen, eine progressive Position darstellen. Doch darum geht es im Kern überhaupt nicht. Wenn sich die beiden Großkirchen auf ein ihr wesensfremdes Territorium begeben und nicht in die Irre laufen wollen, die große Mehrheit ihres Kirchenvolkes nicht ärgern wollen, kann inhaltlich nichts anderes herauskommen als das, was uns seit 1997 vorliegt.

Rekatholisierung?

Und damit stellt sich die Frage, wozu das alles gut ist? Für die katholische Kirche ist die Antwort einfach: Die Bischofskonferenz hat gesprochen. Damit ist das „Wort zur wirtschaftlichen und sozialen Lage in Deutschland, für eine Zukunft in Solidarität und Gerechtigkeit" für das katholische Kirchenvolk von Belang. Die EKD kann das nicht erwarten. Das, was sie in ihren Verlautbarungen und in diesem „Wort" fordert und das, was vor Ort und von Synoden beschlossen wird, hat nur selten etwas miteinander zu tun. Das hat nicht nur etwas mit der Schwäche der EKD gegenüber ihren Mitgliedskirchen zu tun. Hier wird auch ein Grundzug protestantischen Selbstverständnisses sichtbar.

Welchen Stellenwert haben solche Stellungnahmen? Was will die Evangelische Kirche bewirken, wenn sie sich immer wieder mit Denkschriften und Stellungnahmen zu Wort meldet? Warum muss sie zusammen mit der Katholischen Kirche zur wirtschaftlichen und sozialen Lage in Deutschland Position beziehen? Dazu Trutz Rendtorff: „Es ist nicht zu verkennen, dass in der Konsequenz vielfacher kirchlicher Stellungnahmen zu ethischen Themen sich im Protestantismus die Tendenz zu einer Art Rekatholisierung der Ethik angebahnt hat. Es sieht dann so aus, als ob die Kirche, abgehoben gegenüber den Christen, primärer Träger ethischer Urteilsbildung im Protestantismus sei, der eine scheinbar höhere Dignität zukommt als der ethischen Verantwortung der Christen im Alltag von Gesellschaft und Politik. Diesem Kirchenverständnis kommt eine säkulare Auffassung entgegen, derzufolge eine ethische Stellungnahme erst dann den Charakter des ‚Christlichen' hat, wenn sie von Organen der Institution Kirche formuliert worden ist. Die protestantischen Kirchen unterstützen diese Vorstellung, allerdings wohl eher unbeabsichtigt, wenn sie für ihre Teilnahme an den die Menschheit heute bewegenden

‚großen' Fragen eine eigene Öffentlichkeit organisieren (z.B. in Form eines eigenen ‚konziliaren Prozesses'). Sofern die Kirchen damit einer weitreichenden Verkirchlichung der Ethik Vorschub leisten, die zu einer ebenso weitreichenden Entwertung der christlichen Verantwortung im weltlichen Leben und zu einer Entmündigung der ‚weltlichen Christenheit' führt, sind hier kritische Rückfragen fällig" (aaO, S. 56).

Mehr als fünf Jahre sind seit dem Wort „für eine Zukunft in Solidarität und Gerechtigkeit" ins Land gegangen. 1998 hat sich die Mehrheit der deutschen Wähler für eine andere Koalition entschieden. Sie hat diese Koalition im September 2002 im Amt bestätigt. Wesentliche Probleme sind seit der Verabschiedung des „Gemeinsamen Wortes" der beiden Großkirchen unerledigt liegen geblieben – insbesondere die Überwindung der anhaltenden Massenarbeitslosigkeit. Jetzt soll sie mit neuen Vorstellungen bekämpft werden.

Kirche hat ihren ureigenen Auftrag. Sie kann sich nicht dort einmischen wollen, wo die Politik gefordert ist, wo der Kirche der Sachverstand fehlt und sie im Streit der politischen Überzeugungen unter die Räder kommen kann. Es wird Zeit, dass diese Einsicht auch bei den anderen Politikbereichen wächst. Von den Kirchen haben wir im Wahlkampf 2002 zu diesem zentralen Thema aber auch zu anderen drängenden Problemen nichts gehört. Die beiden Großkirchen haben sich ausgeschwiegen. Das ist auf der einen Seite zu begrüßen, denn kirchliche Einmischungen in die Wahlauseinandersetzungen können auch falsch verstanden werden, insbesondere vor dem Hintergrund böser historischer Erfahrungen. Andererseits ist es für mich unverständlich, warum die beiden Großkirchen drei Jahre lang an einer gemeinsamen Position „für Solidarität und Gerechtigkeit" arbeiten, um sie dann im Wahlkampf in den Archiven ruhen zu lassen und sie keine Grundsatzpositionen formulieren.

Unser Land steht vor weitreichenden Entscheidungen. Angesichts der demographischen Entwicklungen müssen unsere Systeme der Alterssicherung umgebaut werden. Unser Gesundheitssystem ist so nicht mehr finanzierbar. Sowohl der von den Krankenkassen finanzierte Leistungskatalog muss überarbeitet werden als auch seine Finanzierung. Die Mentalität der Selbstbedienung aller Beteiligten muss gebrochen werden.

Unser Steuersystem ist leistungsfeindlich. Seine Zugriffe sind ungerecht und ohne klare Linie. Unsere Arbeitsmarktpolitik hilft uns nicht bei der Überwindung der Massenarbeitslosigkeit.

Die Bürokratisierung von Wirtschaft und Gesellschaft hat große wachstumshemmende Wirkungen. Sie muss überwunden werden

Damit sind keinesfalls alle Reformbereiche aufgerufen, die auf die Entscheidungen der deutschen Politik warten. Wenn die Politiker nicht handeln, vor allem aber nicht den Widerstand der organisierten Interessengruppen überwinden, wird das Ansehen unserer parlamentarischen Demokratie nachhaltig Schaden nehmen. Unser Wohlstand und unsere internationale Wettbewerbsfähigkeit werden leiden.

Die Kirchen schweigen. Das ist verständlich und nahe liegend. Auf welcher Basis sollten sie auch argumentieren? Ihr gemeinsames Wort für „eine Zukunft in Solidarität und Gerechtigkeit" mit seinen „abgerundeten" Forderungen gibt dafür nichts her. Wie sollen sie sich ohne Sachverstand in eine Debatte der Experten der großen gesellschaftlichen Gruppen einbringen, die um weiterführende Reformlösungen ringen?

Kirche hat ihren ureigenen Auftrag. Sie kann sich nicht dort einmischen wollen, wo die Politik gefordert ist, wo der Kirche der Sachverstand fehlt und sie im Streit der politischen Überzeugungen unter die Räder kommen kann. Es wird Zeit, dass diese Einsicht auch bei den anderen Politikbereichen wächst.

Epilog

Zwei Jahre habe ich an diesem Buch gearbeitet. Immer wieder habe ich meine Überlegungen geprüft, auch modifiziert. Meine tiefe Enttäuschung über den Weg der Evangelischen Kirche in Deutschland (EKD) in den letzten Jahrzehnten ist geblieben. Mein Verständnis für die manchmal auch zwangsläufigen Entwicklungen ist gewachsen. Viele Menschen haben die Kirche aus sehr unterschiedlichen Gründen verlassen. Dieser „Organismus" hat auch dadurch an Lebenskraft verloren und ist anfällig geworden für Irrwege und Verführer. Die Finanznot verstärkt die Probleme und verleitet zu Anpassungen an die vermeintlichen Bedürfnisse zahlender Mitglieder. Das muss die Abwärtsspirale weiter drehen.

Wie soll es weitergehen? Ich habe die Hoffnung, dass die Landeskirchen, die sich noch nicht so stark dem unumkehrbaren Verfallsprozess einiger Kirchen, insbesondere Nordelbiens, angeschlossen haben – das sind für mich insbesondere die beiden Süddeutschen Landeskirchen –, noch einen Weg zur Umkehr einschlagen können. Vielleicht wird so ein Neuanfang möglich. Er kann aber nur dann Erfolg haben, wenn es gelingt, die Menschen zurückzugewinnen. Das ist nicht zu schaffen mit einer Flut von Denkschriften und Werbekampagnen. Das gelingt nur in der Auseinandersetzung mit dem Einzelnen an der Haustür und auf der Straße. Nur von den Gemeinden her ist eine Erneuerung denkbar und möglich.

Die deutschen Freikirchen sind keine echte Alternative. Zwar können die landeskirchlichen Gemeinden viel von ihnen lernen. Ihre Rolle ist für das Christentum in Deutschland unverzichtbar. Doch die uns drohende evangelische Wüste können sie nicht bewässern und wieder fruchtbar machen. Einen solchen Anspruch erheben sie auch nicht.

Bleibt der Katholizismus. Vieles an den Vorurteilen, die mir in meiner Jugend in meine protestantische Seele gepflanzt wurden, habe ich im Laufe meines Lebens überwunden. Doch der Graben bleibt tief.

Und so träume ich einen Traum, in dem wir Evangelischen von den kirchlichen Opportunisten befreit sind und unserer Kirche von Gott mit seinem Evangelium die Chance eines Neuanfangs geschenkt wird. Dabei setze ich auf die jungen Menschen. Ihr Suchen nach Sinn und Ziel unseres Lebens ist unübersehbar. Nicht die Religion stirbt und wird überflüssig. Es sind die Formen, die Gefäße, in denen sie dargeboten werden. Sie werden sich ändern und damit auch die Großorganisation Landeskirche treffen. Um sie ist es nicht schade.

Wie dieser Prozess ablaufen kann, ist für mich nicht erkennbar. Doch wir Alten stehen bereit, um bei einem möglichen Neuanfang mitzuhelfen.

Für mich setzt ein Neuanfang voraus, dass die Evangelische Kirche in Deutschland umkehrt, zu einer radikalen Standortbestimmung bereit ist, um dann die zwangsläufigen Kurskorrekturen vorzunehmen. Daraus folgert für mich:

1. Es geht zu allererst um den Glauben. Er muss eindeutig und er muss stark sein. Unser Evangelium setzt dafür die Zeichen und markiert die Grenzen. Sie sind nicht beliebig veränderbar. Der Zeitgeist ist flüchtig und ändert sich schnell. Unser Glaube aber bestimmt dauerhaft unseren Lebenskurs hin zu Jesus.

2. Die Beliebigkeit theologischen Denkens und Handelns, die das Evangelium als ideologischen Steinbruch missbraucht, ist kein Beweis für recht verstandene protestantische Freiheit. Im Gegenteil. Die Kirche braucht ein scharfes Profil, um in unserer pluralen Gesellschaft christliche Leuchtfeuer brennen zu lassen.

3. Die Kirche hat vor allem einen seelsorgerischen Auftrag. Natürlich soll sie zu zentralen Fragen unseres Menschseins aus ihrer besonderen evangelischen Sicht Stellung nehmen. Sie verkennt aber ihre Aufgabe, wenn sie in alle möglichen Sachfragen hineinredet. Dazu fehlt ihr nicht nur der Sachverstand, sondern auch ein entsprechendes politisches Mandat.

4. Bischöfe und Kirchenleitungen sind in ihr Amt nicht als Moderatoren, schlimmer noch als Opportunisten, bestellt worden. Sie sollen sicherstellen, dass unser Evangelium recht gelehrt wird. Das kann für sie eine schwere Last sein, auch bittere Konsequenzen haben. Doch wer das nicht auf sich nimmt, macht sich vor Gott, auch vor den Christenmenschen schuldig.

5. Pfarrer, die sich vor allem theologisch selbstverwirklichen wollen und die theologischen Grundlagen ihrer Ordinierung verleugnen und missachten, haben in der Kirche nichts zu suchen. Außerdem muss ihre Ausbildung sicherstellen, dass sie sich vor allem als Seelsorger und nicht in erster Linie als akademische Fachkraft für theologische Streitfragen verstehen.

6. Die Volkskirche ist längst Minderheitenkirche geworden. Sie hat das mit ihrer Anpassung, ihrer Anbiederei an eine entchristlichte Gesellschaft nicht verhindern können, sondern selbst mit befördert. Nur wenn sie ihre neue Rolle annimmt, kann sie zum Sauerteig unserer Gesellschaft werden.

7. Eine Minderheitenkirche darf sich nicht aus der Fläche zurückziehen. Nur dort vor Ort kann Mission stattfinden. Deshalb müssen die vielfältigen Ebenen unnützer kirchlicher Hierarchien abgebaut werden. Das spart Geld und macht neue Kräfte frei.

8. Christen müssen lernen, dass die Seelsorge, ihre Inanspruchnahme kirchlicher Leistungen, etwas kostet. Nur jeder Dritte zahlt Kirchensteuer. Das verstärkt den Eindruck vom evangelischen Nulltarif. Was nichts kostet, ist aber auch nicht viel wert.

9. Pfarrer und Laien müssen lernen, mit ihren Gemeindegliedern auch über Geld zu reden. Dann lernen sie voneinander. Die einen über materielle Not, die anderen über den Wert des Evangeliums. Die Kirchensteuer muss als ein auslaufendes Finanzierungssystem verstanden werden.

10. Viele Menschen suchen nach Halt, nach Wegweisung, suchen nach Antworten auf die großen Fragen ihres Lebens: Glück/Unglück, Gesundheit/Krankheit, Leben/Tod. Ihnen die frohe Botschaft des Evangeliums zu bringen, ist unsere Aufgabe. Ob sie sie annehmen, liegt nicht in unserer Macht. In unserer Macht aber liegt es, elende Irrwege wie die kirchliche Segnung von Homo-Ehen, die feministische Theologie, die Segnung von Ehescheidungen zu beenden. Sie führen die Kirche in eine Sackgasse, dienen Partikularinteressen, laufen dem Zeitgeist nach. Vor allem aber verunklaren sie die Botschaft unseres Herrn an alle Menschen und damit den Auftrag der Kirche in unserer Zeit.

Bibliografie

Baschang, Klaus, „Zukunftskirche Volkskirche", Baden-Baden 2001

Beck, Ulrich, „Risikogesellschaft", Frankfurt 1986

Berg, Horst Klaus, „Ein Wort wie Feuer", München 1991

Besier, Gerhard; Scheuch, Erwin (Hg) „Die neuen Inquisitoren, Religionsfreiheit und Glaubensneid", Teil 1, Osnabrück und Zürich 1999

Bieler, Andrea; Söderblum, Kerstin, „Segnungsgottesdienste für gleichgeschlechtliche Paare", in Keil, Siegfried; Haspel, Michael (Hg.), „Gleichgeschlechtliche Lebensgemeinschaften", Neukirchen 2000

Brunner, Gottlieb, „Grundwerte als Fundament der pluralistischen Gesellschaft", Freiburg 1989

Confessio Augustana, hier in: Grane, Leif, „Die Confessio Augustana", Die
Kirche, 5. Aufl., Göttingen 1996

Denkschrift der EKD, „Evangelische Kirche und freiheitliche Demokratie,
der Staat des Grundgesetzes als Angebot und Aufgabe", Hannover 1985

Denkschrift der EKD, „Frieden wahren, fördern und erneuern", Hannover
1981

Denkschrift der EKD, „Gemeinwohl und Eigennutz", Hannover 1991

Dibelius, Otto, „Das Jahrhundert der Kirche", 3. Aufl., Berlin 1927

Eppler, Erhard, „Bändigung der Macht, Beiträge zur Friedenspolitik",
Herford 1986

Evangelischer Erwachsenenkatechsimus, 2. Aufl., Gütersloh 1975

Gemeinsame Erklärung des Rates der EKD und der Deutschen Bischofskonferenz, „Grundwerte und Gebot Gottes", 1979

Gemeinsames Wort des Rates der Evangelischen Kirche in Deutschland und
der Deutschen Bischofskonferenz, „Für eine Zukunft in Solidarität und
Gerechtigkeit", Hannover 1997

Goertz, Harald, „Allgemeines Priestertum und ordiniertes Amt bei Luther",
Marburg 1997

Gollwitzer, Helmut, „Die Christen und die Atomwaffen", Januar 1958, in
„Atomwaffen und Ethik", München 1981

Grethlein, Christian, „Pfarrer(in) sein als christlicher Beruf", in Zeitschrift für
Theologie und Kirche, Bd. 98, 2001

Grözinger, Albrecht, „Die Kirche, ist sie noch zu retten?", 2. Aufl., Gütersloh
1998

Grundordnung der Selbständig Evangelisch Lutherischen Kirche (SELK),
Art. 9, o.J., o.O.

Grundwertekommission beim SPD-Parteivorstand, „Grundwerte in einer
gefährdeten Welt", 1977

Grundwertekommission beim SPD-Parteivorstand, „Grundwerte und
Grundrechte", 1979

Handbuch der Praktischen Theologie, Gütersloh 1987

Haspel, Michael, „Homophober Biblizismus", in ders., „Gleichgeschlechtliche Lebensgemeinschaften", Neukirchen 2000

Horx, Matthias, „Vom Klingelbeutel zum Profitcenter, Strategien und Modelle für das Unternehmen Kirche", Hamburg 1997

Huber, Wolfgang, „Gerechtigkeit und Recht", 2. Aufl., Gütersloh 1999

Huber, Wolfgang, „Kirche in der Zeitenwende", 3. Aufl., Gütersloh 1999

Idea-Dokumentation, „Die missionarische Herausforderung der Großstadt", idea-Dokumentation 1/2001, Wetzlar 2001

Innacker, Michael, „Ein wendigstandhafter Kirchenmann", in Frankfurter Allgemeine Sonntagszeitung, 4.11. 2001

Jähnichen, Traugott, „Soziale Marktwirtschaft und sozialprotestantische Reformtradition" in: Kirchlicher Dienst in der Arbeitswelt (Hrsg.), „Gerechtigkeit ist unteilbar", Bochum 1997

Jörns, Klaus-Peter, „Die neuen Gesichter Gottes – Was die Menschen heute wirklich glauben", 2. Aufl., München 1999

Josuttis, Manfred, „Unsere Volkskirche und die Gemeinde der Heiligen", Gütersloh 1997

Kirchenamt der EKD, „Christsein gestalten, Eine Studie zum Weg der Kirche", Gütersloh 1986

Kirchenamt der EKD, „Denkschrift zu Fragen der Sozialethik", Hannover 1971

Kirchenamt der EKD, „Fremde Heimat Kirche", Gütersloh 1997

Kirchenamt der EKD, „Friedensethik in der Bewährung", Hannover 2001

Kirchenamt der EKD, „Orientierungshilfe. Mit Spannungen leben. Homosexualität und Kirche.", Hannover 1996

Kirchenamt der EKD, „Was wird aus der Kirche?", 1982

Kirchenamt der EKD, „Wie stabil ist die Kirche?", 1972

Körtner, Ulrich, „Kirche, Demokratie und Zivilgesellschaft" in: ders., „Kirche, Demokratie, Öffentlichkeit", Insbruck 2002

Krieg, Gustav A., „Gefangene Gottes, Auf der Suche nach pastoraler Identität", Stuttgart 2000

Küng, Hans, „Das Christentum, Wesen und Geschichte", 3. Aufl., München 1995

Lazarsfeld; Berelson; Gandet, „Wahlen und Wähler, Soziologie des Wahlverhaltens", Berlin 1969

Leonardt, Rochus, „Das Gemeinsame Wort der Kirchen von 1997", in: „Wieviel Armut verträgt die Demokratie?", Rostock 2001

Lohse, Eduard, „Kleine evangelische Pastoralethik", Göttingen 1985

Lübbe, H., „Fortschritt als Orientierungsproblem", 1971

Luther, Martin, „Ausgewählte Schriften", hrsg. von Karin Bornkamm und Gerhard Ebeling, Frankfurt 1982

Marrè, Heiner, „Die Kirchenfinanzierung in Kirche und Staat der Gegenwart", Essen 1991

Matthiae, Gisela, Clownin Gottes, 2. Aufl., München 2001

Meyer-Teschendorf, Klaus G. „Staat und Kirche im pluralistischen Gemein-
   wesen", Tübingen 1979
Ministerium für Justiz, Frauen, Jugend und Familie des Landes Schleswig-
   Holstein/Evangelische Kirche von Nordelbien, „Vorbild für Vielfalt?
   Homosexualität, Pluralisierung der Lebensformen und ihre Bedeutung
   für die Arbeit mit Kindern und Jugendlichen in der Kirche", Kiel 2001
Nagel-Docetal, „Egalität und Differenz", in „Was verändert feministische
   Theologie?", Graz 1999
Preul, Reiner, „Kirchentheorie", Berlin 1997
Rendtorff, Lutz, „Ethik", Bd. 1 und 2, überarb. u. erweiterte Aufl., München
   1990/1991
Scholder, Klaus, „Die Kirchen und das Dritte Reich", Bd. 1, Frankfurt 1997
Shell-Studie, „Jugend 2000", Opladen 2000
Shell-Studie, „Jugend 2002", Opladen 2002
Siemon-Netto, Uwe, „Faith: Confessing Protestant advance", UPI, 24.2.02
Slenczka, Reinhard, „Wahre und falsche Kirche", in: idea-Dokumentation
   8/95, Wetzlar 1995
Studie des Theologischen Ausschusses der VELKD, „Volkskirche – Kirche
   der Zukunft?", Hamburg 1977
Thielicke, Helmut, „Das Bilderbuch Gottes. Reden über die Gleichnisse
   Jesu", 8. Aufl. Stuttgart 1998
Thielicke, Helmut, „Was heißt Verantwortung im Atomzeitalter?", in ders.,
   „Theologische Ethik. Ethik des Politischen", 4., überarb. u. erw. Auflage,
   Tübingen 1987
Tillich, Paul, „Christentum und Sozialismus", in ders., „Hauptwerke Bd. 3,
   Sozialphilosophische und ethische Schriften", Berlin 1996
Von Arnim, Hans Herbert, „Die Partei, der Abgeordnete und das Geld",
   München 1996
Welker, Michael, „Kirche im Pluralismus", Gütersloh 2000
Wilckens, Ulrich, „Die Freiheit des Christenmenschen heute", in: „Wenn
   Theologie praktisch wird", Stuttgart 1983
Winkler, Eberhard, „Gemeinde zwischen Volkskirche und Diaspora",
   Neukirchen 1998
Zahrnt, Heinz, „Die Sache mit Gott – Die protestantische Theologie im 20.
   Jahrhundert", 2. Aufl., München 1976

Register

Allensbach 156
Anthroposophie 56
Arbeitnehmerverbände 204
Arbeitswelt, Kirchlicher Dienst in
    der (KDA) 210
Arnim, Hans Herbert von 125
Arnoldshain, Evang. Akademie 166
Auschwitz 28

Baden, Evang. Landeskirche in 7
Baptisten 55, s. auch *Freikirchen*
Baschang, Klaus 23
Bayern, Evangelisch-Lutherische
    Kirche in 8, 127
Beck, Ulrich 20, 22
Berg, Horst Klaus 38
Berlin-Brandenburg, Evangelische
    Kirche in 14, 110, 178
Besier, Gerhard 55f
Bibel 77f, 165ff
Bieler, Andrea 179
Bonhoeffer, Dietrich 70f
Bremische Evangelische Kirche 127
Brunner, Gottlieb 19
Bund, Reformierter 89
Bundeswehr 54
Buß- und Bettag 61

CDU/CSU 32, 202
Christi, Vereinigte Kirche 23
Confessio Augustana 35f, 71, 76, 81,
    86, 172
CSU 130

Dahm, Karl Wilhelm 152
DDR 201
Deutschland, Evangelische Kirche in
    (EKD) 8, 24, 26, 32, 34, 51f, 54,
    62, 67, 71, 73, 88f, 92, 102, 108,
    117, 127, 132, 161, 173, 175, 195
Dibelius, Otto 26ff, 105, 200f

Ehescheidung 149
Eichel, Hans 130
Engelhardt, Dr. Klaus 204
Eppler, Erhard 190, 193
Erklärung, Barmer Theol. 49, 62, 82
Evangelium 36f, 47, 49, 71, 76ff, 86,
    106, 117, 158, 162, 182, 198, 216

Feuerbach, Ludwig 168
Freikirchen, evangelische 8, 16f, 23,
    28, 36, 38, 55f, 94, 118, 121, 134,
    143, 215
Friedensbewegung 190ff, 194, 197

Garth, Alexander 70f
Gebote, Zehn 116
Gemeinde, lebendige 93
Gewerkschaften 44, 46, 54, 68, 125,
    204
Gille, Martina 54
Goertz, Harald 115
Gollwitzer, Helmut 186f
Greenpeace 134
Grethlein, Christian 150ff
Grözinger, Albrecht 28, 44
Grundgesetz 60f
Grundsatzprogramm, Godesberger
    201
Grünen, Die 91
Gütersloher Verlagshaus 166

Hannover, Evangelisch-lutherische
    Landeskirche 8, 65, 184
Harnack, Adolf von 28
Haspel, Michael 180
Heinemann, Gustav 90
Hermeneutik 37f
Hessen und Nassau, Evangelische
    Kirche in 177
Hitler, Adolf 147
Homosexualität 87, 173f

Horx, Matthias 120
Huber, Wolfgang 14, 43f, 46, 53, 59, 61, 64, 67, 97, 117, 121, 128f, 133, 178, 190ff, 202

Idea, Evangelische Nachrichtenagentur 25, 52, 56, 136
Industrie, Bundesverband der deutschen (BDI) 42, 68
Innacker, Michael 191

Jähnichen, Traugott 201
Jehovas, Zeugen 49, 55f, 129, 137
Jepsen, Maria 28, 81, 159
Jörns, Klaus-Peter 109f, 116f, 145, 147, 152, 181, 202
Josuttis, Manfred 41f, 49, 52f, 132f, 142ff, 145f
Jung, Hans-Gernot 194

Kapitalismus 201
Käßmann, Margot 65f, 184
Katholizismus 216
Kirche Deutschlands, Vereinigte Evangelisch-lutherische (VELKD) 32, 88, 92, 149
Kirche, Bekennende 82, 90
Kirche, Die Christliche 23
Kirche, evangelische siehe *Deutschland, Evangelische Kirche in* sowie unter den einzelnen *Landeskirchen*
Kirche, Neuapostolische 49, 55f
Kirche, Offene 94
Kirche, römisch-katholische 7f, 23, 38, 43, 55, 61, 74, 77, 104, 120, 122f, 126, 138, 162, 170, 197, 200,
Kirche, Selbständig Evangelisch Lutherische (SELK) 135, 146, 161
Kirchen, Konferenz Europäischer 132
Kirchen, Ökumenischer Rat der (ÖRK) 211
Kirchen, Weltrat der 132
Knuth, Dr. Hans-Christian 157

Kock, Manfred 168, 181, 195
Kohl, Helmut 194
Kommunismus 192
Konferenz, Arnoldhainer 89
Konfirmandenuntericht 152
Körner, Ulrich 14
Kosovo 195
Krieg, Gustav A. 152, 158f
Kriele, Martin 59
Küng, Hans 160

Lehmann, Dr. Karl 204
Leonardt, Rochus 209
Lilje, Hans 105
Lingner, Elisabeth 175
Lohse, Eduard 146
Lübbe, H. 171
Luther, Martin 31f, 35, 48f, 62, 75, 76, 92, 104, 115, 158, 160, 170

Marx, Karl 65, 69, 168
Mathiae, Gisela 165
Matthies, Helmut 25
Mc Langhin, Eleonor 165
Meditation, Transzendentale 56
Menschenrechte, Allgemeine Erklärung der 61
Methodisten 55
    siehe auch unter *Freikirchen*
Meyer-Wilms, Hedwig 164f
Mission 49, 50
Mohaupt, Dr. Lutz 25
Mormonen 23, 56
Motschmann, Jens 25
Nagel-Docetal, Herta 163
Nato 195
Nato-Doppelbeschluss 194
Nato-Nachrüstung 96
Nordelbische Evangelisch-Lutherische Kirche 8, 17, 80, 86, 92, 127, 139, 163, 175, 215
NSDAP 47

Österreich 122

Papst, Papsttum 74f, 104
Parteien 44, 91, 106, 108, 156
PDS 191
Pfalz, Evangelische Kirche der 7, 178
Pfarrer 112
Pfingstkirchen 23
Pommersche Evangelische Kirche
　127
Preul, Reiner 75, 78, 81, 84, 87f, 92

Quäker 55

Reformation 26, 31, 36f, 77, 82f,
　104f, 115
Reichsverfassung, Weimarer
　siehe *Verfassung, Weimarer*
Rendtorff, Trutz 171f, 198, 212
Republik, Weimarer 46
Rheinland, Evangelische Kirche im
　18, 150, 177
Rotes Kreuz 134

Sachsen, Evangelische Kirche der
　Kirchenprovinz 127
Sakrament 48, 79
Scharf, Kurt 191
Scheuch, Erwin 55f
Schleiermacher, Friedrich 31
Schmidt, Helmut 18
Schmude, Jürgen 198
Scholder, Klaus 31, 89, 201
Schrift, Heilige　　*siehe Bibel*
Schultz, Clemens 49
Schüssler-Fiorenza, Elisabeth 166
Schwangerschaftsunterbrechung 64,
　114
Schweden 122
Science, Christian 56
SED 191
September, 11. 195
Siebenten-Tags-Adventisten 55

Slenczka, Reinhard 79
Söderblum, Kerstin 179
Sölle, Dorothee 165
Sonntagsblatt, Allgemeines Sonntags-
　blatt 132
Sowjetunion 194
Sozialismus 201
SPD 17f, 32, 45f, 128, 188, 201f
Staatskirche 27
Steinacker, Peter 177f
Steiner, Rudolf 56

Taufe 48
Theologie, feministische 87
Thesen, Heidelberger 188
Thielicke, Helmut 10, 187f
Tillich, Paul 200

Union, Evangelische Kirche der
　(EKU) 89
United Nations (UN) 61, 195
USA 23, 73, 122, 194f

Verfassung, Weimarer 26, 61, 121
Volkskirche, Freie Evangelische 31

Warentest, Stiftung 50
Weltanschauungsfragen, Evangelische
　Zentralstelle für 55ff
Weltbund, Lutherischer 132
Wilckens, Ulrich 13
Winkler, Eberhard 52, 121, 131, 137
Württemberg, Evangelische Landes-
　kirche in 7, 90, 93, 168f

Zahrnt, Heinz 29, 39, 105
Zentrumspartei 200
Zeugen Jehovas
　siehe unter *Jehovas, Zeugen*
Zuckowski, Rolf 47